校级在线开放课程配套教材

职业教育产教融合创新型教材·旅游类

新形态教材

乡村旅游创新与创意

Xiangcun Lüyou
Chuangxin yu Chuangyi

朱 丽 张慧婕 主 编
叔文博 陶潇男 李 伟 副主编

东北财经大学出版社
Dongbei University of Finance & Economics Press

校级在线开放课程配套教材

职业教育产教融合创新型教材·旅游类

乡村旅游
创新与创意

Xiangcun Lüyou
Chuangxin yu Chuangyi

朱 丽 张慧婕 主 编

叔文博 陶潇男 李 伟 副主编

东北财经大学出版社
Dongbei University of Finance & Economics Press

大连

图书在版编目（CIP）数据

乡村旅游创新与创意 / 朱丽，张慧婕主编. —大连：东北财经大学出版社，2025.10. —（职业教育产教融合创新型教材·旅游类）. —ISBN 978-7-5654-5656-5

Ⅰ. F592.3

中国国家版本馆 CIP 数据核字第 20251JH092 号

乡村旅游创新与创意

XIANGCUN LǙYOU CHUANGXIN YU CHUANGYI

东北财经大学出版社出版

（大连市黑石礁尖山街217号　邮政编码　116025）

网　　　址：http://www.dufep.cn

读者信箱：dufep@dufe.edu.cn

大连天骄彩色印刷有限公司印刷　东北财经大学出版社发行

幅面尺寸：185mm×260mm　　　字数：325千字　　　印张：15.25

2025年10月第1版　　　　　　　2025年10月第1次印刷

责任编辑：魏　巍　王　斌　　　　责任校对：赵　楠

封面设计：原　皓　　　　　　　　版式设计：原　皓

书号：ISBN 978-7-5654-5656-5　　　定价：49.00元

前　言

《乡村全面振兴规划（2024—2027年）》提出："实施乡村振兴战略，是以习近平同志为核心的党中央着眼党和国家事业全局作出的重大决策，是新时代新征程'三农'工作的总抓手。"作为乡村振兴战略的重要实践路径，乡村旅游承载着激活农村经济、传承农耕文明、促进城乡融合的历史使命。随着微度假、休闲游、短途游的兴起，乡村旅游已成为满足人民日益增加的美好生活需要的重要载体。当前，我国乡村旅游正从资源驱动向创新驱动转型，亟须以创意激活乡土资源、以人才赋能产业升级。本书紧扣国家乡村振兴战略，以培养"懂农业、爱农村、爱农民"的乡村振兴建设者为目标，聚焦乡村旅游发展中的规划创新、文化创新、营销创新、产品创新与智技创新，以期为乡村全面振兴注入持续动能。

本书以"理论奠基—实践创新—德育润心"为主线，构建了层次分明的系统化知识体系，包括5个模块、11个项目、44个任务。其中，模块一至模块三立足乡村全面振兴战略背景，梳理乡村旅游规划开发脉络，剖析乡村旅游文化与营销创新的核心逻辑；模块四和模块五聚焦产品、人才与技术创新，探索乡村旅游发展提质增效的实践路径。

具体来说，本书具有以下特色：

其一，强化价值引领，落实立德树人根本任务。本书以习近平新时代中国特色社会主义思想和党的二十大精神为指引，通过"启智润心"栏目凝练思政元素，引导学生发现乡村文化的丰富多彩，传承农耕文化；激发学生对国家和民族的热爱，坚定"四个自信"；激励学生尊重劳动、热爱劳动，秉持工匠精神，为社会发展贡献力量。

其二，突出项目教学，涵盖丰富乡村旅游创新设计内容。本书以"乡村旅游创新设计"为主线，采用项目化、任务式编写体例，每个项目下设"项目概述""启智润心""乡旅实践""学习评价"等内容，每个任务下设"任务目标""任务描述""案例导入""知识探究""任务实施"等内容，通过融入真实的乡村旅游创新案例，实现"学中做、做中学"，从而提升学生的职业综合素质和行动能力。

其三，深化产教融合，突出现代职业教育特色。本书编写团队成员不仅有优秀的双师型教师，还有经验丰富的一线企业专家，校企共育使得本书的内容具有很强的实用性。同时，本书对接文旅产业需求，有效融入乡村旅游的新知识、新技术、新工艺和新规范，展现乡村旅游发展新成果，为学生提供可复制、可迁移的创新方法论，注重学生的能力培养和技能提升，职业教育特色鲜明。

其四，配套丰富资源，满足个性化、多样化学习需求。本书每个任务均配有微课视频（"在线课堂"），以加深学生对相关知识的理解和掌握；每个项目均配有测试题（"项目测试"），以检测学生的学习效果。同时，本书配套课程获评校级在线开放课程，已被纳入江苏省旅游管理专业教学资源库，在中国大学MOOC（慕课）、智慧职教两个平台常态性开放。丰富的资源可以满足各类群体的个性化、多样化学习需求，提高学习的自主性与知识应用的灵活性。

本书由南京旅游职业学院朱丽副教授、张慧婕副教授担任主编，南京旅游职业学院叔文博副教授、陶潇男讲师、李伟副教授担任副主编，南京旅游职业学院耿海讲师、中国国旅（江苏）国际旅行社有限公司总经理助理高志勤、江苏有线数据网络有限责任公司金永、江苏有线网络发展有限责任公司淮阴分公司李雯参编。具体分工如下：朱丽编写项目一、二、三并制作相应的题库，撰写微课脚本并拍摄微课视频；张慧婕编写项目四、五、六并制作相应的题库；叔文博编写项目七、八并制作相应的题库；陶潇男编写项目九、十并制作相应的题库；耿海编写项目十一并制作相应的题库；高志勤、金永、李雯负责乡村旅游点的调研并提供企业真实案例。全书由朱丽总纂定稿。

本书在编写过程中，研究和参考了部分已有的国内外教材、专著和学术论文，听取了行业专家的意见和建议，在此表示衷心感谢。尽管编写人员勤勉尽心，但由于知识水平和实践经验有限，书中难免存在疏漏和不足之处，恳请读者批评指正，我们将及时更正和完善。期望本书能够助力更多有志青年投身乡村全面振兴事业，以创新与创意书写新时代的田园诗！

编　者
2025 年 5 月

目　录

◉ 模块四　乡村旅游产品创新与创意 / 153

项目八
乡村旅游产品设计创新 / 154

项目九
乡村旅游产品创意应用 / 191

◉ 模块五　乡村旅游智技创新 / 203

项目十
乡村旅游人才建设创新 / 204

数字资源目录

思政导图

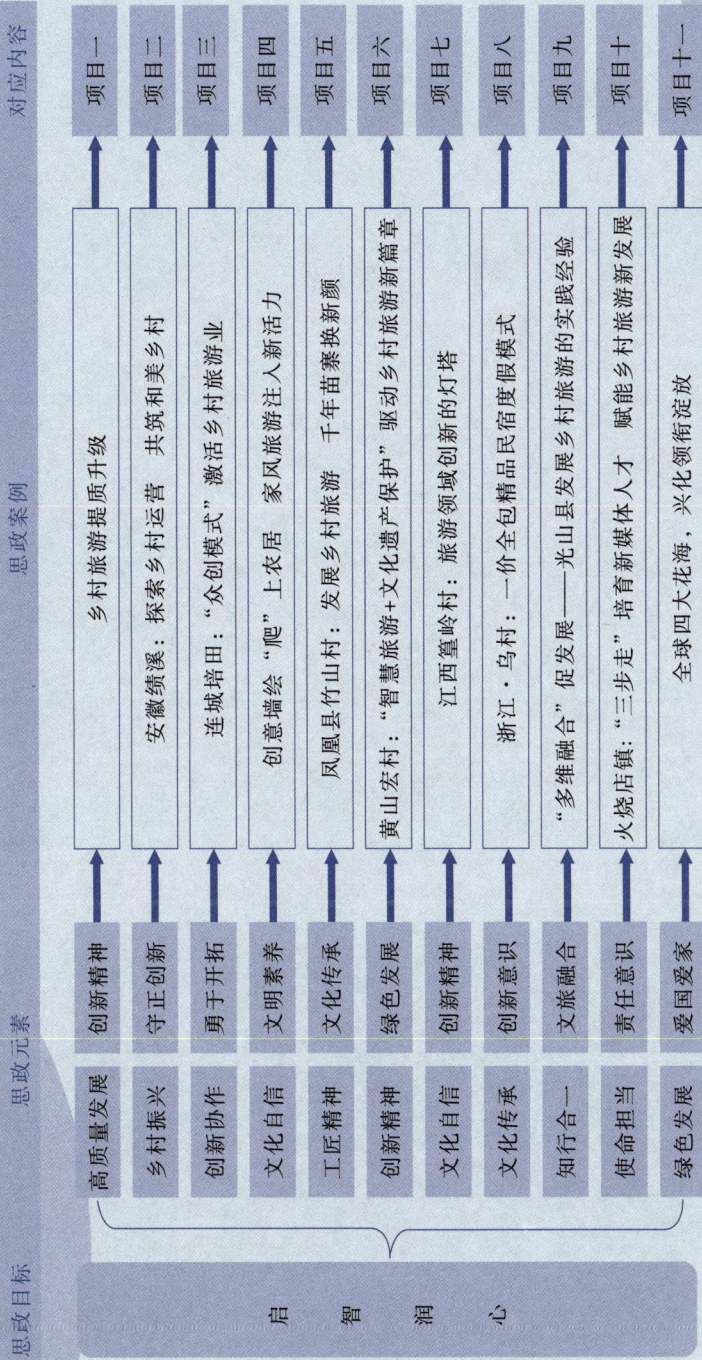

思政目标	思政元素		思政案例	对应内容
启智润心	高质量发展	创新精神	乡村旅游提质升级	项目一
	乡村振兴	守正创新	安徽绩溪：探索乡村运营 共筑和美乡村	项目二
	创新协作	勇于开拓	连城培田："众创模式"激活乡村旅游业	项目三
	文化自信	文明素养	创意墙绘"爬"上衣居 家风旅游注入新活力	项目四
	工匠精神	文化传承	凤凰县竹山村：发展乡村旅游 千年苗寨换新颜	项目五
	创新精神	绿色发展	黄山宏村："智慧旅游+文化遗产保护"驱动乡村旅游新篇章	项目六
	文化自信	创新精神	江西篁岭村：旅游领域创新的灯塔	项目七
	文化传承	创新意识	浙江·乌村：一价全包精品民宿度假模式	项目八
	知行合一	文旅融合	"多维融合"促发展——光山县发展乡村旅游的实践经验	项目九
	使命担当	责任意识	火烧店镇："三步走"培育新媒体人才 赋能乡村旅游新发展	项目十
	绿色发展	爱国爱家	全球四大花海，兴化领衔定放	项目十一

模块一
乡村旅游规划开发创新

1

项目一　乡村旅游开发创新

项目概述

发展乡村旅游是实现农村经济转型升级、保护和传承乡村文化、改善农村生活环境、促进城乡平衡发展、满足多元旅游需求以及落实国家战略的重要手段之一，是推动乡村振兴和可持续发展的重要途径。本项目从乡村旅游开发思路、乡村旅游规划、乡村文旅融合模式三方面探索乡村旅游开发创新。

任务一 乡村旅游开发思路创新

◎ **任务目标**
知识目标：了解乡村旅游及乡村旅游开发；熟悉乡村旅游开发现状。
技能目标：能够运用创新思路进行乡村旅游开发。
素养目标：培养学生的开拓精神和创新意识。

任务描述

选择一处乡村旅游目的地。从乡村旅游开发思路创新的视角谈一谈，如何帮助该乡村旅游目的地实现更好发展。

案例导入

助推乡村振兴，打造"互联网+乡村旅游"发展新模式

2021年7月16日至18日，安庆师范大学计算机与信息学院暑期"三下乡"社会实践团在指导老师带领下前往太湖县汤泉乡开展乡村振兴系列调研与实践活动。

2021年7月16日中午，学院党委副书记江晋剑一行与汤泉乡副乡长许乃勇等乡镇领导在会议室就脱贫攻坚成果如何巩固、乡村振兴如何开局等开展专题研讨。会上，许乃勇首先就如何巩固脱贫攻坚成果，从脱贫户和脱贫村两个角度详细介绍了国家政策和实施举措；其次，就如何盘活村级集体经济，介绍了汤泉乡的具体做法，并对汤泉乡村级集体经济的现状、发展路径、空间和远景规划等进行了详细分析；最后，从乡村振兴的"产业兴旺、生态宜居、乡风文明、治理有效和生活富裕"等五方面详细阐述了汤泉乡围绕"旅游兴乡，产业扶贫"的乡村振兴特色发展之路。会后，许乃勇带领实践团一行前往汤泉乡金鹰村和龙潭寨开展实地调研。

在金鹰村，村党支部书记殷响东介绍了村集体经济的发展情况，并带领大家考察了扶贫加工厂、茶园和蔡家畈古民居以及村民宿（中堂厅）。

在龙潭寨村，实践团一行与龙潭寨村党支部书记胡良胜就脱贫攻坚与乡村振兴如何有效衔接展开研讨。胡良胜首先欢迎实践团一行前来开展暑期大学生"三下乡"社会实践暨乡村振兴调研活动。随后，他详细介绍了村集体经济的发展情况、龙潭寨村在发展乡村旅游中遇到的挑战和机遇，以及在乡村振兴战略开局之年村委会所做的规划和具体工作。胡良胜认为乡村振兴的关键还是人，人才振兴才能真正推动乡村振兴，让青年大学生深入农村、了解乡村，培养青年大学生对乡村的情怀是非常有意义的。

考察结束后，该实践团利用无人机对蔡家畈古民居和龙潭寨进行了全景拍摄，并制作了金鹰村史馆VR（虚拟现实）、金鹰村蔡家畈古民居VR和龙潭寨旅游VR。实

践团队希望结合专业知识，依托"互联网+"优势，运用新媒体传播渠道，加强对龙潭寨和金鹰村的旅游宣传，增强游客的体验感和互动感，助力汤泉乡打造"互联网+乡村旅游"发展新模式，为乡村文旅发展贡献智慧和力量。

资料来源　范子若，赵明康. 安庆师范大学计算机与信息学院"三下乡"团队：助推乡村振兴，打造"互联网+乡村旅游"发展新模式［EB/OL］.［2024-12-10］. http://ah.anhuinews.com/gdxw/202109/t20210910_5521901.html.

这一案例表明：在互联网技术的助力下，乡村将实现从传统农业向现代化、智能化、数字化农业的转型，互联网技术将为实现乡村振兴、共同富裕注入强劲动力。未来，随着技术的不断进步和政策的持续支持，"互联网+乡村旅游"将迎来更加广阔的发展空间。

知识探究

在线课堂
1-1

乡村旅游
开发思路
创新

党的十八大以来，乡村旅游已逐渐成长为万亿级收入规模的新兴产业。文化和旅游部数据显示，2024年前三季度，全国乡村旅游接待人数为22.48亿，同比增加15.5%；接待总收入为1.32万亿元，同比增加9.8%。乡村旅游的可持续发展离不开乡村旅游开发思路的创新，只有不断创新，才能促进乡村旅游的长远发展。

一、初识乡村旅游及乡村旅游开发

（一）乡村旅游

乡村旅游是指依托乡村这一特殊空间，通过充分挖掘独特的乡村自然资源与人文资源，经规划设计后，同时具有观光游览、休闲娱乐、度假购物和科普教育等功能的一种旅游形式。乡村旅游是依据旅游对象来进行划分的，有别于城市旅游，前提条件要保证旅游地为广大农村地区。正是由于乡村这一空间内独特的旅游资源，如动植物、山水林田等有形资源和乡村文化、乡村民俗、乡村饮食文化等无形资源，吸引游客并留住游客，为乡村发展提供了无限的可能性，乡村旅游也就应运而生了。

（二）乡村旅游开发

乡村旅游开发是指在乡村地区，利用当地的自然资源、文化资源、农业资源等，通过规划、设计、建设和管理等手段，开发出具有乡村特色的旅游产品和服务，以吸引游客前来体验乡村生活、感受乡村文化、享受乡村风光，从而推动当地社会经济的发展。

二、乡村旅游开发面临的挑战

中国乡村旅游近年来展现出强劲的发展势头，成为推动农村经济转型升级和乡村振兴的重要力量。《中国乡村旅游发展白皮书2024》显示，乡村旅游在促进经济复苏中扮演了关键角色，对农村经济的贡献日益显著。但其开发与发展也面临诸多挑战，主要体现在以下方面：

（一）项目规划不合理

在乡村旅游的发展过程中，有些乡村旅游项目在规划初期，没有对当地资源、文化、市场需求等进行全面深入的调研，在前期规划上太过随意，缺乏系统性和前瞻性，甚至当看到其他地区乡村旅游开发成功时就盲目复制，忽略了自身特色和优势，导致项目的规划内容与实际脱节，后期因不匹配市场需求逐渐荒废，造成资源的极大浪费。

（二）乡村特色不鲜明

部分乡村旅游项目追求短期经济增长，在项目开发过程中，没有深入挖掘和展现自身的独特资源和文化，缺乏创新和差异化，导致旅游产品和活动雷同，多为吃农家饭、田园观光、赏花采果、钓鱼和农事体验等旅游项目，缺乏吸引力，效益欠佳。游客在多个乡村旅游项目之间难以感受到明显的区别，从而降低了旅游体验的独特性和吸引力。

（三）产品结构不合理

当前乡村旅游产品主要集中在吃、住、行等基础环节，结构较为单一，创新性不足，缺乏体验式、互动式的旅游项目，在游、购、娱等环节的产品相对缺乏。这种不合理的产品结构限制了乡村旅游的多元化发展，也难以满足游客的多样化需求，制约了乡村旅游项目的经济效益，也制约了项目对游客的可持续吸引力。

（四）文化内涵不深厚

乡村旅游产品的文化内涵是吸引游客前往的重要因素之一，然而，在实际开发中，许多乡村旅游项目缺乏对地域文化的挖掘和呈现，导致产品的文化内涵不足。同时，一些乡村地区为了追求短期利益，过度商业化和开发，不仅破坏了生态环境，也不利于乡村传统文化的传承与发扬。

三、乡村旅游开发思路

（一）充分挖掘乡村的文化特色

乡村文化是乡村旅游的灵魂，每个乡村都有其独特的历史、民俗和传统。可以通过对乡村进行全面的田野调查，注重挖掘乡村的历史文化和传统习俗，同时鼓励创新，让传统文化与现代元素相融合。通过举办文化活动、建设文化体验馆、传统手工作坊等方式，将乡村文化展示给游客，让游客能够深入了解和体验乡村的魅力。

互动问答1-1
对乡村进行全面的田野调查一般可以围绕哪些方面来开展？

互动问答
1-1

问答提示

（二）促进乡村旅游与其他产业融合

乡村旅游可以与农业、餐饮、民宿等产业相结合，形成互补优势。通过发展体验农业、特色餐饮、特色民宿等新型业态，让游客真正参与到农业生产中，体验农耕文化，品味农家美味。利用乡村文化资源，开发文化旅游产品，如乡村博物馆、民俗体验馆等，丰富旅游文化内涵，促进文化与旅游融合。同时，通过促进乡村旅游与其他产业融合，形成产业链，促进乡村旅游的长远可持续发展。

（三）构建全方位的乡村旅游服务体系

良好的基础设施和公共服务是乡村旅游发展的重要保障。要加大对乡村旅游基

础设施的投入，加强乡村道路、停车场等交通基础设施建设，提高游客的可进入性
和便利性；提升乡村民宿、客栈等住宿设施的品质和服务水平，满足不同层次游客
的需求；完善游客中心、厕所、标识系统等公共设施建设，提升乡村旅游的整体形
象和服务质量。改善交通、住宿、公共设施等条件，提升乡村旅游的接待能力，提
高服务水平。同时，加强公共服务建设，提供便捷的旅游信息、优质的导游服务、
完善的游客投诉处理机制等，提升游客的满意度，构建全方位的乡村旅游服务
体系。

（四）科技赋能提升乡村旅游体验感

科技赋能乡村旅游可以为游客提供更加便捷、丰富的体验，如借助智能手机App
和互联网平台、智能导览系统、大数据和人工智能技术，不断提升游客的满意度和体
验感。科技赋能乡村旅游发展方式见表1-1。

表1-1　　　　　　　　　　　　　　科技赋能乡村旅游发展方式

科技赋能方式	具体功能	体验效果
智能手机App和互联网平台	提供乡村旅游实时信息，包括景点介绍、交通指南、住宿预订、特色活动等	提高旅行的便利性和可访问性
智能导览系统	利用语音识别、图像识别等技术，提供生动、直观的旅游信息	提升游览的便捷性和趣味性，提供个性化导览服务
大数据和人工智能技术	分析游客偏好和行为数据，提供定制化旅游路线、餐饮和住宿选择等个性化推荐服务	提升游客的满意度和体验感

（五）注重市场营销和品牌建设

有效的市场营销和品牌建设是提升乡村旅游知名度和竞争力的关键，可以根据
乡村旅游项目的特色和优势，明确其在旅游市场中的定位，进而制定针对性的营销
策略，利用互联网、社交媒体等渠道进行宣传推广。制定全面的品牌传播策略，包
括线上和线下的传播方式，利用多种媒体和渠道，如抖音、微信等，宣传乡村旅游
的特色和优势，举办乡村旅游节庆活动、文化展览等，提高品牌的知名度和影
响力。

📝 笔记

任务实施

步骤一：通过网络查阅近年来国家和地方发布的与乡村旅游发展相关的政策文
件，了解当前乡村旅游发展的主要方向。

步骤二：选择一处乡村旅游地开展调研，深入了解乡村旅游在特色挖掘、产业融
合以及服务体系等方面的建设情况。

步骤三：通过小组讨论，全面剖析所选乡村旅游地的现状，剖析问题并提出有针
对性的优化建议。

任务二　乡村旅游规划创新

◎ **任务目标**

　　知识目标：了解乡村旅游规划的概念、内容；熟悉乡村旅游规划中存在的问题。

　　技能目标：能够设计具有创新性的乡村旅游规划方案。

　　素养目标：培养学生的科学规划素养和整体发展观。

任务描述

　　调研本地乡村旅游项目，设计一份具有创新性的乡村旅游规划方案，完成小组互评，并对本小组的乡村旅游规划方案进行优化。

案例导入

浙江安吉做美绿水青山做大金山银山

　　安吉县是习近平总书记"绿水青山就是金山银山"理念诞生地。安吉县以绿色发展为引领、以农业产业为支撑、以美丽乡村为依托，探索三产联动、城乡融合、农民富裕、生态和谐的科学发展道路，打通了绿水青山和金山银山的转化通道，打造了宜居、宜业、宜游的美丽安吉。

　　1.科学规划，创新休闲农业与乡村旅游的安吉模式

　　坚持一张蓝图绘到底，"统一规划，统一品牌，统一运营"。一是在精准规划上发力。编制《安吉县休闲旅游业规划（2011—2020年）》《安吉县休闲农业与乡村旅游规划》《安吉县乡村旅游发展专项规划》，初步形成三大中心、10个聚集地的乡村休闲旅游格局。涌现出鲁家村"家庭农场+村+企业"、目莲坞"农户+村+企业"、刘家塘村"慢生活体验区"等创新模式。二是在精准管理上用力。率先出台《乡村民宿行业的服务质量通用要求》《安吉县农家乐服务质量通用要求》等地方标准，规范服务。三是在精准扶持上聚力。每年投入超3 000万元财政资金，支持乡村旅游基础设施建设、农家乐（民宿）提升、乡村人才引进等，其中对民宿村落项目按当年开业运营数给予所在乡镇（街道）50万元/个的奖励。

　　2.多业融合，夯实休闲农业与乡村旅游的产业基础

　　因地制宜赋能"休闲农业+"，推动乡村休闲旅游与农业产业交叉融合、互促互融。一是打造美丽乡村。深化"千万工程"，大力推进"三大革命"，实现全县美丽乡村建设全覆盖，打造县域大景区。二是厚植文化底蕴。注重农耕文明、田园风光、村落建筑、乡村生活等乡土元素保护，强化经营乡愁、经营文化理念，建立了26个村落文化博物馆，丰富乡村休闲旅游的内涵和人文体验。三是强化产业融合。依托农业产业资源和山水风光，延伸乡村旅游产业链，大力发展涵盖研学旅行、农事体验等分

享经济、体验经济，唱响"春赏花、夏嬉鱼、秋品果、冬食笋"的休闲农业四季歌。

3.创新突破，充实休闲农业与乡村旅游的要素供给

加强政策引导，激发产业发展的内动力。一是创新要素供给。积极探索农村闲置农房（宅基地）流转、农业标准地等改革举措，在全国率先创新推出农业产业融合项目建设"标准地"以及农业标准地抵押贷款等举措，县内农业"标准地"实施主体整体授信额度达5亿元，有效解决了产业发展"用地难、贷款难"问题。二是加强人才保障。坚持实施人才储备培养计划，融合部门优势，加强校地合作，联合开展从业人员培训。组织大咖公开课，提升从业者归属感和荣誉感。广招贤才，在各类公开招考中，设立旅游专业人才岗位；在休闲经济奖励政策中开辟专项条款用以奖补旅游人才。三是丰富载体建设。每年举办"过个安吉年""畲村三月三"等系列特色乡村节庆活动，以"一乡一节"推动本地特色文化活动进入旅游市场。在原生态特色基础上，立足村情，推出乡村品质游内容。例如，报福镇以"福"文化为主题，在全镇各村打造"休闲报福""山水统里""民俗中张"等十大不同景致。

资料来源　蒙阴县农业农村局.浙江安吉做美绿水青山做大金山银山［EB/OL］.［2024-07-09］.http://www.mengyin.gov.cn/info/10383/173821.htm.

这一案例表明：乡村旅游规划在乡村旅游的发展中发挥着至关重要的作用，通过深入分析乡村资源、环境、文化、社会经济等条件，能够明确乡村旅游的发展定位、目标和方向。这有助于避免盲目开发和无序竞争，确保乡村旅游活动能够有序、高效地进行。在科学规划的基础上对休闲农业与乡村旅游进行创新，为安吉县"做美绿水青山、做大金山银山"打下了坚实的基础。

知识探究

在线课堂
1-2

乡村旅游规划创新

乡村旅游作为一种重要的旅游类型，不仅丰富了旅游市场的产品供给，而且为乡村振兴和农民增收提供了新的动力，是推动乡村振兴和可持续发展的重要力量。创新乡村旅游规划模式对于实现乡村振兴和可持续发展十分重要。通过科学规划、合理布局和有效实施，可以推动乡村旅游健康、有序、可持续地发展，为乡村振兴和城乡融合发展贡献力量。

一、初识乡村旅游规划

（一）乡村旅游规划的概念

乡村旅游规划是实现乡村旅游的基础前提。乡村地区仅凭借其独特的资源是远远不够的，往往要经过合理的规划设计，才能很好地开展乡村旅游。乡村旅游规划是以乡村的自然资源为基础，以自然性、乡土性和生态性为原则，结合当地特色文化资源，因地制宜，运用得当的规划设计手法，以此来改善村民的居住生活条件和配套服务设施，提高乡村居民的生活质量。更重要的是要在保护当地环境的基础上，通过政府、规划人员、管理人员与当地村民的强强联手，吸引游客前来观光游览、休闲度假等。

（二）乡村旅游规划的内容

1.基础条件分析

乡村旅游的基础条件分析为后续的规划设计提供了基础，同时启发了乡村旅游的总体规划思路。为了能够进行科学合理且具有特色化的规划设计，对旅游目的地进行基础条件分析是必不可少的。基础条件分析主要包括背景分析、现状分析和资源调查三个方面。具体来说，首先是充分解读规划场地的背景，对其发展方向有清晰的认识；其次是了解场地的自然条件与社会经济状况，包括地形地貌、气候气象、经济收入等，通过分析场地的产业发展状况，进行清晰定位，为后续的产业结构优化升级提供基础；最后是资源调查，全面调查当地的自然与人文资源，了解旅游资源的类型、结构、规模、地理分布、组合状况以及开发条件。

2.产品开发规划

好的乡村旅游规划设计不仅能造福当地居民，而且能满足游客的各种需求。在进行产品开发规划时，要注重旅游目的地与周边竞争地的差异化，通过将自身特色转化为独特的竞争优势，同时开发与众不同的旅游产品，要有别于其他乡村，且在众多乡村中脱颖而出。宏观上，要符合大区域关于特色旅游产品开发的总体定位，与周边乡村的产品形成互补，不断完善乡村旅游服务体系。微观上，要保证场地内的旅游产品能够同时满足游客的身心需求，具备全面性、多样化、趣味化的特点。

3.服务设施规划

乡村旅游服务设施主要包括基础服务设施和旅游服务设施。基础服务设施是保证场地正常运转的基本设施设备，包括内外交通、给排水、环卫照明、电力通信等。旅游服务设施是为了解决游客的吃喝、居住、出行、游玩和购物等方面的需求而配置的设施，包括餐饮设施、住宿设施、交通设施和娱乐设施等。无论是基础服务设施还是旅游服务设施，都要因地制宜，精准定位，根据游客需求来进行合理规划。

4.景观规划设计

宏观上，乡村景观规划设计以生态学为基础，根据当地的地形地貌、地质水文、森林植被等进行规划设计。微观上，乡村景观规划设计以游客为核心，依据场地的主题定位和规划游线展开设计。二者相比，规划设计师在乡村景观的微观规划设计中能做的直接工作更多，其规划设计内容主要涉及生态、生产和生活三个方面。

> **互动问答 1-2**
> 在进行景观规划设计时，自然景观、生产景观和生活景观的侧重点分别是什么？

互动问答
1-2

问答提示

二、乡村旅游规划中存在的问题

（一）缺乏科学合理的规划

1.规划缺失或不合理

规划缺失或不合理是乡村旅游发展中一个普遍存在的问题，它直接影响到项目的可持续性和长期效益。一些乡村旅游项目的启动往往基于当地主要领导的个人意志或短期目标，而非经过深入的市场调研和科学论证，缺乏专业团队的参与和咨询，缺乏对项目的全面评估和长远考虑。这种决策方式容易导致项目定位不准确，与市场需求脱节。

2.追求短平快效果

许多乡村旅游规划只注重短期效益，追求短平快效果，缺乏长远考虑。其具体体现是，只注重基础设施投入，而不重视乡村产业发展，盲目追求城镇化。这种追求短期利益的做法，往往忽视了乡村旅游的长期发展和可持续性，容易导致项目在实施过程中出现方向不明、目标不清的情况，难以形成持续的发展动力。

（二）基础设施和服务设施滞后

对于大部分乡村来说，受经济发展水平制约，旅游基础设施水平较低。如供水、供电、安全、通信等基础设施建设不完善，餐饮、厕所等方面的卫生问题也亟待解决。这些问题直接影响了游客的入住率和重游率，制约了乡村旅游的发展。此外，乡村旅游的服务设施也相对滞后，在一定程度上降低了游客的满意度和忠诚度，影响了乡村旅游的口碑和品牌形象。

（三）产品同质化现象严重

由于缺乏科学合理的规划指导，一些乡村旅游项目容易盲目跟风，追求热门元素和短期效益，同一地区内出现大量雷同的旅游产品，加剧了市场竞争和资源浪费。部分乡村旅游的产品结构较为单一，缺乏创新和特色，这种同质化竞争不仅降低了乡村旅游的吸引力，而且限制了其发展空间。此外，当前乡村旅游项目中，缺乏具有核心竞争力和市场影响力的精品项目，这导致乡村旅游在市场竞争中难以脱颖而出，难以吸引更多的游客和投资者。

（四）运营管理人才缺乏

乡村旅游项目融合了农业种养、餐饮服务、住宿服务、康体娱乐服务等多种业态，需要综合型人才来管理和运营。然而，目前乡村旅游领域缺乏这样的专业人才，导致项目建成后运营困难，难以实现预期效益。针对乡村旅游运营管理人才的培养和教育也相对滞后，导致从业人员素质参差不齐，难以满足乡村旅游发展的需要。

（五）文化挖掘和传承不够

乡村旅游的长远发展离不开对当地文化内涵的挖掘和传承。然而，当前一些乡村旅游项目在文化挖掘方面存在不足，往往只注重自然风光和休闲娱乐设施的打造，没有深入挖掘和展示当地的文化特色和历史底蕴，导致乡村旅游项目缺乏文化内涵和吸引力。部分乡村居民和开发者对乡村文化的价值认识不足，缺乏主动传承和保护的意识。

三、乡村旅游规划创新

（一）科学规划，注重乡村旅游整体发展布局

乡村旅游产业的规划首先要注重整体发展布局，明确发展目标、空间布局和重点项目。在规划过程中，要充分考虑自然资源、文化底蕴、交通便捷性等因素，合理划分乡村旅游区域，打造独具特色的乡村旅游带。乡村应该结合自身的优势进行整体发展规划，比如一些地区可以侧重山水田园的自然风光，而另一些地区则可聚焦于传统手工艺品的体验等等。

（二）创新乡村旅游规划理念，融合多元元素

乡村旅游规划理念需要不断创新，注重融合多元元素，提升旅游体验。一方面，规划者应将科技、艺术、文化等元素融入乡村旅游中，打造具有特色的旅游产品和项目；另一方面，应坚持生态优先、保护优先的原则，注重生态保护和环境建设，实现乡村旅游的可持续发展。

（三）深入挖掘乡村文化内涵，打造特色品牌

乡村文化是乡村旅游的核心资源，围绕乡村文化可以采取多种举措进行内涵挖掘和品牌塑造，具体见表1-2。

表1-2　　　　　　　　　　乡村文化内涵挖掘与品牌塑造举措

序号	举措	具体内容
1	挖掘乡村文化内涵	挖掘民俗风情，如节日庆典、民间传说等；梳理乡村历史脉络，记录重要历史事件和人物；传承与创新传统工艺，如手工艺、民间技艺等
2	打造具有地域特色的品牌	结合挖掘出的文化内涵，打造具有地域特色的乡村旅游品牌；强调文化底蕴，提升品牌价值和认同感
3	文化包装与创意设计	对乡村文化进行创意包装，提升视觉效果和吸引力；融入现代设计元素，使乡村旅游更符合现代审美和需求
4	艺术与乡村文化结合	邀请艺术家在乡村进行创作，如壁画、雕塑等，增添艺术气息；举办乡村艺术节或音乐会等活动，吸引文艺爱好者参与，提升乡村知名度

（四）创新乡村旅游经营模式，提升服务质量和效益

传统的乡村旅游经营模式往往存在管理不规范、服务质量不高等问题，因此，我们需要创新乡村旅游的经营模式，引入现代管理理念和技术手段，提升服务质量和效益。例如，可以引入智慧旅游系统，提升游客的体验感和满意度；同时，加强与旅行社、电商平台等合作，拓宽乡村旅游的市场渠道。

（五）科技赋能，实现乡村旅游规划的智能化升级

充分利用数字技术，科技赋能，实现乡村旅游规划的智能化升级：利用大数据、物联网、人工智能等技术，对乡村住宿、餐饮、娱乐设施进行智能化改造，提供便捷的服务体验。例如，建设智慧旅游平台，提供在线导览、预订、支付等一站式服务；利用无人机进行景区航拍，为游客提供独特的视觉体验；引入VR技术，让游客在虚拟环境中体验乡村生活。

任务实施

📝 笔记

步骤一：查阅资料，了解乡村旅游规划发挥关键作用的典型案例，明确乡村旅游规划的作用。

步骤二：实地调研本地乡村旅游项目，分析乡村旅游规划现状，形成详细的调研报告。

步骤三：通过头脑风暴、借鉴成功案例，结合本地乡村旅游项目，设计一份具有

创新性的乡村旅游规划方案。

任务三　乡村文旅融合模式创新

◎ **任务目标**

知识目标：了解乡村文旅融合模式的概念；熟悉乡村文旅融合开发的主要模式。

技能目标：能够对乡村文旅融合项目提出创新性开发举措。

素养目标：培养学生的审美素养和创新意识。

任务描述

以某个乡村文旅融合项目为例，了解其主要开发模式，并分析其在乡村文旅融合过程中，是如何平衡文化传承与商业开发之间的关系的。

案例导入

文旅融合促进乡村共同富裕的云南经验

"国之称富者，在乎丰民"，"凡治国之道，必先富民"。共同富裕是中华民族长久以来的美好期盼，是社会主义的本质要求，是中国式现代化的重要特征。促进共同富裕，最艰巨最繁重的任务仍然在农村。从多年实践经验来看，发展乡村旅游是乡村振兴的"金钥匙"、实现共同富裕的关键途径。通过乡村文旅融合发展促进乡村居民既"富口袋"又"富脑袋"，是一种有效并且可持续的"造血式"共同富裕。

近年来，云南立足自身区位和资源优势，将文化和旅游业作为重点产业，并确立了建设文化、旅游双强省，着力打造万亿级文旅产业的目标，在带动广大乡村走向共同富裕中发挥了积极的作用。总结云南发展经验，可以在一定程度上为乡村文旅融合促进共同富裕提供借鉴。

一是以产业作为落地抓手。找准特色产业及发展模式，促进地区产业升级。以云南高原农业为特色，以茶、花、果、蔬、咖啡、坚果、中药材、肉牛等特色产业为支撑，打造全新多功能经营模式，促进农文旅产业融合。依靠产业结构调整、产业链延伸破解产能落后、经济落后的难题，使乡村的三产（农业、加工业、服务业）相接共生、"五生"（生产、生活、生态、生意、生命）协调共进，实现乡土文化活态化、乡村风貌景观化、乡村居民富裕化和乐居乐业。

二是活化资源唤醒乡村活力。其一，盘活资产、提升效率，推动资源要素重新整合。采用政策推动、项目带动、品牌拉动、上下齐动、城乡互动的"五动"策略，实现乡村闲置资源的再利用与资源价值的提升，让历史遗存活化，让古城、古镇、古村落重生，使散落的文化和旅游资源实现从"休眠"到"唤醒"的转型发展。其二，积极推动"文化旅游+"。打造"文旅+花卉""文旅+茶叶""文旅+民族工艺""文旅+工业遗产""文旅+文创""文旅+夜经济""文旅+美食""文旅+康养"等融合业态,成功推出10条非遗旅游精品线路、22条历史文化旅游精品线路、60条红色旅游精品线路。其三,打造系列乡村旅游、特色民族村寨品牌。加快旅游名镇、名村、特色民宿客栈、旅游农庄、星级民宿等品牌创建,深入挖掘少数民族传统文化、红色文化、农耕文化、乡贤文化等乡村特色文化,加强古村落、古建筑、非遗项目等乡村文化遗产保护传承,鼓励乡村旅游文艺创作,打造乡村旅游文化品牌。

三是发挥示范引领作用。培育文旅融合振兴乡村示范点,发挥典型示范引领作用,总结推广文旅资源依托型、文旅投资带动型、文旅项目辐射型等振兴乡村模式。探索推广"党支部+乡村旅游合作社+农户""企业、景区+农户"等旅游发展模式,引导社区居民通过直接从事旅游经营、参与旅游接待服务、开发旅游纪念品、出售农副土特产以及以资产、土地入股等多种方式参与旅游发展,增加其收入。

四是增强村民主观能动性。推进乡村文旅融合创新,挖掘、活化利用古滇文化、民族文化、商帮文化等特色文化打造乡愁记忆,发展特色小镇、美丽乡村、现代农业产业园、研学基地等新兴旅游载体和农事体验、非遗体验、节庆赛事等体验旅游产品,构建起乡村旅游新格局。"创造机会""提供场所""提供活动",重建乡村特色文化,改善乡村公共服务设施,完善村民参与机制,规范诚信激励机制和乡村合作互惠制度等,提高村民参与乡村旅游发展的主动性,增加村民自我价值实现的途径,增强乡村凝聚力和村民自豪感,改变村民的精神面貌。

五是充分发挥共建共享机制作用。积极探索股份合作型、劳动就业型、经营型等利益分配机制,通过投资入股、就业、租赁房屋、自主经营等方式,使乡村居民获得收入。打造共建共治共享的乡村社会治理新格局,一是由党支部牵头,研究制定"美丽公约",探索建立"红黑榜"制度,评选"最美庭院""最美家庭"等。合理布局经营业态,亮牌示范"共产党员户""回乡创业户""党组织推荐放心店"等。二是开发乡村旅游智慧平台,探索线上与线下结合、体验与销售连通的营销模式,塑造农文旅融合新品牌,带动农副产品增值、壮大集体经济。坚持"乡村居民立场+乡村社区力量",做好公共服务,支持乡村旅游发展,推动乡村居民联合经营,重视乡村居民在参与乡村旅游建设中拥有均等的发展机会,分享旅游经济发展的成果,实现乡村旅游经济的包容性发展。

资料来源 明庆忠,和爱红.文旅融合促进乡村共同富裕的云南经验[N].中国旅游报,2024-01-05(3).

这一案例表明:文旅融合发展可以满足人们对旅游产业的品质化、定制化、个性化需求,同时带动乡村发展,实现乡村居民共同富裕。文旅融合模式是指将文化产业与旅游产业相结合,通过整合各类文化资源和旅游产品,创造出独特的文化旅游体验。文旅融合模式具有多种类型和特点,并在不断发展变化中。未来,随着科技的不断进步和消费者需求日益多样化,文旅融合模式将迎来更加广阔的发展空间。

知识探究

在线课堂
1-3

乡村文旅融合
模式创新

　　促进乡村文旅深度融合，应立足于乡村文化特点，发掘乡村文化内涵，突出乡村旅游的文化特色、地域特色，积极将现代文化融入乡村旅游之中，丰富乡村旅游业态，增强乡村旅游时代感。乡村文旅融合开发模式是推动乡村振兴和经济发展的重要途径，通过深入挖掘和传承乡村文化资源，创新旅游产品和服务，加强社区参与和市场导向，可以实现乡村旅游的可持续发展和文化的有效传承。

一、初识乡村文旅融合模式

　　乡村文旅融合模式是指将乡村地区的文化资源与旅游产业相结合，通过创新的方式促进乡村旅游的发展，同时保护和传承乡村文化。这种模式旨在实现乡村经济的多元化增长，提升乡村居民的生活水平，并促进城乡文化的交流与融合。乡村文旅融合模式主要包括以下核心要素：

（一）乡村文化资源

　　乡村文化资源包括乡村的自然景观、农耕文化、民俗风情、传统手工艺、古建筑遗址等，这是乡村文旅融合的基础。例如，乡村中的古建筑群、祠堂、庙宇等，不仅是乡村文化的重要载体，而且是乡村历史的见证。传统的农耕节日、农耕仪式等，都是乡村生产文化的重要组成部分。具体来说，乡村文化资源可分为物质文化资源和非物质文化资源两类，见表1-3。

表1-3　　　　　　　　　　　　　　　乡村文化资源分类

乡村文化资源	具体内容
物质文化资源	·传统建筑：古民居、庙宇、祠堂、牌坊等 ·历史遗迹：古遗址、古墓葬、古桥、古井等 ·农业生产设施：古灌溉渠、水车、传统农具等 ·乡村景观：田园风光、自然山水、古树名木等
非物质文化资源	·民俗风情：传统节日、婚丧嫁娶习俗、民间信仰等 ·民间艺术：民间音乐、舞蹈、戏曲、杂技、绘画、雕刻等 ·传统技艺：传统手工艺制作（如剪纸、刺绣、编织、陶艺等）、传统食品制作技艺等 ·民间文学：民间故事、传说、歌谣、谚语等 ·传统体育与游艺：传统武术、民间游戏、竞技活动等

（二）旅游产品和服务

　　应基于乡村文化资源，开发观光游览、休闲度假、文化体验、农事活动、特色餐饮、乡村民宿等多样化的旅游产品和服务。与城市旅游产品相比，乡村旅游产品具有独特的自然和人文元素，能够吸引城市游客前来体验。乡村旅游产品的开发投入成本相对较低，受资金限制程度低，同时旅游消费也较低，适合大众消费。

（三）社区参与

社区参与是指以乡村为地区，基于情感基础、共同文化、相近价值观的人们共同参与乡村管理、旅游开发，并最终一起分享共有收益的过程。这种参与不仅限于经济层面的收益分享，而且包括对乡村文化、环境和社会发展的全面参与。乡村文旅融合开发模式鼓励乡村居民积极参与乡村旅游的开发和运营，实现利益共享，增强社区凝聚力和文化自信。

二、乡村文旅融合开发的主要模式

（一）生态农业旅游模式

生态农业旅游模式是一种将农业、生态和旅游业有机结合的新型旅游方式，它充分利用农业资源，以农村独特的田园风光、农事劳作及农村特有的风土人情为内容，发展生态农业观光、农事体验、农产品采摘等活动，为游客提供具有极大参与性的旅游体验。

（二）乡村文化体验模式

乡村文化体验模式是一种将乡村文化资源与旅游活动相结合的旅游方式，它强调游客的参与和体验，通过深入了解乡村的传统文化、民俗风情、生活方式等，为游客提供独特的旅游体验。例如，通过举办文化节庆、手工艺展示、民俗表演等活动，让游客深入体验乡村文化。

（三）乡村民宿与度假模式

利用乡村的闲置房屋和自然资源，开发具有乡村特色的民宿和度假产品，提供舒适的住宿环境和丰富的休闲活动，满足游客的度假需求。游客可以在民宿中休息放松，也可以前往周边的景点游览观光，享受多样化的度假体验。

（四）乡村旅游综合体模式

乡村旅游综合体模式以乡村为基础，通过整合乡村的自然资源、文化资源、农业资源等，打造集农业生产、观光旅游、休闲度假、文化创意、科普教育等多功能于一体的综合性发展平台，提升乡村旅游的综合吸引力和竞争力。

（五）乡村康养旅游模式

乡村康养旅游模式是以乡村为依托，充分利用乡村的生态环境、田园景观、民俗风情等资源，结合现代康养理念，打造集观光、休闲、度假、养生、文化体验等多功能于一体的旅游模式。

三、乡村文旅融合开发模式创新

（一）农文旅深度融合

将农业、文化和旅游紧密结合，形成多功能、复合型的产业体系。对乡村的山水田园进行科学合理的功能分区与产业布局，推进"农文旅"融合的差异化发展。通过环境整治、景观提升等方式，打造乡村旅游重点村，将自然生态、文化资源转化为乡村旅游产品。整合乡村旅游资源，如旅游景区、旅游村庄、休闲农场等，打造"一日游""二日游"等精品乡村旅游线路。

（二）科技赋能乡村旅游

利用现代科技手段提升乡村旅游的便捷性、互动性和体验性。通过智慧旅游平台建设提供在线导览、预订、支付等一站式服务。通过虚拟现实（VR）和增强现实（AR）技术为游客提供沉浸式体验，如VR麦田、AR导览等。利用物联网和大数据技术用于景区管理、游客行为分析等，提升运营效率和服务质量。

（三）文化创意与乡村旅游结合

通过文化创意产业丰富乡村旅游的内涵，提升游客的文化体验。挖掘和传承乡村的传统节日和庆典活动，如丰收节、农耕文化节等乡村文化节庆活动；开发具有乡村特色的文创产品，如手工艺品、纪念品等乡村文化创意产品；开展农耕体验、手工艺制作、民间艺术表演等乡村文化体验项目，让游客亲身参与和体验乡村文化。

（四）生态旅游与康养结合

互动问答
1-3

问答提示

互动问答1-3
如何结合乡村的生态环境和康养资源，开发生态旅游和康养产品？

结合乡村的生态环境和康养资源，开发生态旅游和康养产品。可以利用乡村的森林资源，提供森林浴、徒步、瑜伽等康养活动，打造森林康养基地；可以结合乡村的农业资源，开发生态农产品、药膳、保健茶等农业康养产品；还可以在乡村地区建设康养度假村，提供住宿、餐饮、娱乐等全方位服务，满足游客的康养需求。

（五）乡村研学旅游

将乡村作为研学旅游的目的地，通过农业、文化、生态等方面的研学活动，提升青少年的综合素质。结合乡村的实际情况，设计具有针对性的研学课程，如农耕文化体验、生态环保教育等。在乡村地区建设研学基地，提供教学设施和实践场所。整合乡村的研学资源，打造研学旅行线路，吸引学校和学生前来参与。

（六）乡村旅游与数字乡村建设结合

利用数字技术推动乡村旅游的发展，提升乡村的信息化水平。通过建设数字乡村平台，提供乡村旅游信息查询、在线预订、智能导览等服务。对乡村的公共设施、基础设施进行数字化改造，如智慧停车、智能照明等。还可以利用电商平台推广和销售乡村的农产品和特色产品，增加农民收入。

📝 笔记

任务实施

步骤一：查阅资料，结合具体的乡村文旅融合案例，深入了解乡村文旅融合开发模式的概念。

步骤二：选择一个地区的乡村文旅融合项目，通过线上搜索、实地考察或者访谈相关人员等方式，了解其主要开发模式。

步骤三：假设你负责一个有丰富传统手工艺资源的乡村文旅融合开发项目，结合所学知识，提出至少三种创新开发举措。

项目测试

项目测试
1-1

在线答题

一、单选题

1.我国目前乡村旅游发展存在的问题不包括（　　）。

A.产品同质化严重　　　　　　　B.乡村旅游缺乏产业化整合

C.乡村旅游融资难　　　　　　　D.乡村旅游运营模式多样

2.生态环境创新要素不包括（　　）。

A.地形环境　　　　　　　　　　B.水体造景

C.植物景观　　　　　　　　　　D.体验产品

3.乡村旅游在规划初期应首先明确（　　）。

A.经费预算　　　　　　　　　　B.整体思路

C.生态环境　　　　　　　　　　D.区位交通

二、判断题

1.休闲农业可用的资源很多，包括了农业资源、乡土文化、乡村建筑、民间技艺、民俗节庆、传统手工等等，只要善加利用，都是难得的宝贵素材。（　　）

2.乡村文旅融合绝不仅仅是旅游设施、旅游业态、旅游产品等旅游要素的安排，还涉及乡村产业、空间结构、风情风貌等各方面的统筹。（　　）

启智润心

乡村旅游提质升级

火热的暑期旅游市场中，乡村游因亲近自然、玩法多样等特点，吸引众多游客参与，成为国内游的一大亮点。

走进乡村的游客常会感慨，与过去相比，乡村已"大变样"。手握一杯咖啡走在景色怡人的乡间，身边是整齐现代的村居、时尚的露营基地、充满设计感的民宿，村里还有丰富多样的休闲活动可供选择。这样的场景正成为乡村旅游提质升级的生动写照。

"上新"不断

一片形似"稻花鱼"的稻田迷宫，让来到云南保山龙陵县龙江乡的游客啧啧称奇。当地依托独特的地形地貌，挑选高大的水稻品种进行栽植，用绿色的稻苗勾勒出"鱼"在稻田中游的图案。据介绍，龙江乡有养殖稻花鱼的传统，水稻成熟时高度可达1.6米以上，在这样的稻田迷宫里行走，更具挑战性和趣味性。游客为获得新奇体验而来，顺道感受龙江乡独特的文化。

"新"正成为乡村旅游发展的鲜明标签。山西省交城县西社镇野则河村被称为"园林式"乡村，村庄依山势、顺河道而建，风光优美如画。自然山水、农耕文化是这里的重要吸引物。如今，独具山水特色的康养园区、森林观光区，让游客"留得住、不想走、还想来"。

有着鲜明的地方文化特色、与其他产业融合发展、为游客提供多样化新体验等，成为一批成功的乡村旅游创新案例的共同点。

"数字化"蝶变

乡村游热度持续升温，对乡村的"软件"建设提出了更高要求。培育优质产业、招贤纳才、用好科技力量等，成为提升乡村游的必由之路。

文化和旅游部资源开发司指导抖音、飞猪旅行、小红书等互联网平台，启动实施2024年乡村旅游数字提升行动，旨在促进数字经济与旅游业深度融合发展，推动产业转型升级、培育壮大新型消费，并吸引更多平台机构、社会力量和达人创客投身乡村旅游发展，助力乡村全面振兴。2023年以来，乡村旅游数字提升行动通过开展立体展示、专题推广、培训扶持等系列活动，探索出"乡村旅游+数字经济"发展路径，成为各地推动乡村旅游提质升级的重要抓手。

浙江衢州七里乡探索出了一条运用新媒体等数字化手段，推动乡村旅游提质升级的路径。当地积极探索推进"云上七里"数字景区建设，以"一码通"实现智慧导航停车、智慧导游、客流监测、住宿管理等。如今，农家乐、民宿数字化预订，农特产品数字化销售，景区景点交通智能导览等，共同构成当地乡村旅游发展的"数字图景"。

"跨界"成常态

自2023年火爆"出圈"以来，"村超"为贵州省黔东南苗族侗族自治州榕江县带来了巨大的"流量"，全县接待游客量、旅游综合收入均呈现爆发式增长。将体育赛事的"流量"转变为游客量后，进而带动了相关产业发展、消费增长、就业增加。"乡村旅游+体育""乡村旅游+艺术""乡村旅游+教育""乡村旅游+康养"……"跨界"为乡村旅游发展带来巨大红利，如今已成为多地塑造乡村旅游新面貌的重要途径。

重庆市石柱县桥头镇拥有优良的自然资源，如何"以绿生金"？桥头镇打造乡村艺术写生创作基地，建设各类写生创作点位及乡村美术馆、驻留创作中心等配套基础设施，发展乡村艺术写生、特色风情民宿、休闲旅游观光、农特产品加工四大业态。如今的桥头镇，面貌焕然一新，艺术氛围浓郁，走出了一条艺术带动乡村发展的新路径，成为石柱县乡村旅游的新名片。

资料来源　尹婕. 乡村旅游提质升级［N］. 人民日报（海外版），2024-07-29（12）.

思政元素： 高质量发展　创新精神

学有所悟： 党的二十大报告指出："全面推进乡村振兴……坚持农业农村优先发展，坚持城乡融合发展，畅通城乡要素流动。加快建设农业强国，扎实推动乡村产业、人才、文化、生态、组织振兴。"乡村振兴既是美丽乡村高质量发展阶段一项重大而紧迫的战略任务，也是持续扎实推进美丽中国建设的有力抓手。乡村旅游提质升级需要打破传统乡村发展模式，在旅游产品设计、运营管理、营销推广等方面进行创新，创新精神是推动乡村旅游乃至乡村整体发展的强大动力。

乡旅实践

"村播+旅游"相融合，镇江高专大学生吴鹏辉创业赋能乡村振兴

当今时代，互联网与乡村振兴相结合，迸发出无限的活力。镇江市高等专科学校

大学生吴鹏辉以乡村为切入点,开启了一场精彩的乡村"村播+旅游"创业之旅。凭借创新的思维和不懈的努力,他成功吸引了越来越多的大学生关注乡村,助力乡村振兴和乡村旅游蓬勃发展。

2021年9月,吴鹏辉被镇江市高等专科学校录取,正式成为一名大学生。在校园里,他正式接触到互联网销售平台,并开始尝试借助短视频平台销售自己服装工作室的产品,没想到效果出奇地好。初试创业成功后,他想帮助更多的人获得成功,于是他把自己在互联网平台销售的模式,复制给更多的人,赋能更多的企业,帮助企业提升业绩。

2023年,吴鹏辉成立弘辉文化传媒(镇江)有限公司。"这次做互联网营销策划,将是我终身为之奋斗的事业,因为这是真正助人利己的事情。"吴鹏辉说。吴鹏辉组建了一支优秀的创业团队,开始推广亲手打造的"云辉兴农村播"新模式。他通过创办"村播学院",帮助广大农户学习使用互联网进行农产品销售。此外,吴鹏辉还建立了独特的"4PC村播"体系,帮助农户进行账号引流、推广,使得"云辉兴农"模式更加具有成效。不过,吴鹏辉很快发现,如果仅仅是村播,给农民带来的收益并不是很多。经过一番市场调研和规划,他发现部分著名景区周边乡村也有着丰富的旅游资源,但缺乏有效的推广手段。获得这一商机后,他便开始推广乡村"直播+旅游"。他的创业团队充分利用互联网和社交媒体以及独特的4PC村播体系,打造出更多爆款农产品IP,并采用"1+1+1"特色乡村旅游模式,让大学生们全方位、多角度地了解乡村的风土人情和特色资源。

同时,吴鹏辉创业团队还与当地旅游景点的农户开展合作,帮助他们提升服务质量,打造特色民宿,提高游客满意度。村播团队成员深入田间地头,直播农民的生活、劳作和特色农产品,为大学生带来真实的乡村体验。经过不懈努力,吴鹏辉的创业项目取得了显著成果。越来越多的大学生选择前往乡村旅游,感受田园风光,体验乡村生活。

这不仅带动了当地乡村经济的发展,也为大学生提供了丰富的实践机会。截至目前,"云辉兴农"团队已打造11个农民专属村播基地,培育农民主播392人,并打造了安徽祁雅茶叶、醉园春蒸汽茶等众多特色农产品品牌。面对取得的成绩,吴鹏辉并没有停下脚步。吴鹏辉说,他计划进一步扩大项目规模,与更多的乡村旅游景点进行合作,为更多的大学生提供优质的乡村旅游体验。同时,他还将继续提升团队的专业水平,以更高品质的服务,推动乡村旅游业的持续发展。

资料来源　俞祥,吴建强,万凌云."村播+旅游"相融合,镇江高专大学生吴鹏辉创业赋能乡村振兴[EB/OL].[2024-12-10].https://www.yangtse.com/zncontent/3745041.html.

要求:以小组为单位,根据以上案例,为乡村农产品营销制定一份策划书。

学习评价 ✋ ···

本项目学习评价表见表1-4。

表1-4 **学习评价表**

学习内容	乡村旅游开发创新		
	评价要点	学生自评（50%）	教师评价（50%）
知识掌握（30分）	掌握乡村旅游及乡村旅游开发思路（10分）		
	掌握乡村旅游规划的内容及存在的问题（10分）		
	掌握乡村文旅融合开发的主要模式（10分）		
技能提升（30分）	能够运用创新思路进行乡村旅游开发（10分）		
	能够设计具有创新性的乡村旅游规划方案（10分）		
	能够对乡村文旅融合项目提出创新性开发举措（10分）		
素质养成（40分）	具有开拓精神和创新意识（10分）		
	具有科学规划素养和整体发展观（15分）		
	具有审美素养和创新意识（15分）		
综合评价成绩（100分）			
学生自评： 学生签字：			
教师评语： 教师签字：			

2 项目二 乡村旅游运行机制创新

项目概述

　　我国乡村旅游自改革开放起步后，发展迅猛。近年来，乡村旅游逐渐成为一种新业态，成为旅游业的消费热点。乡村旅游的大发展，要求更加有效的管理，以使其更加规范、高效，从而实现可持续发展。本项目从乡村旅游体制机制创新、乡村旅游投融资模式创新、乡村旅游管理模式创新和乡村旅游运营模式创新方面探索乡村旅游运行机制创新。

任务一 乡村旅游体制机制创新

任务描述

选择一处乡村旅游地，假设你是该地乡村旅游发展项目的负责人，结合所学知识，为其制定乡村旅游体制机制创新发展路径。

案例导入

陕西袁家村：村集体组织带动乡村旅游发展

乡村旅游最早脱胎于农家乐，2007年前后，乡村旅游开始脱离农家乐的标签，正式成为一种创新的旅游产品和有品质的生活方式，其中标志性的事件是袁家村、莫干山等一批旅游目的地的崛起。

不靠山不近水，关中平原上一个只有62户人的小村子——袁家村，通过发展乡村旅游，探索出一条乡村振兴的新路子。袁家村从"关中民俗"这个基点出发，历经民俗文化旅游期（2007—2010）、"餐饮+旅游"规模爆发期（2011—2016）、品牌价值彰显期（2017年至今）三个发展阶段。

十余年的沉淀终于造就了其"乡村旅游第一村"的地位。袁家村先后荣获"国家4A级旅游景区""全国文明村镇""中国十大最美乡村""中国十佳小康村"等20多项国家级荣誉。

什么是袁家村模式？

袁家村党支部书记、袁家村关中印象体验地创始人和设计者郭占武将袁家村的成功归结于"村干部带领村民共同致富的典型"，其模式可以归结为"以村集体领导为核心、村集体平台为载体，构建产业共融、产权共有、村民共治、发展共享的村庄集体经济"发展模式。

袁家村如何打造旅游IP？

2007年，袁家村还是空心村，大多数人在外打工。出于建设自己村庄的责任感，郭占武提出发展乡村旅游。当时乡村旅游基本上就是农家乐，但由于袁家村距离西安客源市场太远，且周边没有引流的旅游景区，做不了农家乐。靠什么让人来？郭占武想到了在农家乐的基础上作出特色、作出主题，用特色旅游的形式吸引人来，于是有了"关中民俗文化"的旅游定位。后来，袁家村的村干部动员全体村民募集300万元启动资金，启动了旅游事业，把关中传统的生产生活方式转化为特色旅游资源，让游客体验文化、感受美食和民俗。

袁家村如何把农民组织起来，实现共同富裕？

郭占武构建的一系列创新机制发挥了关键作用——全员持股、产业合作社模式、调节收入差距、新村民引进等，充分发动全体村民，形成了合理的利益共享机制，使村民真心热爱这份集体的事业，有钱出钱、有地出地、有技术出技术。最终，袁家村这个热门旅游目的地以极低的成本实现了高效的管理。例如，整个景区专职的运营人员数量只有个位数，投资开发的资金由村民、新村民、合作社等共同承担，村干部带头组织发展各项产业、协调村内村外各种工作，这些人不从袁家村领工资，主要靠分红。由此，袁家村大量的运营工作和管理成本被村集体内部消化，并且依托村集体的治理，避免了公司化架构中常见的低效、烦琐、监督成本高等诸多问题。

袁家村如何把旅游做成产业？

在产业方面，袁家村的做法可以总结为"一个品牌，两个产业"。

一个品牌是指"袁家村"品牌，"袁家村"的品牌价值估值已经超过20亿元，并且仍然在快速增值中。"袁家村"的品牌，可以形象地解读为"袁汁袁味的精神原乡"，是以农业、农村和农民为内涵的"农"字号品牌。郭占武提出的袁家村品牌+创新团队+资本+互联网的新思路、新模式为袁家村的发展提供了广阔的空间和前景。

两个产业，一是指以传统民俗和创意文化为核心的个性化、高端化和系列化关中文化产品产业；二是指以特色农副和健康餐饮为核心的农副产品的种植养殖、加工包装和销售产业。

资料来源　巅峰智业. 7个代表性案例，藏着乡村旅游发展"金钥匙"！[EB/OL]. [2024-11-20]. https://www.sohu.com/a/656773137_234564.

这一案例表明：乡村旅游的体制机制是确保乡村旅游健康、有序、可持续发展的重要保障。袁家村是村领导带领全体村民共同致富的典型。以郭占武为核心的村领导，以合理的制度设计，有效激活了村集体的领导能力，动员了全体村民，盘活了乡村各种资源，由此站上了乡村旅游起飞的风口。

知识探究

乡村旅游的体制机制对乡村旅游发展的作用是多方面的，它不仅是乡村旅游健康、有序、可持续发展的重要保障，而且是推动乡村振兴、促进农民增收、传承乡土文化的重要途径。乡村旅游体制机制的创新是一个复杂的系统工程，需要政府、企业、社区等多方面共同努力和协作。完善体制机制建设，可以推动乡村旅游的健康发展，为乡村振兴战略的实施提供有力支撑。

在线课堂
2-1

乡村旅游体制机制创新

一、初识乡村旅游体制机制

乡村旅游体制机制是指为了促进乡村旅游的健康、有序和可持续发展，而建立的一系列组织、管理、运营和保障等方面的制度和规范。这些体制机制涵盖了从政府规划、政策扶持、行业管理、市场运营到社区参与等多个方面。

二、乡村旅游现行体制机制

（一）乡村旅游现行管理机构

乡村旅游的管理机构包括政府机构、专业机构以及非政府组织三个层面（如图2-1所示），这些机构在各自的职责范围内，共同推动乡村旅游的规范化、标准化和可持续发展。随着乡村旅游的不断发展和管理体制的不断完善，未来可能会有更多的机构和部门参与到乡村旅游的管理中来。

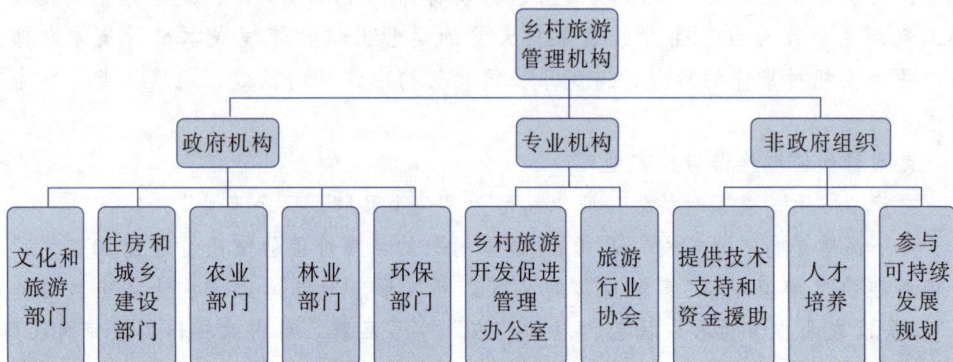

图2-1　乡村旅游管理机构

1.政府机构

文化和旅游部门是乡村旅游的主要管理机构，负责制订和实施乡村旅游的发展规划、政策措施，以及监督和管理乡村旅游的各项工作。该部门通常具有制定规章制度、整合旅游资源、推动旅游产品开发、组织旅游宣传和推广等职能。乡村旅游的发展还涉及其他多个部门的协作，如住房和城乡建设部门、农业部门、林业部门、环保部门等，这些部门在各自的职责范围内，对乡村旅游的开发、建设、管理等方面提供支持和保障。

2.专业机构

（1）乡村旅游开发促进管理办公室

为了更好地推动乡村旅游的发展，一些地方成立了专门的乡村旅游开发促进管理办公室，负责乡村旅游的规划、开发、管理等工作。这些机构通常与文化和旅游部门合署办公，共同推动乡村旅游的规范化、标准化发展。

（2）旅游行业协会

旅游行业协会作为行业自律组织，在乡村旅游管理中发挥着重要作用。它们通过制定行业标准、组织培训、开展交流等方式，提升乡村旅游的服务质量和管理水平。

3.非政府组织

非政府组织在乡村旅游的发展中也扮演着重要角色。它们通过提供技术支持、资金援助、人才培养等方式，支持乡村旅游项目的开发和运营。同时，非政府组织还积极参与乡村旅游的可持续发展规划，推动乡村旅游与环境保护、文化传承等方面的协调发展。

（二）乡村旅游体制机制现存问题

1.管理机制不健全

部分地区乡村旅游的管理机制不健全，导致管理职责不明确，管理效率低下。例如，缺乏专门的乡村旅游管理部门或机构，使得乡村旅游的规划、开发、运营等环节难以得到有效协调和统一管理。乡村旅游的法律法规体系尚不完善，存在法律保障漏洞。这导致在乡村旅游发展过程中，一些问题和纠纷难以得到及时有效的解决，影响了乡村旅游的健康发展。

2.乡村旅游经营者辅导机构缺失

据调查，乡村旅游经营者中不少有过经营管理工作经历，大部分还同时从事农业产业相关工作，但90%以上没有旅游管理专业背景，对旅游没有透彻理解，经营乡村旅游主要是为了经济利益，导致乡村旅游低层次重复开发、盲目投资等问题。目前，在乡村旅游相关体制机制中尚未建立起针对经营者的专门辅导体系。

三、乡村旅游体制机制创新路径

乡村旅游体制机制创新是推动乡村旅游高质量发展的重要动力，优化现有的乡村旅游体制机制非常重要。可以成立专门负责乡村旅游的政府机构和社会团体，形成由上至下的乡村旅游管理和辅导体系。充分发挥政府的监管作用，加大政府支持力度，编制乡村旅游规划，制定乡村旅游法律法规、行业规范和标准。充分发挥协会的桥梁纽带作用，辅导经营者开发经营，保证农民的主体地位和利益，从而保持乡村旅游的乡土性、独特性，解决乡村旅游发展中出现的问题，促进乡村旅游可持续发展。

（一）国家层面组建乡村旅游管理委员会

国家发展改革委、农业农村部、文化和旅游部可共同组建乡村旅游管理委员会，下设乡村旅游协会。乡村旅游管理委员会的成员由国家发展改革委、农业农村部、文化和旅游部三个部委组成，乡村旅游协会的成员由乡村旅游投资者、经营者、村民代表、科研院所、高校教师，特别是有关乡村旅游国家项目的课题组成员组成。

乡村旅游管理委员会可具有以下职能：第一，会同乡村旅游协会，根据国家法律、法规、政策、文件，如《乡村全面振兴规划（2024—2027年）》等，制定乡村旅游相关法规、政策、标准等；第二，会同乡村旅游协会，做好乡村旅游的顶层设计，进行国家层面的乡村旅游资源调查、评价，制订国家层面的乡村旅游规划；第三，指导省级乡村旅游工作，培训省级乡村旅游部门政府工作人员，审批重大省级乡村旅游项目；第四，协调各部门关系。

（二）组建各级乡村旅游办公室

农业相关部门和旅游业相关部门可共同组建省级、市级、县级、乡镇级的乡村旅游办公室，各级旅游办公室均下设乡村旅游协会。各级乡村旅游办公室的成员由农业相关部门和旅游业相关部门成员组成，省级、市级乡村旅游协会的成员由乡村旅游投资者、经营者、村民代表、科研院所、高校教师，特别是有关乡村旅游项目的课题组成成员组成。县级、乡镇级乡村旅游协会成员由乡村旅游投资者、经营者、村民代表、地方专家组成。

省级乡村旅游办公室具有以下职能：第一，执行国家相关乡村旅游的法律、法规、政策等；第二，会同乡村旅游协会，做好省级乡村旅游的顶层设计，进行省级层面的乡村旅游资源调查、评价，制订省级层面的乡村旅游规划；第三，指导市级乡村旅游工作，培训市级乡村旅游部门政府工作人员，审批重大市级乡村旅游项目；第四，协调各部门关系。

互动问答
2-1

互动问答2-1
县级、乡镇级乡村旅游办公室具有哪些职能？

问答提示

市级乡村旅游办公室具有以下职能：第一，执行相关乡村旅游的法律、法规、政策等；第二，会同乡村旅游协会，做好市级乡村旅游的顶层设计，进行市级层面的乡村旅游资源调查、评价，制订市级层面的乡村旅游规划；第三，指导县级乡村旅游工作，培训县级乡村旅游部门政府工作人员，审批重大县级乡村旅游项目；第四，协调各部门关系。

📝 笔记

任务实施

步骤一：通过查阅资料、研读政策文件，明确乡村旅游体制机制的构成。

步骤二：通过调研不同地区乡村旅游发展实例，熟悉乡村旅游体制机制的现状。

步骤三：选择本地乡村旅游案例，借鉴先进地区经验，思考乡村旅游体制机制创新发展路径，提出切实可行的实施建议。

任务二　乡村旅游投融资模式创新

◎ 任务目标

知识目标：了解乡村旅游投融资模式的概念；熟悉乡村旅游投融资的主要模式。

技能目标：能够进行乡村旅游投融资模式创新。

素养目标：培养学生的金融素养和创新意识。

任务描述

参考乡村旅游投融资创新案例，探索乡村旅游投融资的主要模式，结合各小组自选的乡村旅游地，设计一份具有创新性和可操作性的乡村旅游投融资方案。

案例导入

江苏镇江创新"金融+旅游"模式助力乡村振兴

近年来，镇江市创新"金融+旅游"模式，助力乡村振兴创新发展模式。

助农挑稳"金扁担"。深入开展"金穗行动镇镇行"活动，2021年全年28家银行、5家保险公司走访了近3 000家企业、近10万农户，其中，为镇江新区大路"理想村"休闲农业建设项目投放8 000万元用于农文旅建设。

释放金融"新活力"。通过为农村产权交易中心配备 e 融支付设备、将部分省级乡村旅游重点村确定为"信用村"等举措，为休闲农业和乡村旅游经营主体提供全覆盖、全方位、全链条的金融服务。

拓展红色"朋友圈"。通过结对共建、青年学堂等活动形式，将更多金融资源配置到乡村振兴重点领域和薄弱环节。推广"金农贷+合作社+农户"模式，推出"兴业""强村""富民"系列专属产品。

资料来源　江苏省文化和旅游厅. 江苏镇江创新"金融+旅游"模式助力乡村振兴［EB/OL］.［2024-09-15］. https://www.mct.gov.cn/whzx/qgwhxxlb/js/202207/t20220718_934736.htm.

这一案例表明：乡村旅游投融资模式创新可以为乡村旅游的发展带来更多机会，"金融+旅游"模式在助力乡村振兴中发挥了多方面的作用，不仅促进了乡村产业升级和经济发展，而且带动了就业和创业，提升了乡村风貌和居民生活质量，促进了文化传承和保护。

知识探究

乡村旅游日益受到人们的喜爱，同时也慢慢变成农民发家致富的重要渠道。然而相对于城镇而言，乡村在工业化、城市化方面远远落后，导致乡村旅游的投融资存在限制，不利于乡村旅游业的健康、稳定发展，乡村旅游投融资模式的创新迫在眉睫。

在线课堂
2-2

乡村旅游
投融资模式
创新

一、初识乡村旅游投融资模式

乡村旅游投融资模式是指在乡村地区进行旅游项目开发和运营时，所采取的融资和投资策略及方式。这种模式涵盖了从资金筹集、投资方向、投资结构到投资回报等多个方面，旨在支持乡村旅游项目的开发、运营和可持续发展。

二、乡村旅游主要投融资模式

（一）政府引导与支持

政府引导与支持主要包括政策扶持和政府投资两方面，政府通过制定相关政策，如税收优惠、财政补贴、贷款贴息等，鼓励社会资本投入乡村旅游项目。同时，政府还会设立专项资金，用于支持乡村旅游基础设施建设、特色产品开发等。政府投资方面，政府直接投入资金，用于乡村旅游项目的开发、建设和运营。这些资金通常用于公共领域，如交通、环境治理、文物保护等，以改善乡村旅游的外部环境。

（二）金融机构合作

乡村旅游项目可以向商业银行、政策性银行等金融机构申请贷款，用于项目的开发和运营。这些贷款通常需要项目方提供有效的担保或抵押物。通过发行债券，乡村旅游项目可以筹集到较大规模的资金。债券融资具有期限长、利率相对较低的优势，适合用于长期项目的建设。

（三）社会资本参与

政府通过招商引资的方式，吸引社会资本投入乡村旅游项目。这可以通过整体项目招商、合作项目招商、基础设施建设项目招商等方式实现。鼓励当地群众和民营企业通过增资扩股、社会募股、合伙经营等方式参与乡村旅游项目的投资，这不仅可以丰富投资方式，还可以提高当地群众的参与度和收益。

（四）资本市场融资

对于具备上市条件的乡村旅游企业，可以通过股票市场发行股票筹集资金。这不仅可以为企业提供长期稳定的资金来源，还可以提高企业的知名度和品牌影响力。通过设立产业投资基金、私募股权基金等，吸引专业投资机构对乡村旅游项目进行投资。这些基金通常具有专业的投资管理团队和丰富的投资经验，能够为项目提供全方位的支持。

（五）资产证券化

互动问答 2-2

互动问答2-2
乡村旅游还有哪些可利用的融资方式？

问答提示

对于具有稳定现金流的乡村旅游项目，可以通过发行公募 REITs（基础设施领域不动产投资信托基金）进行融资。这可以将项目的未来收益权转化为可交易的证券产品，在证券交易所上市交易，从而筹集到大量的资金。

三、乡村旅游投融资模式创新

（一）政府引导与政策支持

在政府引导与政策支持方面，政府可以通过出台一系列优惠政策，设立专项基金与奖励机制以及运用政府与社会资本合作模式等来吸引社会资本投入乡村旅游项目，共同承担项目的投资、建设和运营风险，实现资源共享、优势互补，提高项目的运营效率和服务质量，如图2-2所示。

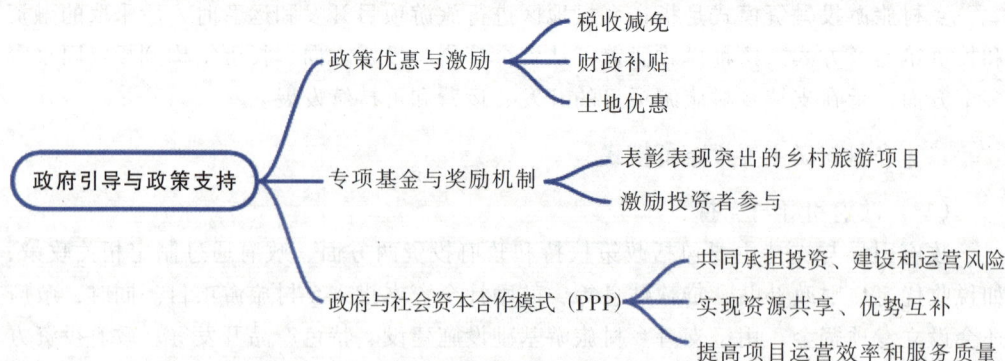

图2-2　政府引导与政策支持

（二）社会资本多元化投入

引入风险投资和私募股权基金等市场化投融资方式，为乡村旅游项目提供长期稳定的资金来源。这些机构通常具有专业的投资能力和丰富的市场资源，能够为乡村旅游项目提供专业的指导和支持。利用众筹平台和互联网金融工具，拓宽乡村旅游项目的融资渠道。通过众筹，可以吸引广大网民的关注和参与，为项目筹集资金；互联网金融则可以通过提供便捷的融资服务和丰富的金融产品，满足乡村旅游项目的多样化融资需求。

（三）资产证券化与金融创新

将乡村旅游项目中的优质资产进行证券化操作，通过发行资产支持证券等方式筹集资金。这种方式可以降低融资成本，提高资金使用效率，并为投资者提供多样化的投资选择。推广绿色金融理念，引导金融机构加大对乡村旅游项目中环保、节能、低碳等绿色项目的支持力度。通过绿色金融的支持，可以促进乡村旅游产业的可持续发展。

（四）产业融合与跨界合作

推动乡村旅游与农业、文化、体育等产业的深度融合，形成多元化的乡村旅游产品和服务体系。通过产业融合，可以拓宽乡村旅游项目的收入来源，提高项目的综合效益。加强与旅游产业链上下游企业的跨界合作，共同开发乡村旅游市场。例如，与旅游电商平台合作推广乡村旅游产品；与旅游交通企业合作提供便捷的交通服务；与旅游餐饮企业合作提供地道的乡村美食等。

（五）创新融资工具与模式

开发适合乡村旅游项目的创新融资工具，如乡村旅游专项债、乡村旅游产业基金等。这些融资工具可以针对乡村旅游项目的特点和需求进行定制化设计，提高融资的针对性和有效性。加强区域间的合作与联动发展，通过共同打造乡村旅游品牌、共享旅游资源和市场等方式，实现互利共赢。这种区域合作与联动发展可以扩大乡村旅游项目的市场影响力和竞争力，吸引更多投资者的关注和参与。

任务实施

笔记

步骤一：查阅政府相关政策解读文件，了解当前在支持乡村旅游投融资发展方面的相关政策。

步骤二：实地走访乡村旅游项目开发方、当地金融机构，了解乡村旅游投融资的主要模式。

步骤三：比较分析乡村旅游投融资的各种模式，明确各模式的运作流程和应用场景。

任务三　乡村旅游管理模式创新

◎ **任务目标**

知识目标：了解乡村旅游管理模式的概念；熟悉乡村旅游管理模式的主要类型。

技能目标：能够进行乡村旅游管理模式创新。

素养目标：培养学生的管理素养和创新意识。

任务描述

　　参考乡村旅游管理创新案例，分析其乡村旅游管理模式，结合各小组自选的乡村旅游地，设计一套乡村旅游管理模式创新方案，并以课件的形式进行汇报展示。

案例导入

濯村乡村旅游社区参与模式

　　濯村位于山东省莱阳市南20千米处的五龙河畔，村庄山环水绕，风光秀丽，景色怡人，是莱阳市第一大村。濯村的苗木花卉种植总面积已达9 000余亩，共建立了8个苗木花卉基地，苗木种植数量130万株以上，总产值超过5亿元，堪称"生态屏障""森林氧吧"，被评为"国家级生态村"。整个村庄仅樱花树种植数量就达53 000余株，是全国乡村"第一樱花小镇"，"樱花小镇、幸福濯村"盛名远扬。经过20年的风雨兼程、励精图治，濯村先后被授予国家级荣誉十余项。

　　濯村采用的乡村旅游社区参与模式为"农户+社区+企业"。其中，"农户"是指濯村开展乡村旅游的村民，"社区"是指濯村村委会，"企业"是指与濯村建立合作关系的山东和裕置业旅游发展有限公司。

　　在濯村乡村旅游社区参与模式中，农户承担生产者角色：农户根据公司的要求和规定为游客提供休闲娱乐、住宿饮食等服务，经营接待的主体一般以家庭为单位，服务人员多为亲戚邻居；农户在基层工作过程中及时将自己关于乡村旅游管理的想法反馈给村委会工作人员，增强农户的主人翁意识，促进乡村旅游协调发展。

　　村委会承担纽带作用：一方面联系企业，在战略规划、旅游策划等方面代表农户与企业协商，制定双方互惠互利的决议，以及任命、考核和监督公司管理人员；另一方面联系农户，听取农户关于乡村旅游发展的建议以及遇到的问题，反馈给企业商量对策，同时将公司指示下达到个人，协调公司与农户间的相关事宜，协助农户配合企业要求。

　　企业承担经营者角色：企业主要负责管理经营，可培训、提升农户经营管理能力，在经济上给予其支持，利用科学有效的市场营销手段吸引客源；改进农村基础设施建设，大规模的绿化、美化、亮化、硬化工程同步进行。

资料来源　李晓雅，吕艾霖，潘立臣．乡村旅游社区参与模式分析：以山东省烟台市濯村为例[J]．农家科技（中旬刊），2018（5）：57-58.

这一案例表明：濯村乡村旅游社区通过政府引导、社区参与的方式成功发展了乡村旅游。濯村拥有丰富的自然资源和文化资源，政府通过制定相关政策和规划，引导社区居民积极参与乡村旅游的发展。同时，濯村还建立了股份制经营模式，将政府、村集体和村民的资金、实物、技术等要素转化为股本，按照持股比例分配收益。这种模式不仅激发了社区居民的参与热情，而且实现了旅游收益的合理分配和可持续发展。

知识探究

在线课堂
2-3

乡村旅游管
理模式创新

乡村旅游管理模式在乡村旅游中的重要性不容忽视，它直接关系到乡村旅游的可持续发展、经济效益、社会效益以及环境效益。乡村旅游管理模式的创新是推动乡村经济发展的重要途径，也是实现乡村振兴的关键举措。

一、初识乡村旅游管理模式

乡村旅游管理模式是指通过专业化的管理手段，对乡村旅游景区进行规划、运营、营销和安全保障等方面的综合管理，以提高乡村旅游景区的品质和吸引力，推动乡村文旅产业的持续发展。

二、乡村旅游管理模式的核心要素

乡村旅游管理模式的核心要素包括景区规划、游客服务、营销推广和安全保障四项，如图2-3所示。

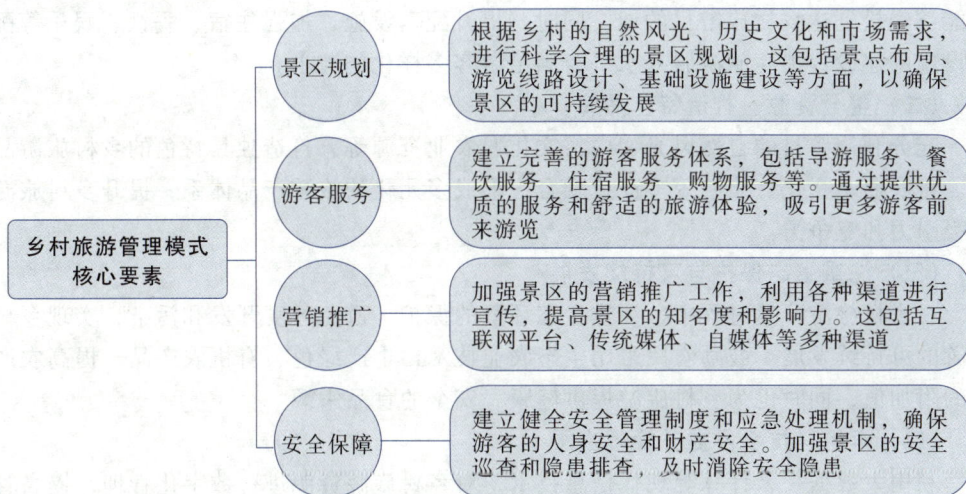

图2-3　乡村旅游管理模式的核心要素

景区规划：根据乡村的自然风光、历史文化和市场需求，进行科学合理的景区规划。这包括景点布局、游览线路设计、基础设施建设等方面，以确保景区的可持续发展

游客服务：建立完善的游客服务体系，包括导游服务、餐饮服务、住宿服务、购物服务等。通过提供优质的服务和舒适的旅游体验，吸引更多游客前来游览

营销推广：加强景区的营销推广工作，利用各种渠道进行宣传，提高景区的知名度和影响力。这包括互联网平台、传统媒体、自媒体等多种渠道

安全保障：建立健全安全管理制度和应急处理机制，确保游客的人身安全和财产安全。加强景区的安全巡查和隐患排查，及时消除安全隐患

三、乡村旅游管理模式的主要类型

（一）政府主导型

政府作为乡村旅游发展的主导力量，负责制定政策、规划、投资等方面的工作，同时引导社会资本参与乡村旅游开发。具体来看，政府会制定乡村旅游发展的总体规划，明确发展目标、空间布局和功能分区，为乡村旅游的有序发展提供指导。政府会投入资金用于改善乡村旅游的交通、通信、水电等基础设施，提高乡村旅游的接待能力和服务水平。政府会加强乡村旅游的环境整治工作，保护乡村生态环境和文化遗产，提升乡村旅游的品质和形象。

（二）企业主导型

企业作为乡村旅游开发的主体，通过投资、运营等方式推动乡村旅游发展。企业可以单独开发，也可以与政府或村民合作。具体来看，企业以市场为导向，根据市场需求和竞争态势，制定乡村旅游的发展战略和营销策略。企业通过整合各方资源，包括资金、技术、人才等，为乡村旅游的发展提供有力支持；注重品牌建设和营销推广，通过打造具有地方特色的乡村旅游品牌，吸引更多游客前来体验。

（三）社区参与型

互动问答
2-3

问答提示

互动问答2-3
社区参与型乡村旅游管理模式具体如何实施？

村民作为乡村旅游发展的主体之一，通过参与规划、运营、管理等方面的工作，实现乡村旅游的可持续发展。这种模式不仅有助于提升乡村旅游的品质和吸引力，还能促进社区经济的发展和居民生活质量的改善。

四、乡村旅游管理模式创新

（一）加强基础设施建设

完善交通网络，修建和维护通往乡村的道路，提高交通的便捷性和安全性，使游客能够轻松到达乡村旅游目的地。同时，提升配套设施，加强住宿、餐饮、娱乐等配套设施的建设，提高旅游服务水平，满足游客多样化的需求。

（二）整合资源，打造特色品牌

充分利用乡村的自然风光、民俗文化、农业资源等，打造独具特色的乡村旅游品牌。将农业、文化、旅游等多产业融合，形成多元化的旅游产品体系，提升乡村旅游的吸引力和竞争力。

（三）注重生态保护与可持续发展

在乡村旅游开发过程中，注重生态环境的保护，避免过度开发和污染，实现乡村旅游的可持续发展。鼓励农民采用生态农业技术，生产绿色、有机农产品，提高农产品的附加值，同时也为乡村旅游提供健康、安全的食品来源。

（四）运用科技手段提升管理水平

利用大数据、云计算等现代信息技术，对乡村旅游资源进行数字化管理，提高管理效率和服务质量。开发智能导览系统、在线预订平台等智能化服务工具，为游客提供更加便捷、个性化的旅游服务。

（五）创新营销策略，提高知名度

通过电视、广播、互联网等多种渠道进行宣传，提高乡村旅游的知名度和影响力，举办具有地方特色的节庆活动、农事体验活动等，吸引游客参与，增强游客的参与感和体验感。

（六）构建利益共享机制

政府应制定相关政策和规划，引导和支持乡村旅游的发展，为乡村旅游提供政策保障和资金支持；同时，鼓励当地社区和居民积极参与乡村旅游的开发和管理，形成政府、企业、社区和居民共同参与的利益共享机制。

（七）加强人才培养与引进

一方面加强对当地农民和旅游从业人员的培训，提高他们的服务技能和综合素质；另一方面积极引进具有旅游规划、市场营销、文化创意等专业技能的人才，为乡村旅游的发展提供智力支持。

任务实施

📝 笔记

步骤一：通过查阅文献、政府出台的乡村旅游管理办法等资料，明确乡村旅游管理模式的要点。

步骤二：实地调研本地成功的乡村旅游景点，了解其乡村旅游管理的主要模式。

步骤三：分析比较乡村旅游管理的各种模式，说明各种模式的主要特点。

任务四　乡村旅游运营模式创新

◎ 任务目标

知识目标：了解乡村旅游运营模式的概念；熟悉乡村旅游的主要运营模式。

技能目标：能够进行乡村旅游运营模式创新。

素养目标：培养学生的科学素养和创新意识。

任务描述

参考具有创新性和引领性的乡村旅游运营案例，探索乡村旅游运营模式创新，结合各小组自选的乡村旅游地，撰写一份乡村旅游运营创新方案。

案例导入

四川高槐村：特色文创基地带动乡村旅游发展

位于四川省德阳市旌阳区的高槐村，2014年还是一个贫困村，通过引入咖啡产业带动经济，2016年实现整村脱贫，此后却又因为产业同质化陷入了发展困境。几年过去了，如今的高槐村已经实现了从咖啡村向文创小镇的华丽蝶变，不仅是全国美丽宜居示范村，而且是远近闻名的网红打卡地。

乡村振兴，人才是关键。高槐村通过完善乡村人才招引培育工作机制，建成创客中心、高槐故事馆、田野秀场等一批极具功能性和美观度的场景，为当地居民、返乡人才和外来人才提供创业平台，构建了"支部+新农人+原住民"共创体系，引入非遗传承人、乡村音乐人、植染设计师等一批新农人；打造高槐乡村振兴学堂，定期举办"赋能高槐"众创营培训，持续帮助当地村民、新农人提高经营能力，提升服务品质。为了吸引客流，高槐村举办文创嘉年华、艺术节、音乐节等各类活动，既满足了游客的体验要求，又为产业培育提供了流量支撑。

在政府、村民和新农人等多方共同努力之下，高槐村再次焕发了生机。

资料来源　巅峰智业. 7个代表性案例，藏着乡村旅游发展"金钥匙"！[EB/OL].［2024-12-20］. https://www.sohu.com/a/656773137_234564.

这一案例表明：随着竞争门槛的提升，乡村旅游要做好，不能仅靠吸引几个特色产业，更要集中资金、技术、流量、运营能力等全方位的产业资源，尤其是培养一批具有产业运营能力的新农人。

知识探究

在线课堂
2-4

乡村旅游运
营模式创新

我国进入旅游高质量发展阶段，乡村旅游作为旅游产业的重要组成部分，在促进乡村振兴及城乡经济一体化发展等方面发挥着重要作用。乡村旅游运营模式的创新与应用是实现乡村旅游可持续健康发展的保障。

一、初识乡村旅游运营模式

乡村旅游运营模式是指在乡村地区，为实现乡村旅游产业的可持续发展，通过特定的组织方式、管理机制、营销策略和服务模式，将乡村的自然景观、文化遗产、民俗风情、农业生产等资源转化为旅游产品，并吸引游客前来体验和消费的一种经营和管理方式。

二、乡村旅游的主要运营模式

乡村旅游的运营模式多种多样，这些模式旨在充分利用乡村资源，吸引游客，促进乡村经济发展。

（一）田园农业旅游模式

以农村田园景观、农业生产活动和特色农产品为休闲吸引物，开发各类农业游、林果游、花卉游、渔业游、牧业游等主题休闲活动。具体来看，有田园农业游，如观赏田园风光、参与农业生产、品尝绿色食品等；园林观光游，以果林和园林为重点，开展采摘、观景等活动；农业科技游，展示现代农业科技和高新农业技术，增长游客知识；务农体验游，让游客亲身体验农业生产，感受农耕文化。

（二）民俗风情旅游模式

以农村风土人情、民俗文化为旅游吸引物，突出农耕文化、乡土文化和民俗文化特色。具体来看，有农耕文化游，展示农耕技艺、农耕节气等；乡土文化游，通过民俗歌舞、民间技艺等展现乡土特色；民俗文化游，利用居住民俗、服饰民俗、饮食民俗等开展旅游活动。

（三）农家乐旅游模式

农民利用自家庭院、农产品及田园风光等，为游客提供吃、住、玩、游、娱、购等一体化服务。具体来看，有农业观光农家乐、民俗文化农家乐、民居型农家乐、休闲娱乐农家乐、食宿接待农家乐和农事参与农家乐等，如图2-4所示。

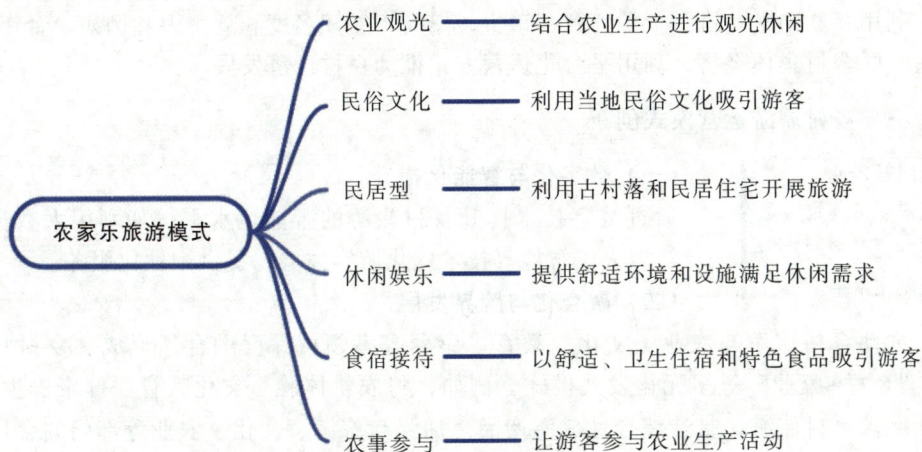

```
                        农业观光 ———— 结合农业生产进行观光休闲

                        民俗文化 ———— 利用当地民俗文化吸引游客

                        民居型 ———— 利用古村落和民居住宅开展旅游
    农家乐旅游模式
                        休闲娱乐 ———— 提供舒适环境和设施满足休闲需求

                        食宿接待 ———— 以舒适、卫生住宿和特色食品吸引游客

                        农事参与 ———— 让游客参与农业生产活动
```

图2-4　农家乐旅游模式

（四）村落乡镇旅游模式

以古村镇宅院建筑和新农村格局为旅游吸引物，开发观光旅游。具体来看，古民居和古宅院游，利用明清等古建筑发展观光旅游；民族村寨游，展示民族特色村寨；古镇建筑游，利用古镇建筑、街道、园林等发展研学游；新村风貌游，展示现代农村建筑和绿化等。

（五）休闲度假旅游模式

依托自然优美的乡野风景和清新气候，结合田园景观和民俗文化，提供休闲度假服务。具体来看，休闲度假村，提供高档设施和服务，满足休闲度假需求；休闲农庄，结合田园景观和农业产品，提供休闲观光体验；乡村酒店，以餐饮、住宿为主，配合自然景观和人文景观。

（六）综合开发模式

农业为主导，融合工业、旅游、创意等相关产业，形成多功能、复合型产业综合体。具体来看，共享农庄，以共享经济为理论支撑，联合政府、企业、农户等多元力量，培育农旅融合发展新业态；幸福慢村，是以绿色慢生活为宗旨、以质量为支撑的乡村建设新模式。

（七）创新运营模式

"乡村+X"旅游模式，如"乡村+教育""乡村+康养"等，通过跨界合作，实现乡村旅游的多元化发展。乡村旅游创客模式，以大学生、返乡农民工等为主要群体，通过创意和技术推动乡村旅游转型升级。

（八）政企合作模式

政府主导，企业参与，政府提供政策支持和基础设施建设，企业负责具体运营和管理。村集体与企业合作，村集体与企业共同出资成立乡村旅游服务有限公司，整合资源，打造乡村旅游项目。

（九）平台化运营模式

利用互联网平台进行资源整合和销售，提高市场知名度和竞争力。例如，合作社牵头，联合村集体经济，利用平台化运营方式推动乡村经济发展。

三、乡村旅游运营模式创新

互动问答2-4
举例说明如何通过数字技术提升乡村旅游的智能化水平。
问答提示

（一）数字化与智能化提升

通过数字技术提升乡村旅游的智能化水平，如利用大数据、云计算、人工智能等技术优化游客体验，提供个性化服务。

（二）融合化与跨界发展

推动乡村旅游与农业、文化、教育、康养等多领域深度融合，形成"乡村+教育""乡村+康养"等多元化发展模式。例如，将农耕体验、文化教育、健康养生等元素融入乡村旅游，打造综合性旅游产品。加强与旅游、文化、农业等部门的合作，共同推动乡村旅游的发展。同时，积极引入社会资本和创新人才，为乡村旅游注入新动力。

（三）精品化与品牌化建设

推动乡村民宿的精品化、品牌化建设，提升住宿品质和服务水平。通过引入专业设计和管理团队，打造具有地方特色的民宿品牌，吸引高端游客群体。依托当地特色农产品，发展休闲农业和观光农业，打造农业旅游品牌。通过举办农产品采摘节、农业嘉年华等活动，提升农产品的知名度和附加值。

（四）可持续化与生态化发展

坚持绿色发展理念，注重生态环境保护和可持续发展。鼓励游客参与绿色旅游活动，如徒步、骑行、露营等低碳环保的旅游方式。同时，推广绿色餐饮和住宿服务，减少旅游活动对环境的影响。

（五）创意化与体验化升级

注重创意产品的设计和开发，如农耕体验项目、手工艺品制作等。通过创意产品吸引游客参与和体验，提升乡村旅游的趣味性和互动性。利用全息投影、虚拟现实等高科技手段，打造沉浸式乡村旅游体验。通过场景再现、互动体验等方式，让游客更加深入地了解乡村文化和历史。

（六）社群化与共享化发展

利用社交媒体和社群平台开展乡村旅游营销活动，吸引更多游客关注和参与。通过社群营销建立稳定的客户群体和口碑传播渠道。推广共享经济模式在乡村旅游中的应用，如共享民宿、共享车辆等，通过共享经济模式降低游客成本和提高资源利用效率。

任务实施

步骤一：研读专业书籍、行业研究报告以及查阅资料，明确乡村旅游运营模式的概念及核心要素。

步骤二：实地走访多个不同风格和发展阶段的乡村旅游地，结合乡村旅游运营案例，熟悉乡村旅游运营的主要模式。

步骤三：分析比较乡村旅游运营的各种模式，阐述各种模式的运营流程及适用场景。

笔记

项目测试

一、单选题

1.（   ）是乡村振兴机遇的要求。

A.乡村旅游服务创新　　　　　　　　B.乡村旅游产品创新

C.乡村旅游产品质量提升　　　　　　D.乡村旅游体制机制改革

2.农民利用自家庭院、自己生产的农产品及周围田园风光、自然景观，以低廉价格吸引游客开展旅游活动。这种运营模式被称为（   ）。

A.连片开发模式　　B.农家乐模式　　C.产业带动模式　　D.村镇旅游模式

3.我国最常见的乡村旅游景区管理模式是（   ）。

A.村民主导型　　　B.政府主导型　　　C.公司主导型　　　D.混合管理模式

二、判断题

1."政府+旅游公司+旅行社+农民旅游协会"乡村旅游模式中，政府主要负责乡村旅游经营管理和商业运作。　　　　　　　　　　　　　　　　　　　　（   ）

2.农村信用社的闲置资金，可在政府担保、项目确保盈利的基础上充分利用该笔资金。　　　　　　　　　　　　　　　　　　　　　　　　　　　　　　（   ）

项目测试 2-1

在线答题

启智润心

安徽绩溪：探索乡村运营　共筑和美乡村

绩溪县坚持以文塑旅、以旅彰文，以实施"文化兴县"战略为抓手，以大黄山世界级休闲度假康养旅游目的地建设和长三角区域一体化发展为目标，深入开展文化兴县旅游发展行动，不断拓展文旅资源优势转化新思路，持续探索生态富民新路子，尝试构建富于地方特色的乡村运营模式，有效解决了乡村发展过程中存在的招商难、引才难、增收难、发展难等问题，创新了农业农村农民互促共赢新路径。

充分利用资源禀赋，探索"量体裁衣"的乡村运营模式

绩溪县仁里村是一个千年古村，亦是"中国美丽休闲乡村"。仁里村积极改善创业环境，拓宽思路引来"合伙人"，挂牌成立绩溪县仁里旅游发展有限公司，引进桃花坝露营地及水上游乐等项目。引进共富庭院项目，支持农户高质量发展庭院经济。配套返乡创新创业奖补政策，吸引近百人返乡从事餐饮、旅游、建筑等行业。通过招引人才，仁里村深度盘活传统村落资源，布局名人馆、体验店、清咖书屋、非遗市集、水上运动、农事采摘等多种业态。

仁里村创新古村修缮模式，探索"政府+村集体+社会资本合作"多元模式，通过村民自主宜居性改造、村集体流转修缮改造和社会资本参与活化利用的方式，对传统村落内的闲置老房进行改造修缮，古民居收储评估、整体开发利用持续推进。新建集古村落保护、徽文化展示、旅游服务、高端住宿、徽味餐饮、会议会晤、休闲娱乐、农特产品展销等功能于一体的仁里村游客服务中心。依托"互联网+村落资源"模式，纳入数字博物馆建设，全景式、百科式展现传统村落独特魅力。

仁里村孜孜探索，创新求变，把生态、人文、美食、古韵变成"幸福产业"，引入浙江廿里文创团队专业化运营乡村，以6/3/1乡村共创模式，由廿里主创，村集体出资，打造乡村品牌业态，形成共享共创的特色创新仁里新模式。在以保护为核心的前提下，仁里村相继利用古村落废弃杂院、闲置农房、上祠堂、街巷打造网红新业态，持续开发仁里乡村会客厅、仁里水上迪士尼、仁里对话等项目，为乡村发展打开了一条新思路。

催生放大民宿力量，打造"景村一体"的乡村产业格局

绩溪县扬溪镇丛山村生态资源丰沃，镇村两级提前做好村庄规划，完善基础设施建设，定位艺术乡村，以笆篱山乡村艺术空间为"星火"，招引"民间宿客·三味书屋"民宿落地，通过田园改造，配套建设了休闲垂钓区、田园观光区、瓜果采摘区，开办了黄茶、山核桃、黄精中草药等农特产品加工产业，带动村民发展农特产品种植，实现"产、供、销"一条龙服务，特色农产品和休闲旅游收入日益成为村民收入的重要来源。艺术与民宿在丛山村碰撞，激发特色产业全面发展助力乡村振兴。

依托优美的自然生态资源，丛山村大力发展休闲农业与乡村旅游

按照"景村一体"，培育村景融合微景区。充分发挥乡贤、外地客商"乡村规划师"作用，形成"笆篱山艺术空间""民间宿客·三味书屋"精品民宿等较有影响的文化品牌。吸引外地游客和团体多次来此开展研学、展示、亲子、节庆等团建活动。

在修缮保留基地传统民居建筑的基础上，提升改造村落人居环境，布置新兴业态，打造集种子展厅与青年住宿于一体的"种子青年旅社"空间，配套民宿商业空间及精品民宿客房空间。特色农产品和休闲旅游收入日益成为丛山村民收入的重要来源。村集体以配套基础设施、集体资源、资金等入股分红，增加经营性收入，将自然、资源特色和休闲农业进行紧密结合，形成自身独特的市场品牌形象，构建特色旅游观光品牌、乡村民宿品牌、休闲农业品牌。

深化数字场景构建，提升"数字赋能"的乡村运营水平

绩溪县板桥头乡庙山村是典型的偏远小山村，该村致力打造"红色领航 数字兴农"党建品牌，以数字赋能社会治理，不断延伸基层治理末梢，充分运用大数据，实现"多网合一"线上管理，构建横向到边、纵向到底的"智治"体系。

绩溪县以传统村落和非遗传承为创新创意，推出一批文化旅游精品线路和数字体

验项目，着力构建景区、城区、乡村"三位一体"的全域数智文旅应用场景。搭建云游古村、点亮古村非遗、古村落数字沙盘、智慧导览等平台，实现绩溪乡村文旅产业信息化高质量发展，打造全域数智文旅标杆县域。探索利用元宇宙、扩展现实（XR）等技术演化出新的旅游模式和业态，做好新媒体营销，开展互动式兴趣营销。

　　资料来源　汪秀云，袁云云，支晨. 安徽绩溪：探索乡村运营 共筑和美乡村［EB/OL］.［2024-11-24］. http://www.ah.chinanews.com.cn/news/2024/0624/328001.shtml.

　　思政元素：乡村振兴　守业创新

　　学有所悟：绩溪县以全域视角谋划乡村旅游，以全新思路统筹乡村运营，以聚合思维打造乡村产业，以村落为平台、文化为底色、创意为引线、产业为活水，通过传统村落保护利用，激活乡村动力、兴旺农村业态、推动人才回流，让一度沉寂的乡村重新焕发生机，走出了一条独具特色、因地制宜的乡村运营激活传统村落保护与活化利用助推乡村振兴新路径。

乡旅实践

河北经贸大学旅游学院暑期社会实践助力乡村振兴

　　2021年6月26日至7月2日，河北经贸大学旅游学院在校团委的组织下，选派24名师生组建"旅享社会实践服务团"，深入河北省武安市太行山东麓京娘湖区域，开展以"传承红色基因，助力太行山乡村振兴"为主题的青年教师及大学生"三下乡"社会实践调研活动。本次社会实践调研活动包括来自旅游管理专业、酒店管理专业和会展经济管理专业的24名师生，其中带队老师5人，为旅游学院各专业的青年博士；学生19人，为各专业的优秀学生干部及科研骨干。

　　武安市曾是太行山抗战的重要根据地之一，也是解放战争时期中共晋冀鲁豫中央局和军区政府驻地，具有深厚的红色文化底蕴和光荣革命传统。旅享社会实践服务团在7天的时间里深入当地农村、社区和旅游企业，紧紧围绕乡村旅游和乡村振兴的实践主题，充分依托专业优势、学科特点和社会需求，对当地乡村旅游和乡村发展进行了实地调研。

　　在社会实践调研过程中，旅享社会实践服务团先后走访6家旅游企业、调研500余名当地村民、培训200余名企业员工、拍摄千余张图片资料、撰写万余字调研记录。团队充分利用线上文献和年鉴、线下访谈和问卷相结合的调研方法采集当地数据，开展田野调查，对当地乡村建设和旅游开发的现状和问题进行了定性和定量分析。活动结束后全体师生于驻地召开社会实践调研工作总结大会，对7日的调研活动进行了总结，对同学们的工作予以肯定，从政策思想和专业角度对同学们予以指导。

　　本次调研活动，不仅为山乡村民提供了旅游接待规范、旅游创业指导的专业培训，而且进一步宣讲了国家乡村振兴战略的指导性政策和乡村旅游开发的关键性问题，协助京娘湖旅游区开展了旅游策划方案和民宿管家服务规范的编制，扎扎实实为乡村旅游业做了一次社会服务工作。师生深入景区，深入社会，深入旅游经济，感悟并传承红色基因，将所学专业知识与实践相结合，运用到助力太行山乡村振兴的事业中去，彰显了当代大学生的责任和担当。

河北经贸大学旅游学院书记董爱民、院长高宏表示，希望通过此次"三下乡"社会实践调研活动，使学院师生能够深入偏远农村地区，为太行山地区乡村旅游产业的推进和乡村振兴战略的实施奉献自己的专业知识和智慧结晶，能够切实为国家、为农民、为旅游业奉献自己的爱心，在农村大课堂里拓宽视野，坚定信念，提升自己的社会服务意识和服务能力。

资料来源　佚名. 河北经贸大学旅游学院暑期社会实践助力乡村振兴［EB/OL］.［2024-12-26］. http://edu.hebnews.cn/2021-07-26/content_8579855.htm.

要求：以小组为单位，根据以上案例，结合旅游业的发展谈谈如何助力乡村振兴。

学习评价

本项目学习评价表见表2-1。

表2-1   学习评价表

学习内容	乡村旅游运行机制创新		
	评价要点	学生自评（50%）	教师评价（50%）
知识掌握（20分）	掌握乡村旅游体制机制的概念（5分）		
	掌握乡村旅游投融资的主要模式（5分）		
	掌握乡村旅游管理模式的主要类型（5分）		
	掌握乡村旅游的主要运营模式（5分）		
技能提升（40分）	能够制定乡村旅游体制机制创新发展路径（10分）		
	能够进行乡村旅游投融资模式创新（10分）		
	能够进行乡村旅游管理模式创新（10分）		
	能够进行乡村旅游运营模式创新（10分）		
素质养成（40分）	具有科学发展观（10分）		
	具有金融素养和创新意识（10分）		
	具有管理素养和创新意识（10分）		
	具有科学素养和创新意识（10分）		
综合评价成绩（100分）			
学生自评： 学生签字：			
教师评语： 教师签字：			

模块二

乡村文化旅游创新与创意

3 项目三 乡村文化符号景观创新与创意

项目概述

　　以文塑旅，以旅彰文，文旅融合是乡村振兴的有力抓手。乡村文化符号景观是指由从乡村的信仰、宗教、语言、生产、建筑中提炼出的具有乡村特色的文化符号所构建的文化标识景观。本项目以乡村文化符号景观作为对象，探索其在乡村旅游开发中的创新运用和创意设计，具体包括乡村旅游标识标牌景观、雕塑设计景观、主题文化景观、农耕文化景观、废旧石头景观、木头景观、废旧物造景、景观墙体等的创新设计。

任务一　乡村旅游标识标牌景观创新与创意

◎ **任务目标**

知识目标：了解乡村旅游标识标牌景观的分类；熟悉乡村旅游标识标牌景观设计存在的问题及其解决策略。

技能目标：能够对乡村旅游标识标牌景观进行创新设计。

素养目标：培养学生的跨学科协作能力，提升审美素养与人文素养。

任务描述

借助搜索引擎、人工智能大模型等收集乡村旅游标识标牌的案例，选择一个你觉得最优秀的标识标牌进行分析，并在课堂上进行展示。

案例导入

宜秀区杨桥镇余湾村：完善标识标牌，发展乡村旅游

为切实推进乡村振兴战略，助推余湾村省级特色美食村创建和乡村旅游发展需求，进一步提升乡村旅游环境，余湾村在辖区各小组安装、翻新标识标牌，深入推进余湾村农村人居环境整治，打造具有余湾特色道路景观环境，亮化、美化旅游乡村道路、节点的综合环境。

乡村旅游标识是省级特色美食村创建工作中必不可少的重要部分。一套完整的乡村旅游标识标牌，不仅能为游客提供必要的道路指引、人文信息传递，其本身也是乡村的一景，在起到美化和提升环境效果的同时，为乡村旅游营造了良好的口碑和声誉。按照乡村旅游建设发展规划，余湾村坚持"科学选址，风格统一"的原则，安排专业人员在辖区各小组统一安装新的标识标牌，确保村组标识牌与周边环境协调，展现特色美食村特点特色。

村组基础设施建设是衡量乡村旅游发展的一把标尺。在奋力推进乡村旅游发展的同时，余湾村依托丰富的自然生态风光、傍山靠水的天然资源优势和与大龙山林场相连的区位优势，始终坚持因地制宜，不断完善旅游厕所、景区道路、生态停车场、导览标识等基础设施，全面提升余湾村乡村旅游品牌。

资料来源　朱珊珊，许安. 杨桥镇余湾村：完善标识标牌，发展乡村旅游［EB/OL］.［2024-12-20］. http://www.aqyx.gov.cn/html/2022/xczxpxp_0510/58933.html.

这一案例表明：通过艺术化设计、文化符号植入和互动化表达，进行乡村旅游标识标牌的景观创新创意，将功能性指引转化为沉浸式体验载体，既能强化地域文化辨识度，塑造差异化品牌形象，又能以视觉美学提升环境吸引力，触发游客拍照传播行为，形成"标识即景点"的导流效应，最终实现文化价值向旅游经济价值的创造性

转化。

在线课堂
3-1

乡村旅游标
识标牌景观
创新与创意

知识探究

乡村旅游是乡村特色风貌和自然生态相结合后展现出来的旅游项目，标识系统作为乡村旅游中陪伴游客完成游览的重要引导，也肩负着展现乡村文化、乡村精神面貌的重任。

一、认识乡村旅游标识标牌景观

标识标牌景观的存在可以在视觉上形成节点与记忆。在特定地域中，环境设计与视觉节点的巧妙结合能创造出集信息交换、社交互动和休憩功能于一体的公共空间中心。标识标牌作为区域环境设计的一部分，具有提供空间界定、点景、转换，甚至成为地标的作用。

作为乡村旅游景区、景点规划和建设中的一项重要内容，标识标牌景观可以帮助游客领略村落地域文化和自然环境之美，也是乡村旅游景区很好的宣传名片。标识标牌景观在对游客起引导作用的同时，还可以起到提升品牌形象及美化环境的作用，所以说标识标牌景观既是方向、坐标，也是品牌。

二、辨析乡村旅游标识标牌系统

在乡村旅游规划中，乡村旅游标识标牌系统必然是一个不可或缺的部分。标识标牌系统是以标识设计为导向，综合实现信息传递、识别、辨别和形象传递等功能的整体解决方案，通常分为识别系统、方向系统、空间系统、说明系统、管理系统。

识别系统：以形象识别为目的，使人们识别出不同场所。

方向系统：通过箭头来表示方向，引导人们快速便捷地到达目的地。

空间系统：以全面的指导为原则，通过地图来表示地点间的位置关系。与方向系统不同的是，空间系统是告知整体环境的状况，通常会指出行人的所在位置和重要出入口的方向。

说明系统：对环境进行陈述性的解释和说明。

管理系统：规范人们的言行举止等，提醒人们需要遵守的法规和行为准则。

三、乡村旅游标识标牌景观设计存在的问题

（一）缺乏地域性特色

缺少文化内涵的挖掘，致使部分乡村旅游标识标牌没有体现当地的特色、文化和历史，这主要体现在材质的选择和设计上。不结合地域性民俗文化和习惯，缺乏文化的多样性，就不能形成地域文化的凝聚力，这往往会导致文化独特性缺失，最终降低了景观的吸引力。

乡村旅游标识标牌景观的设计要从旅游村落当地地方文化中汲取精华，体现地方特色。比如，标识标牌的造型设计可以取材于当地特有的装饰符号、生活生产用具、建筑形式等；在材料上选取具有地方特征的原材料，更好地融于环境，体现乡土气

息；标识标牌的内容也要尽量反映当地的历史、文化等。

（二）缺乏整体美的意识

生搬硬套式的复制使得部分标识标牌在设计中忽略了场地的地形条件；随意放置，没有利用场地的起伏、植物的层次、河流的走向，会使其无法融入整体规划设计中。

生态美是建立在生态人文观基础上的一种具有生态哲学意义的美学概念。生态美包括自然美、生态关系和谐美、艺术与环境融合美，与强调对称、规则的人工雕琢形成鲜明对比。乡村旅游标识设计应以自然生态规律和生态美法则为指导，效法自然，尊重乡村旅游地的自然风貌，力求使标识标牌成为乡村景观的一部分。

乡村旅游标识标牌景观是一项系统工程，构成要素之间有一定的层级关系和组织构架，以整体形象展示在旅游者面前，因此在规划设计时要有全局观念，把个体特征统一到整体的风貌形象中去，达到整体上的最佳状态，实现乡村旅游目的地最佳形象设计。同时，要在内容和功能上相互补充，构建一个类型多样、功能完备的乡村旅游标识体系，实现标识系统整体效能优化。

（三）景观小品与当地村民的生产需求不协调

设计的根本是要"以人为本"，在有些区域的标识标牌景观设计中，忽略了周边村民的生产需求，甚至与生产需求相冲突，没有结合村民生产方式和生活需求，显得单调且僵硬。部分标识标牌景观的材质不适应当地环境特点，导致后期维护管理成本的增加。

乡村旅游标识标牌景观的规划设计是一项综合性的工作。比如，向游客介绍村落环境与文化传统是乡村旅游标识标牌的一个重要功能。为了让游客全面而深刻地认识与感受乡村生活，还需要多学科的合作，包括生态、建筑、旅游、地理、艺术等方面的专业人员通力配合，多学科背景下的标识系统才是科学而全面的。

四、创新乡村旅游标识标牌景观设计

（一）乡村符号设计创新

符号学把符号分为三类，即概念性符号、形象性符号和象征性符号，这也构成了乡村符号设计创新的基本思路。

1.概念性符号

概念性符号可应用于美丽乡村中的识别系统和空间系统，除与标准符号配合使用外，还可与一些有特殊含义的简洁符号配合使用。

2.形象性符号

通过具体形象的设计，可用形象性符号来表现、明确区域典型形象的特征。例如，在西双版纳街头的热带棕榈类植物，反复提示着该区域的热带特征。形象性符号多用于村标和纪念品、工艺品。

3.象征性符号

象征性符号往往都拥有深厚的文化背景，可以浓缩区域文化的形象精华，含义丰富。象征性符号主要用作标志、识别系统设计。

（二）标识标牌系统创新

标识标牌系统创新可以从自然环境、历史积淀、地域文化、乡村色彩四个方面入手。

1. 从自然环境导入

每个地区的自然地貌特征都是具有地域性的，自然环境造就的特殊地理位置是独一无二的。乡村的建筑设计风格也随着自然因素有所改变而各有特点。标识设计应适应当地的自然风情，与之和谐共生。

2. 从历史积淀导入

每个乡村都有其独特的历史底蕴，尊重历史传统就是尊重每个乡村的特色。

3. 从地域文化导入

地域文化是独具地方特色的生活习俗积累出来的，是每个乡村发展过程中凝练出来的最优秀的品质。

4. 以乡村色彩导入

乡村色彩是从乡村发展过程中呈现的色彩总结和归纳出来的，是乡村文化的载体。

互动问答
3-1

互动问答3-1
乡村标识标牌特色体现的方法有哪些？

[二维码]

问答提示

（三）标识标牌景观特色体现

若想在乡村旅游标识标牌系统设计中体现出地方特色，可以从材料选择、色彩搭配、造型创意、图形元素四个方面开展创新设计，见表3-1。一套具有地方特色的乡村旅游标识标牌系统，可以满足游客精神和视觉双重审美需求，促进乡村经济和文化的协同发展。

表3-1　　　　　　　　　乡村旅游标识标牌特色体现的方法

特色体现方法	具体操作	操作关键词
材料选择	可通过对本土材料和地方文化的调查分析，就地选取当地常见的材料进行设计	就地取材
色彩搭配	导视系统的色彩设计不能背离自然环境这个基本背景，一方面在设计时要适度保留自然色，另一方面要凸显当地特有的色彩，达到色彩对乡村特殊的识别性。乡村标识系统的颜色要从乡村的人文环境和历史文化等多方面考虑，在充分调查分析后确定最符合当地特色的色彩搭配	自然背景
造型创意	造型是乡村旅游标识设计的一种直观表现，可以根据不同乡村的人文风光、自然环境进行设计。在结合地方特色的基础上，既要注意服务性，也要注意趣味性	地方特色
图形元素	图形元素是标识系统的辅助元素和点睛之笔。一个图形元素不仅具有装饰标识标牌的功能，更是对地方特色的提炼。一些自然风光景区，有自己特有的植物种植特色，可以提取植物图形元素作为标识系统的辅助图形，让游客加深对景区的印象	源于本地

任务实施

　　步骤一：通过实地调研，深入了解乡村地区的历史和文脉，挖掘该地的文化元素。

　　步骤二：对乡村地区标识标牌开展辨识度调研。

　　步骤三：结合本地区主流文化和调研结果，形成乡村标识标牌的设计思路。

　　步骤四：对乡村标识标牌进行创新设计和应用。

任务二　乡村旅游雕塑设计景观创新与创意

◎ **任务目标**

　　知识目标：了解乡村旅游雕塑设计景观的分类；熟悉乡村旅游雕塑设计景观的欣赏。

　　技能目标：能够对乡村旅游雕塑设计景观进行创新设计。

　　素养目标：培养学生的跨学科协作能力，提升审美素养与人文素养。

任务描述

　　对家乡及周边乡村的雕塑进行拍摄，以小组为单位对乡村旅游雕塑进行分类和分析，形成优化方案，并在课堂上进行展示。

案例导入

雕塑家与村民为诗意乡村"点睛"

　　2022年5月24日—6月13日，"美丽乡村·艺术营造"中国新疆莎车县阿瓦提镇公共艺术创作营活动在阿瓦提镇举行。26位雕塑艺术家吃住在村里，就地取材，利用废弃农具、枯木、漂流木等物品，与农民们共同创作大中型雕塑33件，为诗意的乡村画上"点睛之笔"。

　　村民家门口有了雕塑作品

　　在阿瓦提镇阿瓦提巴扎村，10岁的阿卜杜萨拉木·阿布都热西提多了件开心事，他的家门口"跑来"几匹颜色亮丽、呆萌可爱的木马。这是雕塑"木马童心"，由新疆雕塑学会秘书长陈虎在村里现场创作，使用的原材料是村里的废弃物品。

　　阿瓦提巴扎村的木匠图尔逊·纳尤普、提干库木村的电焊工头头提·奥斯曼、莎车县高级技工学校美术教师买买提明·买买提……村民们和雕塑家杜大洋一起完成了雕塑作品——"向阳花"。

　　"很多人都觉得这个'向阳花'很好看，也有人问我，能不能在装修的时候给家里做个类似的木雕。"51岁的图尔逊做了20多年门窗、沙发、衣柜等，这次和雕塑家首次合作，令他对自己的手艺有了新的认识。

"以前都是在村里焊接大门、窗户等，这是我第一次参与制作艺术品，知道了艺术设计的概念。"30岁的买买提·奥斯曼打算动手制作一个微缩版"向阳花"，送给自己2岁的女儿。

55岁的买买提明·买买提专门请了4天假来向雕塑家老师学习。他从新疆艺术学院美术系油画专业毕业后，回到家乡做老师，"后期，我想用废弃木材做些根雕作品"。

把美"写"在乡村大地上

"这33件雕塑作品，如果集中在某一个美术馆、展览馆内，一定会是一个艺术水准非常高的展览。但是它们这样分散在乡村的广场、道路、文化大院里，就让美育真正覆盖到乡村，让文艺真正服务到极少有机会去参观美术馆、展览馆的农民们。"新疆美术家协会雕塑艺委会主任、新疆雕塑学会副会长地里木拉提·吐尔地告诉记者。

"这些雕塑作品提升了我们镇的乡村'颜值'，让老百姓们和艺术有了零距离的接触，老百姓们可以在日常生活中去感悟艺术的魅力。"阿瓦提镇党委书记许永华说，"我们将保护好这些雕塑作品，并积极培养村里的农民艺术家。"

资料来源　李莉. 雕塑家与村民为诗意乡村"点睛"[EB/OL]. [2024-12-15]. https://www.ts.cn/xwzx/dzxw/202206/t20220622_7646906.shtml.

这一案例表明：雕塑作品为乡村文化注入了活力，丰富了村民的精神文化生活。这些雕塑作品不仅是美丽乡村建设的一次有益探索，而且是一次把美"写"在乡村大地上的艺术实践。

知识探究

在线课堂
3-2

乡村旅游雕
塑设计景观
创新与创意

随着我国乡村振兴战略的逐步实施，乡村建设正在有条不紊地推进。雕塑作为传播地域文化和人文精神的载体之一，已成为乡村景观建设的重要组成部分，甚至成为乡村形象的标志和特色。

一、认识乡村旅游雕塑设计景观

乡村旅游雕塑设计景观是乡村旅游目的地的雕塑景观设施之一，不仅能够反映乡村的地域特色和在地文化，而且能够给人带来新鲜感或特定的回忆。乡村旅游雕塑设计景观多采用艺术手法，选用不同的材质，根据乡村旅游目的地的人文、地理特色精心设计制作而成，是一种既能观赏又能代表当地特色的、有价值的景观设计。一个精彩的雕塑作品可能会成为一个令人印象深刻的景观，甚至成为乡村旅游文化的主题。与一般意义上的普通摆件类雕塑作品不同，乡村雕塑景观建立在雕塑艺术的基础上，综合了当地经济、社会、文化环境等因素，能够体现出乡村地区的文化与风俗特点。

二、辨析乡村旅游雕塑设计景观

乡村旅游雕塑设计景观按照不同的分类标准，可以分为不同的类别，见表3-2。

表 3-2　　　　　　　　　　　　乡村旅游雕塑设计景观分类

分类标准		内容
题材		包括人物景观雕塑、动物景观雕塑、植物景观雕塑、组合雕塑等
材料		包括石雕、玉雕、木雕、泥雕、竹雕等
艺术手法	具象雕塑	运用逼真写实的艺术手法处理而成的雕塑
	抽象雕塑	在具象变化基础上，以某种事物为载体，经过精心设计，运用夸张、变形等手法制作的雕塑
作用	纪念性景观雕塑	旨在纪念人或事。纪念性景观雕塑最重要的特点是它在环境景观中处于中心或主导位置，起到控制和统帅全部环境的作用
	主题性景观雕塑	旨在特定环境中揭示某些主题。其与环境有机结合，可以充分发挥雕塑的特殊作用
	装饰性景观雕塑	其作为环境的主要构成要素，可以丰富环境特色
	陈列性景观雕塑	以优秀的雕塑作品作为环境主体内容

三、欣赏乡村旅游雕塑设计景观

乡村旅游雕塑设计景观作为中国美丽乡村建设的一道亮丽风景线，源于生活而又高于生活，很多乡村旅游雕塑设计景观甚至已经成为地区性的文化艺术象征。

第一，具有独特的在地民族性格，民俗性强。可利用乡村雕塑设计景点，打造独属于乡村本地区的独特文化，通过文化塑造，传承本地区优秀文化。在乡村文化的传承与创新发展过程中，应结合乡村旅游、农业生产资源，丰富乡村景观元素，借助灵活、多层次的乡土元素，抓住时代发展机遇，设计出符合本地区独特乡村文化底蕴的雕塑设计景观，打造属于本地域独具特色的文化艺术名片。在乡村旅游中，人们可根据景观雕塑设计的内容，深入感知、理解本地文化内涵。

第二，具有与时俱进的设计特色，时代性强。乡村雕塑设计景观是村庄环境、风貌展示的重要渠道，能够反映出村庄地理特征，以及村庄发展期间所形成的区域文化。雕塑设计景观在改善乡村环境、艺术氛围的同时，为乡村文化传承带来更多可能性：一方面，可以增加乡村地区风味、风俗文化内容，吸引更多游客、促进当地旅游产业发展和本地特色文化的传播；另一方面，记录当地人们的社会活动，传承本地区的传统文化，最终形成符合乡村地理特征的文化景观。

第三，具有乡村旅游本地域特色，识别性强。乡村雕塑设计景观注重雕塑与村庄整体环境的融合，是特色乡土文化传承的重要载体和实现路径，承担着传播先进文化和美化乡村环境、促进乡村环境协调可持续发展的重要使命。新时代、新农村、新风

互动问答
3-2

互动问答3-2

应该从哪些方面欣赏乡村旅游雕塑景观呢？

问答提示

貌，雕塑设计景观能体现社会主义核心价值观的价值理念和精神内核。

四、创新乡村旅游雕塑设计景观

（一）最大化凸显乡村本地特色

在美丽乡村建设中，雕塑的设计是为了充分凝练和展示当地的人文历史特色，而每个不同的村落在发展过程中都具有各自不同的传统文化习俗，因此要注意地域文化的挖掘。既要注重雕塑自身造型的设计，抓住当今时代的特点和当地的特色，提取来源物的灵感意象，合理地转换某个造型元素；也要考虑雕塑所处的自然环境，以及造型和空间两者之间的关系，充分利用不同环境下光线的变化，达成整体造型和自然环境相得益彰的效果。

（二）良性化借助生态环境优势

在创新乡村旅游雕塑设计景观时，应时刻遵循乡村生态环境良性发展的原则，以生态保护为主旨，把不破坏环境作为根本原则。具体而言，就是要对雕塑的具体安放位置、尺度大小、使用的材料等方方面面进行综合考虑，避免破坏乡村生态环境。

（三）最优化均衡经济发展效益

创新乡村旅游雕塑设计景观应以促进当地经济文化全面发展为目标。应通过对乡村建设中雕塑的设计，使其成为引流的关键点，促进地标效应的形成，为当地旅游产业的蓬勃发展作出重要贡献。在设计中，应充分融合当地特色，通过与外界平台的推广、合作，打造年轻消费群体的"网红打卡点"，增加当地的知名度，带动乡村物质文明与精神文明同步发展。

📝 笔记

任务实施

步骤一：走访合作乡村或社会实践目的地，寻找该地的乡村旅游雕塑。

步骤二：对乡村旅游雕塑进行全方位拍照，包括雕塑各角度的细节以及雕塑与周围环境的整体图。

步骤三：结合乡村文化对乡村旅游雕塑的设计进行分析。

步骤四：提出乡村旅游雕塑优化的策略，并形成文案。

任务三　乡村旅游主题文化景观创新与创意

◎ **任务目标**

知识目标：了解乡村旅游主题文化景观的分类；熟悉乡村旅游主题文化景观的欣赏。

技能目标：能够对乡村旅游主题文化景观进行创新设计。

素养目标：培养学生的创新思维和审美能力，提升社会责任感。

任务描述

请各小组选择一个著名的乡村旅游地，对其主体文化进行分析并遴选其中最感兴趣的一个，进行乡村旅游主题文化景观创意开发和设计。

案例导入

文化元素融入路域环境，湖北建始景观墙引游客打卡

近年来，随着建始县交通运输事业的蓬勃发展，2个火车站和四通八达的高速公路、国省干线公路、循环畅通的农村公路，为避暑旅居与游玩出行提供了极大便利。建始县交通运输局在谋划交通发展的同时，因地制宜，全力推进交通旅游文化融合发展，不断提升建始县对外窗口形象。

建始至恩施高速公路的建始东收费站出入口与金建大道交会处，原是一面岩石边坡。2023年11月，建始县交通运输局在边坡修建近千平方米的"千年古县·康养金地"等镀锌钢浮雕景观墙，在夜晚配有灯光，进一步美化了道路沿线景观出口。在浮雕景观墙上，既有"建始直立人"遗址雕塑，又有从世界百首经典民歌《黄四姐》塑造而来的土家族典型人物雕塑；既有全国闻名的"建始大饼"雕塑，又有关口葡萄、猕猴桃、桃片糕、马坡茶等地方特色富硒名优土特产雕塑；既有丝弦锣鼓、南乡锣鼓、土家背鼓舞、喜花鼓等一批非物质文化遗产雕塑，又有文庙、建阳宝塔等文化景区雕塑。

平安畅通的建始交通公路线，是建始文化的展示宣传线。长达数百米、近千平方米的边坡彩绘景观墙，生动展示了建始风采，成为一道亮丽的风景线。

建始交通人以边坡为画卷，通过绘制绚丽多彩的建始文化元素，把原本简陋的边坡改造成既美观又会"说话"的建始文化墙，既弘扬了优秀传统文化，又提升了路域文化。

资料来源　潘庆芳，王嘉. 文化元素融入路域环境，湖北建始景观墙引游客打卡［EB/OL］.［2024-12-16］. https://www.ctdsb.net/c1722_202408/2227158.html.

这一案例表明：乡村振兴中存在着"文化要素—空间载体—产业转化"的链式发展可能与路径。通过将文化基因注入交通基础设施，构建"移动的文化展厅"，既提升了区域形象，又催生出"景观经济"新业态。其核心经验在于文化资源转化需突破静态保护思维，通过场景化设计、体验化表达、产业化运作，实现文化价值向经济价值的创造性转化。这种"以路为媒、以文塑旅"的模式，为中西部山区推进文旅融合提供了可复制的范式。

在线课堂
3-3

乡村旅游主题文化景观创新与创意

知识探究

伴随着乡村振兴战略的实施，我国广袤的乡村地区进入快速发展阶段。乡村旅游

主题文化景观是一个综合性的概念，它融合了特定的文化主题与景观设计艺术，旨在通过景观元素来传达和展现某一文化主题的内涵与特色。

一、认识乡村旅游主题文化景观

主题文化景观是指在景观设计中，以某一文化主题为核心，通过景观元素的布局、造型、色彩、材质等方面的设计，营造出具有鲜明文化特色和独特氛围的景观空间。这种景观不仅具有观赏价值，更重要的是能够传递文化信息，引发人们对特定文化主题的思考和共鸣。乡村旅游主题文化景观融合了"主题性"景观的创意性、商业运作模式、乡村景观的深厚文化底蕴与自然生态特性。它不仅承载了特定的主题元素，如文化、科技、传统、民俗等，可通过人工设计构建出富有吸引力的景观空间，以满足游客的娱乐与消费需求，而且深深扎根于乡村的广袤沃土之中，昭示了乡村的历史变迁、人与自然和谐共生的动态平衡。

二、辨析乡村旅游主题文化景观

互动问答
3-3

问答提示

互动问答3-3
如何辨析主题文化景观呢？

根据文化主题的不同，乡村旅游主题文化景观可以分为多种类型。一是以历史事件、历史人物或历史遗迹为文化主题，通过景观元素展现历史文化的魅力和价值的历史文化景观；二是以特定地域的自然环境、民俗风情、建筑风格等为文化主题，展现地域文化的独特性和多样性的地域文化景观；三是以民间传说、风俗习惯、节庆活动等为文化主题，通过景观元素展现民俗文化的生动性和趣味性的民俗文化景观。

三、欣赏乡村旅游主题文化景观

乡村旅游主题文化景观以其鲜明的文化主题、丰富的多元体验、强烈的参与互动性、突出的教育价值以及独特的氛围营造等特点和特征，成为吸引游客的重要旅游目的地。

第一，文化性与历史性的结合。乡村旅游主题文化景观具有深厚的文化底蕴和历史背景。无论是红色文化景观还是其他类型的文化景观，都强调对历史的尊重和传承，通过景观展现历史事件的痕迹和文化的脉络。

第二，地域性与民族性的体现。乡村旅游主题文化景观往往与特定的地域和民族紧密相关。它们反映了当地的地域文化和民族特色，是地域文化和民族文化的重要载体。游客在游览过程中，可以感受到不同地域和民族的文化魅力和独特风情。

第三，动态性与变化性。乡村旅游主题文化景观不是一成不变的，而是随着时间和社会的发展而不断变化的。人们按其文化标准对自然环境施加影响，并将其改造成文化景观。每个历史时代都对文化景观的发展有所贡献，使得文化景观具有动态性和变化性。

第四，艺术性与审美性的融合。乡村旅游主题文化景观在设计和规划过程中，注重艺术性和审美性的融合，通过运用色彩、造型、灯光等设计元素，营造出具有视觉冲击力和艺术感染力的景观效果。这些景观不仅具有实用性，还具有较高的艺术价值和审美价值。

四、创新乡村旅游主题文化景观

不同乡村旅游主题文化景观的创新方法见表3-3。

表3-3　　　　　　　　　　不同乡村旅游主题文化景观的创新方法

景观类型	创新方法
乡村自然景观	乡村旅游发展需要依托多样的自然景观，如丘陵、森林、水域等，这些自然资源是吸引游客的基石。开发时需平衡经济发展与生态保护的关系，避免过度开发及破坏自然和谐。同时，实施生态修复设计，预防并改善环境，促进资源可持续利用
乡村生活空间	乡村旅游的核心在于其独特的三维生活空间，该空间融合了建筑、道路与公共区域，深刻展现了乡村居住习俗与风情。随着乡村旅游业的蓬勃兴起，这一空间不再局限于村民的日常居所，而是转变为展示乡村魅力，提供休闲体验、餐饮住宿及购物消费的综合平台。为了满足游客不断升级和变化的需求，传统的乡村生活空间需要进行优化。在优化过程中，需要充分考虑当地的历史文化、自然环境和社会经济情况，根据不同的场景和需求，有针对性地进行设计，以提高空间的舒适性和美观度，增加游客的体验感和留存率，提高当地居民的生活品质和村庄整体的发展水平
乡土建筑	乡土建筑是乡村生活空间的重要组成部分，也是当地历史和文化的典型代表。设计时应挖掘规划场所内所承载的人文资源，营造带有乡土文化气息的景观节点。建筑的元素、色彩、形态和空间形式代表了当地村落的特色，也是发展旅游产业、吸引游客的重要亮点。对乡土建筑的优化，应在保留传统元素和文化特色的同时，融入现代建筑的改良和创新。同时，要在建筑功能、装饰、布局等方面进行优化，提高其适用性，以更好地满足游客的需求
旅游景点	在乡村景观规划设计过程中，旅游景点的设计是至关重要的，需要全面考虑村庄的各个元素，如景点主题、基础设施、客容量和观赏路线等。只有出色的旅游景点设计，才能展现乡村的独特魅力，吸引更多游客，促进乡村旅游业的发展。在规划设计旅游景点时，要考虑景点的主题是否符合当地文化和历史传承，同时要关注景点的环境保护和生态建设，从而给游客提供更好的旅游体验，提高乡村旅游的吸引力

任务实施

📝 笔记

步骤一：挖掘地域特色主题文化符号，通过艺术化手法将传统纹样、民俗故事转化为景观语言。

步骤二：运用生态艺术手法改造乡村生活空间或者乡土建筑，结合活态展演形成"可看可玩"的立体文化场景。

步骤三：植入数字技术，开发智慧导览系统以串联文化节点，通过声、光、电装置打造昼夜联动的主题景观。

任务四　乡村旅游农耕文化景观创新与创意

◎ 任务目标

知识目标：了解乡村旅游农耕文化景观的分类；熟悉乡村旅游农耕文化景观的欣赏。

技能目标：能够对乡村旅游农耕文化景观进行创新设计。

素养目标：培养学生的创新思维和审美能力，坚定文化自信。

任务描述

选择一个乡村旅游地，对其主要的农作物进行景观创意设计。

案例导入

守望千年农耕文明——哈尼梯田

千百年来，森林、村寨、梯田、水系……在这里构建出生态与视角的完美和谐，这就是以云南省红河州元阳县为中心的红河哈尼梯田。

2000年，红河州成立红河哈尼梯田申报世界文化遗产工作协调领导小组，正式启动申遗。经过13年不懈努力，2013年6月22日，红河哈尼梯田文化景观成功列入《世界遗产名录》，成为我国第45处世界遗产，也是我国现有世界遗产中第一个以农耕、稻作为主题的遗产项目，第一个以民族名称命名的遗产地。

申遗的成功，让红河哈尼梯田守望千年的农耕文明又一次在世人面前惊艳亮相。从此，云南省对哈尼梯田的开发保护驶入快车道。

申遗成功10余年来，元阳县探索出一条保护与利用共赢的科学发展之路，并持续释放发展红利，让遗产区人民群众获得感、幸福感、安全感不断增强。

多年来，元阳县坚持产业带动，不断推进群众持续增收，累计发展乡村客栈267家，带动就业5 500余人。2024年1月投入运营的哈尼家宴项目，将哈尼古歌与哈尼长街宴转化为常态化运营的文化产品，成为游客和网红打卡的热门之地。

2018年，元阳县以阿者科村为试点，开始深入推进"阿者科计划"。从2019年2月正式运营以来，阿者科村接待国内外游客17.7万人次，并举行旅游发展分红大会10次，共计分红233.25万元，户均累计分红3.5万余元。"阿者科计划"通过利益分红机制与村落保护细则的绑定，让村民实实在在享受到了乡村旅游带来的效益，该计划是教育部第四届高校精准扶贫精准脱贫十大典型项目，阿者科村被评为"中国美丽休闲乡村""全国乡村旅游重点村"。

申遗成功以来，元阳哈尼梯田文化景观先后获得全球重要农业文化遗产、"绿水青山就是金山银山"理论实践创新基地、全国首批文物事业高质量发展"十佳案例"等殊荣，被中外游客赞誉为"中华风度，世界奇迹"。

资料来源　佚名. 守望千年农耕文明——哈尼梯田［EB/OL］.［2024-12-15］. https://www.luzhoupeace.gov.cn/nxtszs/20240919/2911870.html.

这一案例表明：红河哈尼梯田以"活态保护"创新农耕文化景观运营，通过"阿者科计划"构建村民利益共享机制，将千年梯田转化为沉浸式文旅IP；以长街宴、哈尼古歌等非遗活化实现农耕文明场景化叙事；以"梯田+客栈"形成在地化消费闭环，既保留了"森林-村寨-梯田-水系"生态肌理，又以社区参与激活内生动力，开创了世界遗产"保护性反哺"的可持续乡村旅游范式。

知识探究

乡村旅游与农耕文化的结合，是当前乡村旅游发展的重要趋势之一。这种结合不仅丰富了乡村旅游的内涵，而且促进了农耕文化的传承与发展。

一、认识乡村旅游农耕文化景观

耕地是农村的标志，也是最基本的生产方式。农耕文化景观是一种以耕地为主体的景观类型，它直接受到人们生产和生活的影响。人类在播种、施肥、灌溉、收割等活动中，形成了各种各样的农耕景观，如稻田景观、梯田景观等。农耕景观不但具有生产农产品的价值，而且自身还具备视觉特征。从广义上说，农耕文化景观是指从事农业生产的耕地上的一切空间或事物的总和，它包括了农业生产中的文化习俗、生活生产等方面的内容；从狭义上说，农耕文化景观是以农耕为中心的景观。

农耕文化景观由自然和人类活动共同组成，具有很高的经济性和空间异质性。农耕文化景观由耕地、水域、树篱、菜地、林地、道路和草地等融合而成，是自然斑块和人类生产活动斑块共同构成的复合嵌块体，是农民进行农业生产生活的物质载体，具有较高的审美性。

二、辨析乡村旅游农耕文化

农耕文化景观是乡村旅游的重要根基。乡村地区拥有丰富的农耕文化遗产，包括传统农业技艺、农耕节庆活动、乡村建筑、民俗习惯等，这些都是乡村旅游的重要吸引物。随着城市化进程的加快，越来越多的城市居民渴望体验乡村生活，了解农耕文化。乡村旅游正好满足了这一需求，通过提供农耕体验、农产品采摘、乡村民宿等服务，让游客亲身感受农耕文化的魅力。

三、欣赏乡村旅游农耕文化景观

不同种类农耕文化景观的欣赏见表3-4。

表3-4   不同种类农耕文化景观的欣赏

种类	欣赏
农耕体验	农耕体验是农耕文化传承的重要形式。游客可以参与种植、收割、养殖等农事活动，了解农作物的生长过程，体验农民的辛勤劳动。这种亲身体验的方式有助于增强游客对农耕文化的认识和尊重
农业景观	农业景观也是农耕文化的重要体现。七彩花田、稻田画、麦田怪圈等充满艺术气息的农业景观，不仅美化了乡村环境，而且吸引了大量游客前往观赏和拍照。这些景观的打造往往融入了当地的农耕文化和艺术元素，成为乡村旅游的亮点
农耕节庆	农耕节庆也是农耕文化传承的重要载体。春耕节、秋收节等农耕节庆，通过举办祭祀仪式、文艺表演、农产品展销等活动，展示了乡村地区的农耕文化和民俗风情，增强了游客对乡村文化的认同感和归属感

四、创新乡村旅游农耕文化景观

（一）保护优先

在进行农耕文化景观规划设计时，必须坚持保护优先。第一，坚守基本农田红线，保护耕地面积，保护农田用地性质，不改变农田原有的生产功能；第二，保护自然生态，保护物种的多样性和乡村景观格局的完整性、连续性；第三，保护农产品的生产安全，保护农产品的产量，环境和生态辩证统一。

（二）丰富旅游体验

应从乡村原本的生活及劳作情境出发，打造丰富的旅游体验活动，吸引游客的注意力，给游客塑造感官体验和思维认同，促进游客游玩及消费，使乡村旅游产品有更多的价值和发展空间。农耕文化景观规划设计要注重提高游客游览农田的参与度，以美丽的农田景观和景观化的基础设施建设吸引游客前往农田景观游览，同时应为游客提供除观赏之外的其他活动形式，比如说春耕秋收的农耕体验、摸鱼捉虾等田间体验、农产品加工工艺体验、文艺表演观赏等；应规划合理完善的农耕文化景观游览路线，促进游客与场地的深入交流。

（三）加强创新

创新是发展的第一动力，对于农耕文化景观也是一样。在对农耕文化景观进行保护的基础上，也要努力进行设计理念的创新，引入新的农耕文化景观审美方式和新的设计方式，引入新的农业生产技术，引入新的游客参与体验项目。在农耕文化景观的设计中，应创新融合历史文化习俗，创新利用生产生活技艺，创新设计表现形式，创新材料、技术的运用。

任务实施

步骤一：挖掘区域特色农耕景观和农事活动。

步骤二：将其转化为景观艺术载体，结合活态展演、设计体验活动等增强文化感知。

步骤三：打造农耕体验活动相关的节事活动。

任务五　乡村旅游废旧石头景观创新与创意

◎ **任务目标**

知识目标：了解乡村旅游废旧石头景观的分类；熟悉乡村旅游废旧石头景观的欣赏。

技能目标：能够对乡村旅游废旧石头景观进行创新设计。

素养目标：培养学生的创新思维和审美能力，提升社会责任感。

任务描述

对乡村旅游废旧石头景观进行创意设计，并在课堂上进行展示。

案例导入

荒废的石头经过改造，也能成为知名打卡地

在海南的琼北火山地区，坐落着一群由石头搭建的住宅，数百年来当地人就地取材，用火山石搭建起一个个村落。火山石大多是多孔玄武岩，由多孔玄武岩建造的石墙，可抵御强风，还冬暖夏凉。神奇的是，这些块状的玄武岩都是非四方形的不规则石块，有的甚至是五角形或者是六角形，彼此边界贴合，肌理匀称，可用于垒砌成墙面。不仅如此，在保证安全的前提下，还可以兼顾美感，比如有的房屋墙面从下往上的石块是由大至小渐变的，这样可以使墙面呈现出特殊的肌理。当然，火山石屋并非全部由石头构成，如门窗、房梁等部分均由木材搭建，木材的作用主要是承重。巧妙的设计可以让木结构扛起整个房屋承重的重任，能够做到"墙倒而屋不塌"。

火山石住宅是先辈们的智慧结晶，承载着悠久的火山文化，具有极高的历史价值和社会价值。在当地政府的引导下，村民们开始重修古村，与旅游企业合作，推进多业态发展，这样既有利于古村的保护，又可以带动村民们脱贫致富。

资料来源　根据网络资料整理。

这一案例表明：海南琼北火山石村以"废石新生"重构文化景观，将以非标玄武岩建造的石屋转变为建筑美学符号。通过原石肌理渐变排列、木石结构创新，在修复

中激活"墙倒屋不塌"的营建智慧，既保留了火山文化基因，又形成独特的视觉标识。当地政府以古村活化为载体，开发多业态文旅产品，实现了传统民居从防御性建筑向沉浸式文化体验空间的创造性转化，为废旧材料再生利用提供了"文化+技术"双驱范式。

知识探究

石头作为自然界的常见之物，将人性化的特征赋予在景观空间中，融合了人们对于审美的需要。人们可以从石头本身的形态、造型、纹理、色彩等方面感受其带来的景观效果。

一、认识乡村旅游废旧石头景观

乡村地区的废旧石头景观不仅分布广泛而且种类繁多，废石道路、废石雕塑、废石公园等比比皆是。在民居建筑的构件中有着许多精美石雕，如窗户上的雕刻和柱基等；在生产生活用品中留存了很多有使用价值的石头场景，如石凳、水槽等；在农田水利设施中也同样呈现着废石的身影，如石渠、护坡、田地间的小路等，废石的身影已经渗透到了乡村居民生产生活的各个细节方面，已经成为乡村居民生活中不可或缺的一种乡土元素。

二、辨析乡村旅游废旧石头景观

随着社会的逐步发展，人们环保意识的增强和"以人为本"思想的深化，石头在景观中的功能作用也发生了变化，不仅要继承传统园林景观中的功能，还要根据现代景观的要求和人们审美的变化进行改变。

在设计的过程中应注重融入本地的乡土文化，形成乡土的废石景观。在《周易》的卜辞中，记载着古代人民对石头坚贞品德的赞美："介于石，不终日，贞吉。"废石在造景的同时，还可以分离空间、扩大景观格局，从而增加景观的空间层次；有时也可作为配景点缀在景观环境中，用来突出主景的建筑或植物等。

三、欣赏乡村旅游废旧石头景观

（一）景观装饰

废旧石头可以被用来制作各种景观装饰，如景观石、村标、景观路、院墙等。这些由废旧石头构成的景观不仅美化了乡村环境，还增添了乡村的韵味和特色。例如，在一些乡村中，废旧石头被堆砌成石墙、石凳、石桌等，既实用又美观。有些乡村还会在废旧石头上刻字或绘画，赋予它们更多的文化内涵。如"乡愁""乡貌""乡思""乡村振兴"等字样，既宣传了环保理念，又展现了思乡情怀。

（二）民俗文化

废旧石头在乡村旅游中还可以作为民俗文化的载体。一些乡村会利用废旧石头来还原古村落原汁原味的风貌，如铺设石板路、堆砌石屋等，让游客感受到浓厚的乡村文化氛围。同时，废旧石头还可以被用来制作各种民俗工艺品，如石雕、石刻等，这些工艺品不仅具有观赏价值，还承载着乡村的历史和文化记忆。

（三）乡村旅游活动

废旧石头还可以成为乡村旅游活动的一部分。例如，一些乡村会组织游客参与废旧石头的收集、整理和创意利用活动，让游客在亲身体验中感受到废旧石头的价值和魅力。此外，一些乡村还会利用废旧石头来打造特色民宿、农家乐等旅游项目，让游客在享受乡村美景的同时，也能感受到乡村的舒适和宁静。

互动问答 3-5
如何欣赏废旧石头景观？

互动问答
3-5

问答提示

四、创新乡村旅游废旧石头景观

创新废旧石头景观是一个充满创意与可能性的领域，它旨在通过新颖的设计理念和艺术手法，将废旧石头这一传统材料赋予新的生命和价值。乡村旅游废旧石头景观的创新方法见表3-5。

表3-5 **乡村旅游废旧石头景观的创新方法**

创新方法	具体操作
跨界融合	利用现代科技手段，将废旧石头与现代设计元素、材料或技术相结合，如3D打印、数字雕刻等，对废旧石头进行再创作，创造出具有未来感或超现实风格的艺术品
功能创新	利用废旧石头建造生态景观，积极开发废旧石头在日常生活中的应用，如设计成独特的家具（如石桌、石凳）、装饰品（如石雕壁画、石制摆件）、建筑构件（如石墙、石阶）等，既美观又实用

任务实施

📝 **笔记**

步骤一：选择一些废旧石料，按石料大小、形状进行分类筛选，并进行预处理（破碎或清洗）。

步骤二：将废旧石料进行艺术化处理，转化为雕塑、壁画等景观载体。

步骤三：通过叠石造景手法打造旱溪、假山等生态景观，同步植入植物绿墙、苔藓微景观等，增强自然野趣。

任务六　乡村旅游木头景观创新与创意

◎ **任务目标**

知识目标：了解乡村旅游木头景观的分类；熟悉乡村旅游木头景观的欣赏。

技能目标：能够对乡村旅游木头景观进行创新设计。

素养目标：培养学生的创新思维和审美能力，提升社会责任感。

任务描述

在校园里或者周边乡村拍摄一张废旧木头的照片，利用制图软件设计一个创意景观，并在课堂上进行展示。

案例导入

一根竹子的"十八般武艺"

宁可食无肉，不可居无竹。竹，象征气节，也因具备出色的固碳能力、可自然降解等优势，正被赋予更多可能。

浙江是竹资源大省，全省有竹林1 400余万亩。在"全球战塑"背景下，浙江将目光投向自身优势，不断展开探索。浙江省发展改革委等多部门联合出台《浙江省"以竹代塑"发展行动计划》，公布了安吉、龙泉、余杭等16个竹产业重点县。安吉县林业局与浙江农林大学联合制定《"以竹代塑"产品分类分级评价》地方标准，填补了国内外空白。

小竹子撬动大产业。眼下，竹产品被应用到文旅、办公、家居、建材等多个领域。安吉、龙泉等竹产业重点地区积极建设产业园区、培育龙头企业，不断完善竹产业链条……

安吉的300多家"村咖"里，都提供竹浆纸吸管。"除了竹浆纸吸管，我们还把竹'六小件'、竹餐具等推广到酒店民宿，累计减少一次性塑料消耗用品500余万套。"安吉县发改局相关负责人说，这背后是安吉竹产业走出的一条破局之路。随着竹子成为不可生物降解塑料制品的理想替代品，2022年中国政府与国际竹藤组织共同发起"以竹代塑"倡议，安吉也瞄准机遇，积极探索生态价值实现的新路径。

与安吉不同，从竹篮、竹家具等小物件起家的龙泉，则走出了一条"硬核"的竹产品发展路线。龙泉某公司从2019年开始专攻竹建材领域，公司与高校合作研发出防腐防霉阻燃剂新技术，使得竹子即使在高温炙烤下也只伤及皮毛。有了技术加持，公司将赛道瞄准高端市场，接到大笔订单。

从日用品到建筑建材，"以竹代塑"产品使用场景正在覆盖从民用到工业的多个领域，带来市场开拓的更多可能。

资料来源　周林怡，杨一凡，叶诗蕾，等. 一根竹子的"十八般武艺"[N]. 浙江日报，2025-02-19（5）.

这一案例表明：浙江以"以竹代塑"战略重构乡村旅游景观介质，将木制的生态属性转化为创意资本。通过竹吸管、竹餐具等微景观植入"村咖"场景，构建环保消费新体验；同步延伸至木艺建筑、竹编装置等大地艺术，以竹代塑，实现"低碳美学"升级。此举既活化了木文化符号而形成差异化标识，又以产业链反哺乡村，开辟出"竹产业+文旅"双轨并行的可持续路径。

知识探究

在线课堂
3-6

乡村旅游木
头景观创新
与创意

　　木头景观在乡村旅游中扮演着重要角色，它们不仅展现了乡村的自然美，而且融入了创意与艺术的元素，为游客带来了独特的视觉体验。其独特的魅力和价值不仅提升了乡村的整体形象，还丰富了游客的旅游体验。未来，随着乡村旅游的不断发展和人们对生态环境保护重视程度的提高，木头景观的应用前景将更加广阔。

一、认识乡村旅游木头景观

　　乡村旅游木头景观是指利用木材作为主要材料，通过设计、加工和安装等手段，在乡村环境中创造出的具有观赏性和实用性的景观作品。这些作品往往融合了自然美与人工创意，展现出独特的艺术魅力。木头景观的特点包括材料天然、造型多样、易于加工、环保、可持续等。

二、辨析乡村旅游木头景观

　　乡村旅游木头景观可以展现出丰富多样的特色和风貌，体现了当地的地域文化和旅游风情。乡村旅游木头景观可以根据不同的设计风格和功能特点进行分类，见表3-6。

表3-6　　　　　　　　　　乡村旅游木头景观的类别、特色与举例

类别	特色	举例
传统民俗类	传统民俗类木头景观主要体现地方文化和民俗风情，常见于古镇、古村落及传统园林中。这类景观往往采用当地特有的木材，通过传统工艺和技法制作而成，具有浓厚的历史感和地域特色	如古亭、牌坊、廊桥等
自然生态类	自然生态类木头景观强调与周围环境的和谐共生，注重木材的自然质感和生态功能的发挥。这类景观在森林公园、自然保护区及生态园林中较为常见	如木栈道、木平台、生态木屋等
文化艺术类	文化艺术类木头景观注重木材的艺术表现力和文化内涵的挖掘，通过雕刻、彩绘等手法展现独特的艺术魅力。这类景观在博物馆、艺术馆及文化主题公园中较为常见	如木雕艺术品、木刻版画、文化雕塑等
休闲娱乐类	休闲娱乐类木头景观主要满足游客的休闲和娱乐需求，提供多样化的活动空间。这类景观在公园、游乐场及度假村中较为常见	如木椅、木凳、秋千、吊床、户外烧烤区等
艺术创意类	艺术创意类木头景观注重创新和个性化设计，通过独特的造型和材质搭配展现艺术创意的魅力。这类景观在创意园区、艺术展览及城市公共空间中较为常见	创意雕塑、装置艺术、互动装置等

三、欣赏乡村旅游木头景观

乡村旅游木头景观以其独特的文化底蕴、自然氛围和互动乐趣，吸引着游客追溯乡村历史、体验乡土风情。

第一，与自然环境的融合。木头景观在乡村旅游中常常作为连接自然与人文的桥梁，其天然的木质纹理和色彩与周围的山水、植被等自然环境相得益彰，形成了一种和谐共生的景观效果；同时，木材的使用有助于保持土壤稳定、减少水土流失，并且其自然的质感能够吸引野生动物栖息，增强了生态系统的多样性和稳定性。

第二，传统文化的体现。木头景观在乡村旅游中常常承载着丰富的历史文化内涵，如古老的木桥、木亭等建筑，它们不仅是历史的见证，而且是传统文化的传承；通过木雕、彩绘等艺术手法，木头景观可以展现当地的民俗风情和文化特色，让游客在欣赏美景的同时感受到浓郁的地方文化氛围。

第三，乡土风情浓厚。乡村旅游中的木头景观多采用当地特有的木材制作，这种就地取材的方式不仅降低了成本，还使得景观更具地方特色和乡土气息；通过模拟农村生活场景，如农具展示、农耕体验等，木头景观可以生动地再现乡村生活的原貌，让游客感受到浓厚的乡土风情。

第四，环保可持续。木材作为一种可再生资源，在乡村旅游景观中的使用有助于减少对环境的压力。同时，合理的木材使用可以促进林木合理种植和使用的产业化链条；与混凝土、钢材等建筑材料相比，木材在生产和使用过程中产生的碳排放量较低，有助于实现低碳环保的目标。

互动问答3-6

如何欣赏木头景观？

第五，与人互动性强。木头景观在乡村旅游中常常作为游客参与体验的重要载体，如木质秋千、吊床等游乐设施以及木栈道、观景平台等互动空间，都能让游客在游玩过程中获得更深的体验感和参与感；通过木头景观的展示和解说，游客可以更加深入地了解当地的历史文化和民俗风情，从而促进文化的交流和传播。

互动问答
3-6

问答提示

四、创新乡村旅游木头景观

乡村旅游中的木头景观往往注重个性化设计，通过独特的造型和材质搭配展现出独特的艺术魅力。这种创意设计不仅满足了游客的审美需求，也提升了乡村旅游的吸引力和竞争力。

随着科技的进步和创意产业的发展，木头景观在乡村旅游中的应用也越来越广泛和深入。例如，利用现代科技手段对木头进行防腐处理、表面处理等，或者将木头与其他材料（如玻璃、金属等）结合使用，以创造出更加独特和富有创意的景观效果。

📝 笔记

任务实施

步骤一：将废旧木头通过创意设计，转化为独特的景观元素，如立体花架、创意指示牌、吊灯吊饰、花园拱门等。

步骤二：利用AR、VR、MR等数字技术，将乡村的田园景色、自然风光、历史遗迹等以数字化的形式呈现给游客。

步骤三：通过农文旅融合，促进农业产业链的延伸和价值链的提升，带动农民增收。

步骤四：深入挖掘乡村的历史文化和民俗风情，提炼出具有独特性和代表性的乡村文旅IP，通过数字化技术和新媒体平台宣传和推广乡村文旅IP。

任务七　乡村旅游废旧物造景创新与创意

◎ **任务目标**

知识目标：了解乡村旅游废旧物造景的分类；熟悉乡村旅游废旧物景观的欣赏。

技能目标：能够对乡村旅游废旧物景观进行创新设计。

素养目标：培养学生的创新思维和审美能力，提升社会责任感。

任务描述

收集网络上的创意景观，看看这些创意景观是由哪些废旧物改造而成的，并运用PPT在课堂上进行展示。

案例导入

废弃物巧变微景观

近年来，河北、广东、北京等地积极探索园林废弃物资源化利用新方式，在精心设计、巧手制作下，园林废弃物巧变身，成为一个个生动有趣的园林微景观。

黄蓝相间的"小黄人"、站在荷花上的"蜻蜓"、憨态可掬的"企鹅"……在河北省衡水市宝云公园内，一个个充满创意的园林微景观吸引了诸多游园市民的目光。凑近观看，不少人惊叹，这些独具匠心的园林景观，竟然是用旧轮胎、枯木干枝、石材边角料等制作而成的。

"可以把这三个轮胎摞在一起，再剪两根长条作'耳朵'，用螺丝固定在上面。"宝云公园东侧的一块草地上，两位园林绿化工人一边讨论一边忙碌，一会儿工夫，一只粉色的"小猪"闪亮登场，引来一阵赞叹。环顾公园四周，用干枯的树干、树枝、草绳拼接而成的"木马"，用大理石砖碎片黏合起来的"宝葫芦"，用废旧钢筋补焊加固而成的"荷花苞"……各具特色的园林微景观成为这座公园里的独特风景。

将这些园林废弃物利用起来制作成景观小品的做法收获了不少市民的点赞。"这是变废为宝的一种方式，不仅可以开源节流，还希望能通过这种方式，引导人们爱护自然、保护自然。"相关负责人表示，将进一步拓展思路、创新方法，完善共享绿地服务设施，打造节约型园林，为市民提供更多家门口的"绿色福利"。

几截空心的树干、数条枯木残枝，在园艺师的手中，瞬间变成了生机勃勃的园林微景观——广东省广州市流花湖公园里的两处景观吸引了市民游客前来参观。公园按照"布局合理、节俭务实、特色鲜明、贴近群众"的原则，利用园林废弃物进行艺术造景，打造展示大自然"野趣"的生态景观。

在"枯木逢春"这一园林小品的制作过程中，园艺师在枯树枝（日常养护中收集到的）上种了开花的石斛兰，将老化的树木制成高低不同、大小不一的空心树桩，填入种植土，以树桩代替传统花钵，搭配种植多肉植物、垂吊植物、开花植物等，最大限度利用园林绿化资源，营造"枯木逢春"的生态野趣，给市民游客带来源自大自然的惊喜。此外，园艺师别出心裁地把树皮撒在草地上，形成一条蜿蜒的"旱溪"，"溪"边因地制宜地种植了各种园林绿化植物，远处放倒的树桩形成绿植从树桩"流出"的视觉效果，打造出"一路生花"的特色景观。

北京市通州区台湖镇组织人员对枯树桩、树枝等园林废弃物进行精雕细琢，创意独特的"木吉他"、好玩有趣的"造型球"和生动形象的"林深见鹿"等微景观，都令人耳目一新，为公园增添了一道独特的风景。

资料来源　苏鸢. 废弃物巧变微景观——节约型园林建设观察［EB/OL］.［2024-12-15］. http://www.chinajsb.cn/html/202406/24/41061.html.

这一案例表明：通过"微景观+"模式实现废旧物再利用，枯木变身树桩花钵、轮胎化为卡通雕塑，重构了生态野趣与艺术美学的共生界面。既以零成本打造"变废为景"的视觉奇观，塑造了乡村低碳美学符号；又通过工匠参与激活社区创意生产力，形成"资源循环—景观增值—环保教育"的良性循环，为乡村旅游开辟轻量化、可持续的营造路径。

知识探究

在线课堂
3-7

乡村旅游废
旧物造景创
新与创意

废旧物造景是一种实用、环保又美观的旅游开发方式，利用废旧物品创造乡村旅游景观，能够充分利用废旧物品的价值，为乡村旅游增添独特的魅力和趣味性。

一、认识乡村旅游废旧物造景

废旧物，通常是指在特定条件下对某一活动而言无用、被丢弃的物品或物质。广义上包括固态、液态和气态废弃物，狭义上多指固体废弃物或含多量固体的废弃物。废旧物造景，即将废旧物品作为艺术装饰、功能设施、文化传承等设计元素融入景观创作中，赋予其新的生命和意义。

二、辨析乡村旅游废旧物造景

在废旧物景观创作过程中，废旧物的选择至关重要。设计师需要根据景观的主题、风格和功能需求，精心挑选适合的废旧物。同时，废旧物的处理也是一个关键环节，包括清洗、切割、拼接、染色等工序，以确保其符合景观创作的需要。从不同角度辨析废旧物造景见表3-7。

表3-7　　　　　　　　　　　　　　从不同角度辨析废旧物造景

辨析角度	具体操作
美学角度	观察废旧物景观的整体外观和布局，包括色彩、形状、结构等因素，评价其是否具有审美价值，是否能够激发人们的感官和情感体验
环境影响	分析废旧物景观对周围环境的影响，如是否会导致环境污染、垃圾堆积等问题，以及对生态系统和生物多样性的影响
社会意义	探讨废旧物景观背后的社会意义和历史文化价值，及其与当地社区和居民的关系，考察其对社会认同感和文化传承的作用
可持续性	评估废旧物景观的可持续性，包括是否具有再利用价值、能否实现资源回收利用等方面，探讨如何通过创意设计和技术手段促进其可持续发展

三、欣赏乡村旅游废旧物景观

废旧物景观以其独特的创意、环保的理念和丰富的文化内涵，为人们带来了全新的视觉体验和审美感受。

（一）创意独特，别具一格

废旧物景观往往能够打破传统的景观设计思维，将看似无用的废旧物品转化为令人惊叹的艺术品。例如，利用废旧轮胎制成的雕塑、用废旧金属制成的装置艺术，以及用废旧家具改造而成的景观小品等，都展现出了设计师们的独特创意和非凡想象力。这些废旧物品在设计师的手中焕发出了新的生命，成为一众景观中的亮点和焦点。

（二）环保理念，深入人心

废旧物景观的创作过程本身就是一种环保行为。通过回收和利用废旧物品，可以减少垃圾填埋和焚烧的压力，减少环境污染。同时，废旧物景观的展示也向人们传递了环保的理念，提醒人们关注资源的浪费和环境的破坏。这种以废旧物品为原材料的景观设计方式，不仅体现了对自然的尊重和保护，而且展示了人类的智慧和创造力。

（三）文化内涵，丰富多彩

废旧物品往往承载着特定的历史和文化记忆。通过将其融入景观设计中，可以传承和弘扬这些文化。例如，一些废旧物景观是利用当地的传统材料和工艺进行的创作，从而可以展现出地域文化的特色。此外，废旧物景观还可以与当地的民俗、传说或历史事件相结合，形成具有深厚文化内涵的景观作品。这些作品不仅具有艺术价值，还能够激发人们对当地文化的兴趣和认同感。

（四）视觉体验，独特非凡

废旧物景观的视觉效果往往令人印象深刻。废旧物品的材质、形状和颜色等特征在景观中得到充分的利用和展现。例如，废旧金属的质感、废旧轮胎的纹理以及废旧家具的线条等，都能够在景观中形成独特的视觉效果。这些效果不仅丰富了景观的层次感和空间感，还能够给人们带来强烈的视觉冲击力和审美享受。

互动问答
3-7

问答提示

（五）实用功能，兼顾美观

互动问答3-7
如何欣赏废旧物景观？

除了艺术性和审美性之外，废旧物景观还具有实用功能。例如，一些废旧物品可以被改造成座椅、垃圾桶或灯具等实用设施，既美观又实用。这些设施不仅满足了人们的基本需求，而且能够为景观增添更多趣味性和互动性。

四、创新乡村旅游废旧物景观

创新乡村废旧物景观，不仅可以激发人们对环保和可持续发展的意识，而且可以促进文化艺术的传承和创新，为人们带来更多美感和活力。

（一）多样化与个性化

随着人们审美观念的不断提高，创新废旧物景观将呈现出更加多样化、个性化的特点。设计师们将更加注重废旧物品的材质、形状和颜色等方面的创新运用，以打造出更具特色和吸引力的景观作品。

（二）智能化与互动性

随着科技的不断发展，创新废旧物景观将融入更多的智能化元素和互动性设计。例如，利用传感器、触摸屏等技术手段，实现景观作品的智能控制和互动体验，提升游客的参与感和体验感。

（三）生态化与可持续性

创新废旧物景观将更加注重生态化和可持续性。设计师们将更加注重废旧物品与环境的和谐共生，以及景观作品的长期稳定性和可持续性。

笔记

任务实施

步骤一：利用金属废料、木制农具等制作动态装置（如齿轮风力雕塑、自行车喷泉），结合光影技术对废旧材料进行艺术化改造，形成昼夜差异景观。

步骤二：通过陶罐碎片壁画、石磨盘节气步道等构建叙事地标，营造在地文化景观，搭配数字化技术触发历史影像增强体验。

步骤三：建立旧物兑换站（如塑料瓶换花盆）、组织轮胎种植活动，并设计"废料改造地图"，引导游客用环保积分兑换农产品。

任务八　乡村旅游景观墙体设计创新与创意

◎ **任务目标**

知识目标：了解乡村旅游景观墙体设计的思路与操作方法；熟悉乡村旅游景观墙体的欣赏。

技能目标：能够对乡村旅游景观墙体进行创新设计。

素养目标：培养学生的创新思维和审美能力，提升学生的社会责任感。

任务描述

选择一处乡村旅游地，为其设计一座景观墙，说明设计灵感，并剖析其景观构成的因素。

案例导入

乡村创意景观墙大赏

好的乡村景观，不仅能呈现田园之美，更能将乡愁、乡韵、乡风融于一体，让我们一起欣赏几组富有创意的乡村景观墙。

波兰萨利派小镇——四季花海之美，各处设有不同风格的花卉墙画，那个曾经四五百人的小乡村，华丽转身为炙手可热的旅游名村，整个村庄也被誉为"民间艺术博物馆"。

韩国壁画村——动漫治愈之美，一幅幅动漫壁画，一处处色彩鲜艳的墙壁装饰，不仅美化了周围环境，更成为治愈心灵的休闲场所。

中国乡村3D立体墙画——梦幻之美，从黄河岸边的小渔村到陕西、浙江等地的传统村落，不少乡村将农耕田园、动漫卡通、泼墨山水等元素融入3D立体墙画，网红拍照打卡地悄然成为乡村旅游特色之地。

资料来源 根据网络资料整理。

这一案例表明：景观墙体设计通过融合乡土符号、民俗故事及生态材料，以艺术叙事强化乡村文化认同感。创意墙面既构成视觉焦点，又形成互动载体，通过二维码导览、光影装置等新技术，激活游客沉浸式体验，有效提升旅游吸引力，带动在地文化传播与消费转化，实现乡愁记忆的现代化转译。

知识探究

乡村旅游景观墙体设计是提升乡村旅游景区吸引力和文化内涵的重要手段，乡村旅游景观墙体设计应注重本土文化的挖掘和展示，结合景区布局和实际需求进行创新设计，同时注重墙体的坚固耐久和美观性。乡村旅游景观墙体设计可以提升乡村旅游景区的文化内涵和吸引力，促进乡村旅游的发展。

在线课堂
3-8

乡村旅游景
观墙体设计
创新与创意

一、认识乡村旅游景观墙体设计

乡村旅游景观墙体设计是指在乡村或园林等场所中，利用墙体作为景观元素，通过艺术设计、结构构造、植物种植等手段，打造具有装饰、功能和观赏性的景观作品。乡村旅游景观墙体设计在规划和建筑设计中具有重要作用，可以美化环境、引导视线、营造氛围等，常常在乡村的公共空间、旅游景点、商业区等场景中被广泛应用。

二、辨析乡村旅游景观墙体设计

乡村旅游景观墙体设计是乡村规划、建筑设计以及景观设计中的一个重要环节，它不仅关乎墙体的实用性，如分隔空间、保护隐私、引导视线等，而且涉及墙体的美学价值、文化内涵以及与周围环境的协调性。乡村旅游景观墙体的设计思路与操作方法见表3-8。

表3-8 乡村旅游景观墙体的设计思路与操作方法

设计类型	设计思路与操作方法
外观设计	墙体的外观设计是景观墙体设计的核心，包括墙体的形状、颜色、材质、纹理等方面，设计师可以根据场地环境和设计理念进行创意设计，打造独特的外观效果
结构设计	景观墙体的结构设计关乎其稳定性和功能性，需要考虑墙体的高度、厚度、承重能力等参数，同时还要考虑与周围环境和景观的协调性
照明设计	墙体设计中的照明设计是增强夜间视觉效果的重要手段，可以利用灯光照射、灯带装饰等方式，突出墙体的轮廓和细节，营造出独特的夜间景观效果
植物设计	景观墙体设计中常常需要结合植物元素，可以在墙体上设置绿化植物、垂直花园、攀爬植物等，营造绿色环保的景观效果，增加自然气息
艺术装饰	景观墙体设计可以融入艺术装饰元素，如壁画、雕塑、立体装饰等，丰富墙体的表现形式，展示文化底蕴和艺术魅力

三、欣赏乡村旅游景观墙体设计

乡村旅游景观墙体设计是乡村规划和景观设计中的亮点，它们不仅具备实用性，而且融合了艺术性和文化内涵。通过欣赏不同类型的乡村旅游景观墙体设计案例，我们可以感受到不同风格、材质和创意在墙体设计中的运用和魅力。同时，这些设计也为我们提供了宝贵的启示和借鉴，让我们在未来的乡村旅游景观墙体设计中更加注重实用性、美观性和文化内涵的融合。

（一）细节观察

仔细观察景观墙体设计的各个细节，包括颜色搭配、纹理图案、结构形式等。留意设计师对细节的处理方式，观察其如何运用元素和材料来创造独特的效果。

（二）情感体验

试着从情感角度来感受景观墙体设计所传达出的氛围和情绪。沉浸其中，看看设计师想要传达的信息和感受，深入体会景观墙体背后蕴含的故事和意义。

（三）空间感知

观察景观墙体设计在空间中的位置和布局，考虑设计与周围环境的关系。感受景观墙体设计如何与周围景观、建筑物相互作用，共同营造出一种和谐的空间氛围。

（四）文化元素

留意景观墙体设计中融入的文化元素，其可能是当地传统、历史故事或民俗风情。尝试理解和欣赏这些文化元素如何被巧妙地融入设计当中，从而为景观增添独特的魅力。

（五）创意灵感

挑战自己的审美观念，尝试从景观墙体设计中获取创意灵感。或许可以从中发现新的设计元素、材料搭配方式及审美风格，从而启发自己在设计或艺术创作中的灵感。

互动问答3-8
如何欣赏景观墙体？

互动问答
3-8

问答提示

四、创新乡村旅游景观墙体设计

通过融合创新元素和设计理念，景观墙体将更具艺术性、互动性和环保性。创新乡村旅游景观墙体设计不仅要求墙体具备实用性，而且要在美观性、文化内涵和生态环保等方面有所突破。

（一）设计理念创新

生态环保：随着人们环保意识的增强，生态环保已经成为创新景观墙体设计的重要理念。通过使用可再生材料、节能技术和绿色植物等元素，可实现墙体的绿化和节能效果。例如，可以设置垂直花园或生态墙，种植多样化的植物，既能美化环境，又能净化空气。

文化传承：墙体设计可以融入当地的文化元素，传承和弘扬地域文化。通过浮雕、壁画等形式，展示地方特色、历史故事等，让墙体成为城市文化的展示窗口。

艺术美学：将艺术元素融入墙体设计，提升墙体的艺术价值和审美层次。可以采用现代艺术手法，如抽象、变形、夸张等，创造出独特而富有魅力的视觉效果。

（二）设计材料创新

新型材料：随着科技的发展，越来越多的新型材料被应用于景观墙体设计中。例如人造石材、轻质墙体材料、防水防腐材料等，这些材料不仅具有更好的环保性能和使用寿命，还能为墙体设计提供更多的可能性和创意空间。

自然材料：自然材料如木材、石材等，因其自然、温暖的质感，在墙体设计中得到广泛应用。通过巧妙运用自然材料的纹理、色彩和形态，可以营造出与自然环境相协调的景观效果。

（三）设计手法创新

光影效果：利用光影效果为墙体增添动感和层次感。可以通过设置灯光装置、调整墙体的颜色和纹理等方式，实现光影的巧妙运用。例如，在夜晚利用灯光照亮墙体上的浮雕或壁画，营造出神秘而富有魅力的氛围。

互动装置：结合多媒体技术、传感器等现代科技手段，实现墙体的互动效果。游客可以通过触摸、声音等方式与墙体进行互动，增强体验感。例如，在墙体上设置触摸屏或投影装置，展示相关信息或动画效果。

三维立体：采用三维立体技术，为墙体增加立体感和空间感。可以通过雕刻、拼接等方式，将平面墙体转化为三维立体形态，提升墙体的视觉效果和吸引力。

（四）设计实践创新

社区参与：鼓励社区居民参与墙体设计过程，让他们提出自己的意见和建议。这样不仅可以增强居民对墙体的认同感和归属感，还能为墙体设计注入更多的本土文化元素和生活气息。

跨学科合作：邀请不同领域的专家进行跨学科合作，共同打造具有创新性和实用性的景观墙体。例如，可以邀请建筑师、艺术家、环境科学家等共同参与设计过程，实现墙体在功能、美学和生态环保等方面的全面提升。

📝 笔记

任务实施

步骤一：利用废旧石料、砖瓦或木制农具等本地废弃材料，通过拼贴、镂空等手法构建生态墙体，如将陶罐碎片嵌入墙体形成民俗图腾图案。

步骤二：选择适宜的绿植进行墙体设计，结合农耕文化符号设计主题景墙。

步骤三：建立"旧物换新墙"机制，组织村民用塑料瓶、旧轮胎等废弃物参与墙体模块化拼装，同步设置游客DIY体验区。

项目测试 📝

项目测试
3-1

在线答题

一、单选题

1.（　　）以形象识别为目的，使人们识别出不同场所。

A.识别系统　　　　B.方向系统　　　　C.空间系统　　　　D.说明系统

2.进行雕塑设计时，应当时刻遵守乡村生态环境良性发展的原则，把不破坏环境作为根本，围绕着以（　　）为中心的主旨进行设计。

A.环境友好　　　　B.生态保护　　　　C.社会效益　　　　D.经济效益

3.乡村废旧物不包括（　　）。

A.编织袋　　　　　B.废旧石头　　　　C.废旧机械　　　　D.收割后的秸秆

二、判断题

1.农耕文化是中国传统文化的重要组成部分。　　　　　　　　　　　　　（　　）

2.在景观设计中，废旧石头的使用是灵活的，没有固定的模式。　　　　（　　）

启智润心 ✓

连城培田："众创模式"激活乡村旅游业

在国民经济发展进入新常态、产业跨界融合、新型城镇化时代背景下，乡村是最大的创客空间，乡村与创客的结合，能够释放出改变乡村的"洪荒之力"。如今，各地涌现出一批乡村创客，他们通过自身的创新、创业热情来改造乡村，打造出在众创时代下乡村旅游发展的新模式，重新定义了乡村的价值。

素有"民间故宫"之称的培田古村始建于南宋，目前拥有保存完整、布局讲究、设计精美、建筑面积达7.2万平方米的明清古建筑群，其中，国保单位25处，省保单位28处。耕心乡村众创团队创始人车明阳、魏海南来到这里后成立了中国第一家乡村众创空间，打算"融入这里，为村民出点力、做点事"。随意走进一间村民的木屋里，一眼就能看到屋里特色浓郁的布置——在洁白的墙面上挂着裱在相框里的剪纸作品，屋子中央摆放着饱经沧桑的木头方桌，屋顶上悬挂着用鸡笼做的灯罩——整个木屋呈现出浓浓的历史感。客人们除了可以留宿在这些木屋里，还可以品尝特色美食、自己动手做手工、跟着男主人下地干农活。

"村里的红米、笋、姜糖都是极好的旅游产品，许多老房子还能给建筑设计师带来新的灵感……"车明阳、魏海南从挨家挨户地串门、做调研开始，为村民们分门别类地进行个性化的价值挖掘。此后，她们通过贴吧、微信等平台，挖掘、推介培田古村的旅游资源、旅游特色，向村民们宣讲创业模式，得到越来越多村民的认可和参与，壮大了众创团队。

耕心乡村众创团队进行了创业模式的"头脑风暴"，决定实践互联网+新农村时代"聚合城乡资源，平等开源共创"的乡村发展模式，以"客家培田，梦里故乡"的统一形象激活培田古村旅游生活体验项目，打造出切实可行的创业模式和盈利模式。

资料来源 谢建师.连城培田："众创模式"激活乡村旅游业［N］.福建日报，2016-12-01（9）.

思政元素：创新协作 勇于开拓

学有所悟：创业精神不仅是个人成长的驱动力，更是民族复兴的根基。从开垦北大荒到新时代乡村振兴的培田实践，一代代奋斗者以"从零开始、敢为人先"的魄力诠释了创业精神的本质——勇于突破、矢志创新、扎根实际。培田古村通过"众创模式"激活乡村资源，将传统文化与现代创意结合，展现了创业精神在基层的鲜活实践。青年创客以"聚合城乡资源、平等开源共创"的理念，带动村民参与，不仅重塑了乡村经济生态，更证明了创新与协作在乡村振兴中的核心价值。新时代青年应主动将个人理想融入国家发展大局，以创业精神为指引，在产业融合、城乡协同等领域贡献智慧，让青春力量成为推动社会进步的"洪荒之力"。

乡旅实践

茶韵幽香感受非遗魅力，匠心传承助力乡村振兴

为了深入学习贯彻党的二十大精神，弘扬中华优秀传统茶文化，2023年5月12日，南京旅游职业学院旅游管理学院学工党支部的师生们共赴溧水区雨花茶制作技艺传承体验中心，开展"茶韵幽香感受非遗魅力，匠心传承助力乡村振兴"主题党日活动。

本次活动特邀雨花茶制作技艺省级传承人陈盛峰带领大家学习体验。陈盛峰结合自身的学茶、寻茶、制茶经验，向师生们讲述了南京雨花茶传世之旅的前世今生。如今，雨花茶制作技艺传承体验中心正以人类非物质文化遗产雨花茶制作技艺为魂，以农业科技生态为基，以农、文、旅创新融合为本，带领技艺传承，带动产业发展，带动群众致富，助推乡村振兴。

在陈盛峰的介绍下，师生们初步了解了雨花茶极其复杂的生产工艺流程——采摘、萎凋、杀青、揉捻、整形干燥、精制（筛分）、烘焙七道工序，并根据上述步骤亲自体验炒茶制茶过程，体悟工匠精神。

资料来源 王楠，杨洁.茶韵幽香感受非遗魅力，匠心传承助力乡村振兴［EB/OL］.［2024-12-15］.https://www.nith.edu.cn/stm/info/1507/10291.htm.

要求：以小组为单位，根据上述案例启发，选择一款中国茶，设计一次炒茶制茶体验活动，并形成完整的策划案。

学习评价

本项目学习评价表见表3-9。

表3-9　　　　　　　　　　　　学习评价表

学习内容	乡村文化符号景观创新与创意		
	评价要点	学生自评（50%）	教师评价（50%）
知识掌握（35分）	掌握乡村旅游标识标牌、雕塑设计景观的分类及欣赏（8分）		
	掌握乡村旅游主题文化景观、农耕文化景观的分类及欣赏（8分）		
	掌握乡村旅游废旧石头景观、木头景观、废旧物造景的分类及欣赏（11分）		
	掌握乡村旅游景观墙体的欣赏（8分）		
技能提升（35分）	能够对乡村旅游标识标牌、雕塑设计景观进行创新设计（8分）		
	能够对乡村旅游主题文化景观、农耕文化景观进行创新设计（8分）		
	能够对乡村旅游废旧石头景观、木头景观、废旧物造景进行创新设计（11分）		
	能够对乡村旅游景观墙体进行创新设计（8分）		
素质养成（30分）	具有跨学科协作能力、审美素养与人文素养（10分）		
	具有创新思维、审美能力和社会责任感（10分）		
	坚定文化自信（10分）		
综合评价成绩（100分）			
学生自评： 　　　　　　　　　　　　　　　　　　　　　　学生签字：			
教师评语： 　　　　　　　　　　　　　　　　　　　　　　教师签字：			

4 项目四　乡村文化活动景观创新与创意

项目概述

乡村文化活动是以乡村社区为载体，围绕传统文化传承、道德情感凝聚、社会关系联结等目标，通过节庆仪式、艺术展演、手工技艺、农事体验等形式开展的群众性文化实践。其本质是乡民在生产生活实践中形成的集体精神依托，涵盖民俗民风、伦理价值、行为规范等非物质文化体系，并借助现代创意手段实现活态化保护与创新性发展。本项目内容包括乡村旅游家风家训景观创新与创意、乡村旅游文化剧场景观创新与创意、乡村旅游庭院文化景观创新与创意、乡村旅游景观小品装饰创新与创意、乡村旅游景区门票设计景观创新与创意。

任务一　乡村旅游家风家训景观创新与创意

◎ **任务目标**

知识目标：了解乡村旅游家风家训景观的作用；熟悉乡村旅游家风家训景观的形式。

技能目标：能够对乡村旅游家风家训景观进行创新设计和创意应用。

素养目标：培养学生的钻研精神和创新意识，坚定文化自信。

任务描述

选择一处乡村旅游地区，对其家风家训资源景观进行调研并进行创新设计，将设计成果利用新媒体渠道进行展示，开展小组竞赛。

案例导入

宝坻区：家风家训挂上墙　美丽乡村展新颜

院落干净整洁，往来的村民热情打招呼，更为显眼的是家家户户墙上挂着的家训牌，牌子上三言两语道出每个家庭遵循的家训内容，不仅鼓励家庭成员向上向善，也成为村里一道道美德风景线。

西李各庄村立足本地淳厚的传统文化和家族宗谱，不断挖掘蕴含在每家每户的"好家风基因"，持续开展"立家规、亮家风、传家训"系列活动。为开展好此次活动，村"两委"挨家挨户把全村340户家庭的家训征集起来，并制成家训牌子挂在墙上，让每一个家庭成员耳濡目染，内化于心，外化于行。

"每次进出家门都可以第一眼看到家训牌。"村民一边指着挂在门口的家训牌一边说，"家风家训是一个家庭的立家之本、幸福之源，门前挂上家训牌后，能时刻规训家庭成员践行好家训。"

资料来源　宝坻融媒. 宝坻区：家风家训挂上墙　美丽乡村展新颜［EB/OL］.［2024-12-09］. https：//www.tjbd.gov.cn/bdxw/wmsj/202311/t20231110_6452972.html.

这一案例表明：善良淳朴的家训家风是社会主义核心价值观建设的重要载体，良好的家风如同无言的教育，给子孙后代带来了情感的滋养。乡村旅游家风家训景观作为乡村文化的重要组成部分，承载着丰富的历史信息和道德观念，对传承和弘扬中华优秀传统文化具有重要作用；独具特色的家风家训景观能够成为乡村旅游的亮点，吸引游客前来参观体验，提升乡村旅游的吸引力和竞争力。

知识探究

乡村旅游家风家训景观旨在以文化人，倡导良好的道德风尚，传承文明薪火，能够起到营造氛围、深化主题的作用，也可以成为推动乡村文化传承、教育普及、经济发展和社区建设的重要力量。

一、认识乡村旅游家风家训景观

乡村旅游家风家训景观是指在乡村旅游发展过程中，将乡村地区家庭世代相传的家风、家训等文化元素，通过物质和非物质的方式展现出来，形成具有教育意义和旅游吸引力的特色景观。

在乡村旅游蓬勃发展的今天，将家风家训融入景观设计，不仅丰富了旅游的文化内涵，也促进了乡村文化的传承与发展。通过精心策划与布局，打造一系列既具教育意义又充满魅力的乡村旅游家风家训景观，可让游客在游览中感受乡村的淳朴与家风的力量。

在线课堂
4-1

乡村旅游家
风家训景观
创新与创意

二、了解乡村旅游家风家训景观的形式

（一）家训展示

将家族的家训、格言、教诲等以碑刻、牌匾、书画等形式展示出来，供游客参观学习。

（二）家风故事

通过讲解、展示、演出等方式，向游客讲述家族的家风故事，展现家族的优良传统和历史。

（三）文化传承活动

组织与家风家训相关的文化活动，如家训朗诵、家风故事会、传统节庆等，让游客参与体验。

（四）历史建筑保护

保护和修复与家风家训相关的古建筑、宗祠、故居等，作为展示乡村历史文化的载体。

（五）乡村公共空间

在乡村的公共空间如广场、公园等地方，通过雕塑、壁画、宣传栏等形式展示家风家训内容。

（六）主题旅游产品

开发以家风家训为主题的旅游产品，如研学旅行、文化体验等。

互动问答4-1
你知道有哪些家风家训景观吗？

互动问答
4-1

问答提示

三、创新设计乡村旅游家风家训景观

创新设计乡村旅游家风家训景观的步骤如图4-1所示。

```
┌──────────────────┐     ┌──────────────────┐     ┌──────────────────┐
│  挖掘和整理家风   │ ──▶ │  主题定位与策划   │ ──▶ │   景观节点设计    │
│    家训资源       │     │                  │     │                  │
└──────────────────┘     └──────────────────┘     └──────────────────┘
                                                            │
         ┌──────────────────────────────────────────────────┘
         ▼
┌──────────────────┐     ┌──────────────────┐     ┌──────────────────┐
│   创新展示和      │ ──▶ │   社区参与和      │ ──▶ │  加强基础设施建设 │
│   互动方式        │     │   居民培训        │     │                  │
└──────────────────┘     └──────────────────┘     └──────────────────┘
         │
         ▼
┌──────────────────┐     ┌──────────────────┐     ┌──────────────────┐
│  制定相关政策和   │ ──▶ │    宣传推广       │ ──▶ │  持续监测和评估   │
│    措施           │     │                  │     │                  │
└──────────────────┘     └──────────────────┘     └──────────────────┘
```

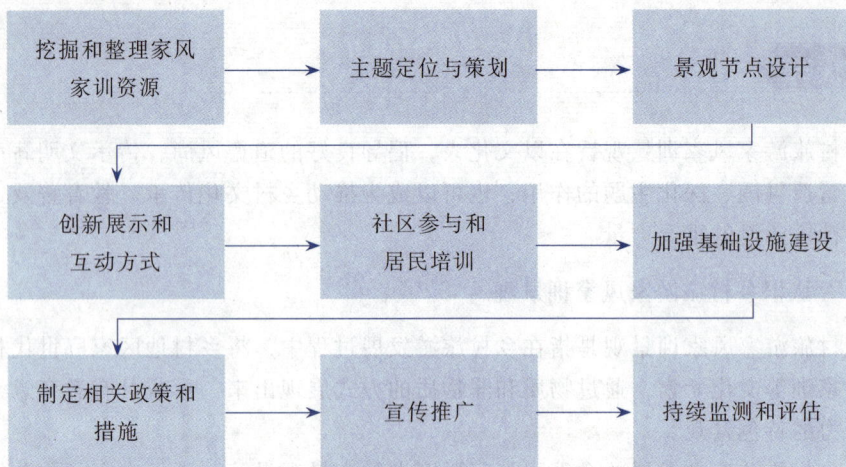

图4-1　创新设计乡村旅游家风家训景观的步骤

（一）挖掘和整理家风家训资源

首先，需要对当地的家风家训文化进行深入挖掘和整理，包括家族故事、传统习俗、历史文献等，这些都是乡村旅游宝贵的文化资源。

挖掘的文化元素包括：第一，传统建筑，即修复或仿建具有地方特色的传统民居，展示乡村建筑的独特风貌与家庭生活的日常场景；第二，家风文物，即收集、展示家族传世的家谱、族规、牌匾、农具等，讲述其背后的家风故事；第三，民俗活动，即复原或创新乡村节日、习俗，如春节祭祖、丰收庆典等，让游客参与体验，感受乡村文化的深厚底蕴。

（二）主题定位与策划

可以将主题定位分为核心主题和子主题。其中，核心主题可以以"传承家风，品味乡韵"为核心，展现乡村家庭世代相传的优良品德与生活智慧；子主题则可以根据不同家庭或村落的特色，细分为"诚信经营""勤劳致富""尊老爱幼""和谐邻里"等具体主题，形成各具特色的家风家训展示区。

在进行主题策划时，首先要进行深度调研，以此了解当地历史、文化、风俗及典型家庭故事，作为设计基础；其次进行受众分析，明确目标游客群体，如亲子家庭、文化爱好者、退休老人等，设计符合其兴趣与需求的体验项目；再次，串联故事线，通过家风故事、历史事件等线索，将各景观节点有机连接，形成完整的游览体验；最后将家风家训与乡村旅游产品相结合，如开发以家风家训为主题的旅游线路、体验活动和研学旅行，让游客在旅游过程中体验和学习到家风家训文化。

（三）景观节点设计

在乡村旅游建设中，通过一系列的景观来展示家风家训文化。在家风广场中，可以设置家风雕塑、石刻、文化墙等，直观展示家风家训的核心内容。在家风长廊中，以长廊形式，沿路设置家风故事展板或手绘壁画，引导游客漫步其中，逐步深入了解。在生态庭院中，结合乡村生态环境，打造具有教育意义的生态庭院，如"勤劳致富"主题下的果园、菜园，展示勤劳与自然的和谐共生。

（四）创新展示和互动方式

采用现代科技手段，如AR、VR等，创新家风家训的展示方式，提高游客的参与性和互动性。

在互动体验方面，可以设置家风工坊、家风剧场和亲子互动区；可以设置手工艺制作、农耕体验区，如编织、陶艺、农耕器具操作等，让游客亲手体验家风传承的实践过程；可以利用露天舞台或室内剧场，定期上演家风故事剧、民俗表演等，增强游客的参与感和文化认同感；还可以通过设计寓教于乐的亲子游戏、任务挑战，如家风知识问答、家庭角色扮演等，促进家庭成员间的沟通与协作。

（五）社区参与和居民培训

鼓励社区居民参与到家风家训的保护和传承中来，并对居民进行相关培训，提升他们的文化素养和服务意识，让他们成为文化传播的使者。

（六）加强基础设施建设

改善乡村旅游的基础设施，如交通、住宿、餐饮等，为游客提供良好的旅游体验。

（七）制定相关政策和措施

政府部门应出台相关政策和措施，支持家风家训文化与乡村旅游的融合发展，提供必要的资金和政策支持。

（八）宣传推广

通过各种渠道宣传推广家风家训文化，提高乡村旅游的知名度和吸引力，吸引更多游客前来体验。

（九）持续监测和评估

对家风家训文化融入乡村旅游的成效进行持续监测和评估，确保文化传承与旅游发展的可持续性。

通过这些步骤，可以有效地将家风家训文化融入乡村旅游发展规划中，促进乡村旅游的发展，同时保护和传承优秀的传统文化。

任务实施

📝 笔记

步骤一：对学校周边的乡村地区进行深度调研，收集家风家训资源景观。

步骤二：对当地居民进行访谈，了解当地家风家训文化，听取村民讲述本地的家风家训故事。

步骤三：对家风家训景观进行总结和分类。

步骤四：分组开展景观设计。

步骤五：到该乡村进行景观展示，与村民互动，听取村民对家风家训景观的意见和建议。

任务二 乡村旅游文化剧场景观创新与创意

◎ **任务目标**

知识目标：了解乡村旅游文化剧场景观的作用；熟悉乡村旅游文化剧场景观的形式。

技能目标：能够对乡村旅游文化剧场景观进行创新设计和创意应用。

素养目标：培养学生的审美能力和创新意识，坚定文化自信。

任务描述

选择一处乡村旅游地区，针对该乡村的文化，设计文化剧场的位置、设施和活动，并对其进行宣传与推广。

案例导入

空中稻田剧场：农业与文化的完美融合

在我国的众多旅游目的地中，空中稻田剧场无疑是一个独特的存在。它位于云南省大理白族自治州凤羽坝子东面天马山脚下的佛堂古梨园，是一个集农业、文创、田园体验于一体的综合性文旅项目。总占地面积超过百亩，这里不仅有美丽的自然景观，还有丰富的文化内涵，是一个不可多得的乡村旅游热门目的地。

空中稻田剧场是千宿文旅在乡村振兴背景下，结合自身资源优势和经验精心打造而成的。项目依托天马山天然景观，以佛堂村古梨园为基地，以整个凤羽坝子为背景，除了主项目空中稻田剧场外，还配套建设有凤羽好物物产馆、光美术馆、可否馆、生态种植区、亲子营地、自然教育营地、房车露营地、生态停车场、旅游公厕等设施，布局周密，规划完整。

空中稻田剧场不仅是一个演出场所，更是一个农业体验区。在这里，游客可以亲身参与农事活动，如插秧、收割等，体验农耕文化的魅力。此外，这里还定期举办各类文化艺术活动，如音乐会、戏剧演出等，为游客带来了丰富的文化享受。在空中稻田剧场，游客可以欣赏到美丽的自然风光，感受到浓厚的农耕文化，还可以参与到各类演出和活动中，体验到不一样的乡村旅游。这里的空中稻田，不仅是农业的载体，更是文化的舞台，是农业与文化的完美融合。

随着我国乡村振兴战略的实施，空中稻田剧场这样的项目无疑是一个有益的探索。它不仅为游客提供了一个新的旅游目的地，也为当地村民提供了新的就业机会，推动了当地经济的发展。相信在未来，空中稻田剧场将继续发挥其独特的作用，为乡村振兴贡献更多力量。

资料来源　根据网络资料整理。

这一案例表明：空中稻田剧场以文创建筑"空中稻田"为依托，以各类演出活动、文化艺术活动及商业秀为载体，通过文创、艺术结合农业的形式形成了独具特色的乡村剧场景观，是乡村文化的又一次创新升级探索实践，从而促进了更具深层意义的乡村文化振兴。

知识探究

乡村旅游文化剧场在乡村文化发展中扮演着至关重要的角色，它们不仅是文化和旅游活动的载体，也是传承和发展乡村文化的重要平台，更在推动乡村旅游发展中起到了至关重要的作用。

在线课堂
4-2

乡村旅游文
化剧场景观
创新与创意

一、认识乡村旅游文化剧场景观的作用

（一）文化展示与自信

首先，乡村旅游文化剧场举办各种文化活动，展现了地方文化特色。举办文艺演出、文化展览等，可以为村民提供丰富的文化生活体验，丰富村民的精神世界，提高村民的文化素养和生活质量，提高乡村的品质和品位。此外，这些活动可以丰富乡村旅游的服务内容，为游客提供更加丰富多彩的体验，从而吸引更多游客前来参观游览，推动乡村旅游向纵深发展。例如，金华市农村文化礼堂举办的"我们的村晚"活动，通过充满年味、乡土味、文化味的文化盛宴，点燃了村民的热情，让文化在乡间"流淌"。

其次，乡村剧场通过展示非遗文化、民俗文化等元素，让村民更加了解和热爱传统文化，同时邀请非遗传承人和文化名人前来演出和授课，为传统文化弘扬注入了新的活力，增强了文化自信。

（二）文化传承与创新

乡村剧场是对传统乡村文化的传承与展示，它通过将乡土文化与现代表演艺术相结合，为游客提供了独特的乡村文化体验，同时也为在地居民创造了新的生活体验与经济增长。通过组织民间文艺小分队、培养和挖掘本土文艺人才，实现从"送文化"到自己"种文化"的转变，从而助力乡村文化振兴。例如，花滩镇通过组建一系列民间文艺小分队，带动普通村民开展丰富多彩的文艺活动，促使乡村文化焕发新生。因此，乡村旅游文化剧场起到了助力优秀传统文化传承与发展的作用。

（三）社区交流与凝聚

乡村旅游文化剧场通过搭建舞台，让群众乐起来，发挥了凝聚民心的作用。乡村旅游文化剧场通过建队伍让文化活起来，通过守阵地把人心拢起来，有效提升了群众的幸福感和获得感，促使其更为积极地投身于乡村旅游事业中，促进了乡村文化的振兴。乡村剧场成为连接新老村民的桥梁和纽带，文艺演出等活动增进了村民之间的交流与合作，推动了乡村社会的和谐稳定和发展进步。例如，花滩镇通过利用文化站的活跃深入挖掘本地民俗文化、文艺能人，引导本地村民热爱家乡、建设家乡，促使乡村文化焕发新生、多点开花。

（四）促进乡村振兴

乡村旅游文化剧场是对乡村业态转型升级的探索实践。乡村旅游文化剧场可以是惠民性质的演出，也可以是商业性质的演出，同时还具备新时代文明实践基地的功能，是促进乡村文明建设的堡垒，实现了多功能空间利用。乡村旅游文化剧场让乡村的民房、农事、农园和农产品转化为旅游要素，使乡村文化以旅游为载体重焕生机，活化了乡村旅游资源。乡村旅游文化剧场的建设和运营可以有效地挖掘和利用乡村的文化资源，将其转化为旅游吸引物，进而带动形成乡村新的产业发展链条，促进了产业发展。乡村旅游文化剧场作为新兴的乡村旅游场景业态，丰富了乡村文化生活的内涵，为旅游目的地创造了一种兼顾文化品位和现代美学的乡村新生活方式，提升了旅游吸引力。乡村旅游文化剧场可以有效推动乡村文化的发展，成为休闲农业与乡村旅游、乡村旅居、微度假和露营地的标配性产品，助推乡村振兴。

互动问答
4-2

互动问答 4-2

乡村旅游文化剧场景观的形式有哪些？

问答提示

二、了解乡村旅游文化剧场景观的形式

乡村旅游文化剧场的形式多样，旨在展示乡村的文化特色和风情。乡村旅游文化剧场景观的形式及特点见表 4-1。

表 4-1　　　　　　**乡村旅游文化剧场景观的形式及特点**

形式	特点
自然景观剧场	利用乡村的自然环境，如竹林、山水等，打造自然景观剧场，如浙江松阳的竹林剧场，将毛竹作为剧场的穹顶，为游客提供与自然融合的观剧体验
实景演出	结合乡村的历史文化和民俗，创作实景演出，如江西婺源的"梦里老家"实景演出，通过现代声光电技术展现地方文化
多功能舞台	设计可移动或多功能的舞台，适应不同的表演需求和活动，如巴西里约热内卢的圆形多功能舞台，采用竹材料，轻便且可自由移动
文化广场	在乡村中心或公共空间建立文化广场，作为村民聚会、节庆活动和表演的场所，如斯洛文尼亚斯科尔巴的剧院广场，由居民积极性驱动，创建了乡村社交空间
生态舞台	采用环保材料和设计理念，打造生态舞台，如美国 Pickathon（皮卡松）音乐节的生态舞台，使用可回收木制托盘建造，强调环保和可持续性
森林舞台	在森林或自然环境中设置舞台，如爱沙尼亚的森林舞台 Ruup，通过木质扬声器放大自然声音，提供沉浸式体验
水景雕塑舞台	结合水元素设计舞台，如位于比利时霍伦德里斯的 Sint-Arnolduspark 公园的水景雕塑舞台，通过水的循环和声音效果，增强舞台的观赏性和互动性
山崖天然剧场	利用地形地貌，如山崖，建立露天剧场，如意大利切法卢地区的山崖天然剧场，以大自然为背景，融合当地文化元素
数字化互动舞台	融入现代科技，如 AR/VR 技术，创造数字化互动体验，让游客在虚拟环境中体验乡村文化
主题性剧场	根据不同的节日或文化主题，设计相应的剧场活动，如春节、中秋等传统节日的庆典活动

三、创新设计乡村旅游文化剧场景观

创意设计乡村旅游文化剧场景观的关键在于结合乡村的自然风光、传统文化和现代创意，打造独特的旅游体验。

（一）定位与主题设定

首先需要明确文化剧场的定位，是一个集文化传承、旅游观光、休闲娱乐于一体的综合性场所。主题应与乡村文化紧密相关，如农业、手工艺、民俗、美食等，具有独特性和吸引力，能够增强游客对乡村文化的认知和兴趣。

（二）环境与设施设计

充分利用乡村的自然环境和资源，设计符合当地特色的建筑和设施。要充分利用乡村原本的环境和材料，在不破坏原真性文化的基础上，进行舞台的搭建，实现与自然的和谐共存，同时保证舞台的可移动性。

（三）活动内容策划

策划丰富多彩的活动内容，包括传统文化展示、乡村旅游体验、文化讲座与分享、互动体验活动等。例如，可以组织游客参观当地的农家乐、果园、花海等，体验乡村生活的乐趣，同时举办民间舞蹈、戏曲、手工艺展示等活动，让游客感受当地的文化魅力。

（四）宣传与推广

利用社交媒体、旅游网站、广告等多种方式进行宣传和推广。可以与当地旅游机构合作，邀请媒体报道，提高活动的知名度和影响力。

（五）沉浸式体验设计

结合乡村的自然风景和文化遗产，设计沉浸式的旅游体验。这可以包括利用自然风景打造的观赏性旅游体验，以及结合文化人为打造的空间场景体验，让游客在实景中真实感受和了解当地文化。

任务实施

📝 笔记

步骤一：根据乡村旅游文化剧场的作用，结合本地的文化，进行剧场主题设定。
步骤二：选择合适的剧场位置，设计剧场的设施。
步骤三：对剧场活动开展研究，形成特色化、季节性的具有计划性的活动。
步骤四：对乡村旅游文化剧场进行宣传与推广。

任务三　乡村旅游庭院文化景观创新与创意

◎ **任务目标**

知识目标：了解乡村旅游庭院文化景观的作用；熟悉乡村旅游庭院文化景观的设计要素。

技能目标：能够对乡村旅游庭院文化景观进行创新设计与创意应用。

素养目标：培养学生的审美能力、动手能力和创新意识。

任务描述

　　选择一处乡村庭院，利用人工智能大模型或者绘图软件，对该庭院的细节要素进行分析和说明，提出改造策略，并在课堂上进行展示。

案例导入

海口发展庭院经济，让庭院有"看头"更有"赚头"

　　一间小庭院，种满果树与花草，一方池塘，荷香蛙鸣，诗意盎然，绿植掩映……别具一格的庭院代表着许多人对家的眷恋，对美好生活的向往和追求，这也是"美丽庭院"的魅力所在。

　　近年来，海口把美丽乡村建设与庭院经济结合起来，盘活闲置庭院，鼓励农户利用院落空地、房前屋后等闲置空间与资源，因地制宜打造庭院种养产业；同时，依托庭院院落发展特色民宿、休闲农庄、采摘体验、农家乐等农村休闲旅游产业，不断探索乡村发展新业态，描绘乡村振兴新图景。

　　仅需一小块地，就可建一个蔬菜种植"小天地"，让原本普通的"农家院"变成村民的"增收园"。自庭院经济如火如荼开展以来，海口各个美丽乡村立足于本地空闲庭院和劳动力等实际情况，努力将发展庭院经济与乡村振兴工作结合到一起。

　　美兰区演丰镇演南村以美丽乡村建设为抓手，以实施乡村振兴战略为契机，积极引导农户以家庭为阵地、以庭院为载体，通过整合房前屋后和院内空余土地，栽种平安树、紫玉米等本地特色经济作物。村民一改以往的传统模式，通过利用自家院落和闲置土地发展特色产业，增加经济收入。农户通过自主经营，将"庭院景色"变成"庭院经济"；通过"公司+农户"方式，带动村民发展全产业链，带动村集体经济进一步发展，让"庭院经济"变成家庭"聚宝盆"，产业发展和效益不断提升，群众获得感、满意感、幸福感更加充实。

　　值得注意的是，发展"庭院经济"，在盘活资源的过程中要突出特色化差异化的理念，因地制宜走特色化差异化的路子，忌千庭一"面"，重一院一"色"，主动融入当地特色产业链当中，结合本村实际与特色，将"庭院经济"做大做强。

　　庭院经济作为乡村振兴的活力引擎，正在为海口乡村产业振兴注入新的动力。在政策扶持和全乡群众的共同努力下，庭院经济将迎来更加广阔的发展前景，为海口乡村振兴贡献更多力量。

　　资料来源　吴海燕. 海口发展庭院经济，让庭院有"看头"更有"赚头"［EB/OL］.［2024-11-20］. https://www.bjnews.com.cn/detail/172413290119702.html.

　　这一案例表明："美丽庭院"是乡村振兴中凸显人文精神的点睛之笔，不仅承载了清洁、绿色、健康、文明的生活方式，而且传承着家风、维系着乡愁。通过"院子文化+农旅"的农文旅融合发展模式，开发参观、民宿、休闲、采摘等增收路子，促进乡村振兴。

知识探究

乡村庭院作为与村民日常生活联系日趋紧密的空间场所，在村民生产、生活和乡村旅游发展中扮演着越发重要的角色。乡村庭院文化景观设计应满足农民生产和生活的要求和游客休闲游憩的需求，从时间上和空间上把握庭院文化景观设计，同时考虑庭院多种功能的需要，设计出美的形式。

在线课堂
4-3

乡村旅游庭
院文化景观
创新与创意

一、认识乡村旅游庭院文化景观的作用

（一）休闲游憩功能

优质的庭院文化景观可以营造舒适宜人的居家气息，庭院中的休憩设施如亭廊、花架、桌椅、坐凳等，为村民日常生活提供休闲游憩的室外空间。村民的交流、纳凉、聚餐、文体等休闲娱乐活动都与庭院文化景观有着紧密的联系，庭院文化景观增强了家庭成员之间的交流与互动，也为邻里之间的社交提供了场所。

（二）促进乡村振兴

乡村庭院文化景观的建设不仅关乎农村家庭对美好生活的向往与追求，还关乎农村人居环境的提升，关乎人人参与、家家行动、户户美丽的生动实践。"美丽庭院"建设可以有效推动乡村的全面振兴，提升乡村的整体形象和生活质量。

（三）增加农民收入

庭院经济虽然规模小，但能够释放大活力，让农民收入更加稳定、可持续。通过"庭院+特色种养"模式，房前屋后可以成为"聚宝盆"，成为农村家庭增收的重要途径；庭院还可以作为乡村旅游吸引点，拉动旅游经济。这种模式不仅促进了就地就近就业创业，还成为乡村产业发展的有益补充。

（四）美化乡村环境

应注重与环境相融合，改善建筑风貌，同时进行庭院绿化，优先选用乡土植物，形成具有鲜明乡土特色的地域性庭院文化景观。通过乔、灌、草、藤多层结构的植物群落搭配，增加色叶树种比重，丰富庭院空间的色彩和季相景观，营造出春花、夏荫、秋实、冬叶的绿化效果，从而美化乡村环境。

（五）提升乡村文化价值

庭院空间的设计和布置融入乡村文化元素后，使得庭院不仅是一个居住空间，更是成为乡村文化的生动展示窗口，从而极大地提升了乡村的文化价值，吸引着外来游客探寻乡村文化魅力，增强了村民对本土文化的认同感与自豪感。

综上所述，乡村庭院文化景观不仅是乡村美化的重要组成部分，也是促进乡村旅游、增加农民收入、提升乡村文化价值以及增强社会交往的有效途径。

二、熟悉乡村旅游庭院文化景观的设计要素

乡村庭院文化景观要素包括民居建筑、庭院绿化、庭院围栏、休憩设施、庭院铺地、景观小品等休憩设施和其他要素。这些要素共同构成了庭院文化景观，每种要素对庭院文化景观的视觉观赏、风格、功能、纹理都有举足轻重的影响。

（一）民居建筑

对于新建建筑，应根据村庄的整体规划和定位对其外观风格加以引导，使乡村整体民居与庭院形成和谐统一的人居系统。

对于乡村中保存较为完好、历史悠久、地域特色突出的典型民居，应以保护和修缮为主，实行挂挡、挂牌保护的策略。对于损坏严重但有历史价值的民居建筑，应当按照原样修复，保存乡村的历史文脉。

乡村中普遍存在的功能不完善、外观不美观的当地破旧民居，应充分利用原有结构、构架，进行整治更新，使其与环境相融合，改善建筑风貌。

（二）庭院绿化

应当优先选用乡土植物，代表当地自然风貌，从而形成具有鲜明乡土特色的地域性庭院文化景观。

兼顾庭院绿化的实用功能和美学功能，在庭院中种植可食用或有经济价值的果树、蔬菜，同时考虑果树、蔬菜的空间组织、景观效果。选用可以与花架、小品共同形成景观的果蔬品种。

通过乔、灌、草、藤多层结构的植物群落高低错落地搭配，形成层次分明的庭院植物景观，更大限度发挥植物的生态功能。可考虑引入攀援植物，使其攀爬庭院花架、建筑外墙、庭院围墙等，形成多方位的立体绿化效果。

（三）庭院围栏

民居建筑和围栏共同围合形成了庭院空间。围栏的形式大致分为围墙、栅栏以及两者的组合形式。围墙可以采用乡土材料的砌体，变化丰富的样式，融入乡村文化元素美化装饰墙体，镂空墙体用以沟通庭院内外空间，加强庭院景深。

（四）休憩设施

休憩设施是指庭院中亭廊、花架、桌椅、坐凳等设施，为居民提供停驻、休憩的场所，方便家庭成员休闲、交往等日常活动。休憩设施的使用者一般是乡村居民，休憩设施的外观、风格、样式应与庭院文化景观整体风格保持一致，与环境相协调。

（五）庭院铺地

庭院场地硬化可以采用透水性强，又能体现乡村特色的铺装材料，如青石、瓦片、鹅卵石、木质铺地等，既生态环保又可美化庭院文化景观。

对于古村落的庭院，可选用青石、条石、鹅卵石等具有古朴韵味的材料，同样可以铺筑各种精致的寓意图案，营造乡村古老悠久的气息。

对于现代风格的庭院，可选用不同颜色、不同花纹的花岗岩甚至选用木质铺地来硬化场地，划分空间，营造舒适宜人的现代人居氛围。

（六）景观小品

在美丽乡村庭院文化景观中设置景观小品可以提升庭院文化景观的观赏性，增加庭院文化景观的人文气息，为游人了解乡村，感受乡村历史、人文、生产、生活提供途径。景观小品有着不同风格，应注意其与庭院其他要素相互呼应，形成和谐统一的庭院文化景观。

互动问答 4-3
你知道乡村旅游庭院有哪些景观设计要素吗？

互动问答
4-3

问答提示

三、创新乡村旅游庭院文化景观

乡村旅游庭院文化景观设计应采用多样化风格手法，以乡村立地条件和实际情况为依托，符合乡村发展规划和定位，保留乡土文化特色，尊重乡村民众诉求，真正规划设计出符合乡村自身的庭院文化景观。不同类型乡村旅游庭院文化景观的特点和操作见表4-2。

表4-2　　　　　　　　不同类型乡村旅游庭院文化景观的特点和操作

类型	特点	操作
城市休闲庭院文化景观	适用于靠近市区、县城、经济重镇的乡村，多采用规则式和混合式两种布局，围合度较高，封闭性功能较强	运用城市景观设计的手法，明亮前卫的色彩以及现代质感的工程材料，致力于创造舒适的庭院环境，满足日常生活诸多功能需求，同时追求赏心悦目的视觉观赏效果
乡土观赏庭院文化景观	适用于拥有悠久历史的古村落以及拥有自身文化、优势资源，发展特色鲜明的乡村，多采用自然式和混合式布局形式，空间上流线功能特征突出	运用传统地域特色景观，营建以保护和发展乡村传统文化、人文历史为主题，创建具有浓郁乡土特色和地方风情的庭院文化景观，利用乡土元素和乡土景观材料，提升乡村整体面貌和观赏性，烘托乡村闲适安逸的生活氛围
清新园艺庭院文化景观	适用于面积规模较小的乡村庭院，一般利用庭院的边角落空间进行绿化、盆栽，中部予以硬化，设置桌凳等休憩设施	庭院文化景观风格趋向于清新、亲切、温馨，整体上塑造出一种"小家碧玉"的庭院氛围

任务实施

步骤一： 选择一处位置优越、要素齐全的可改造乡村庭院。
步骤二： 对庭院的现状进行分类，梳理各要素的载体。
步骤三： 对庭院改造提出针对性策略。

📑 笔记

任务四　乡村旅游景观小品装饰创新与创意

◎ **任务目标**

　　知识目标：了解乡村旅游景观小品装饰的作用；熟悉乡村旅游景观小品装饰的类型。

　　技能目标：能够对乡村旅游景观小品装饰进行创新设计与创意应用。

　　素养目标：培养学生的审美能力、动手能力和创新意识。

任务描述

　　选择一处乡村旅游地区，对其小品景观进行收集和分析，提出优化策略，并在课堂上进行展示。

案例导入

景观小品进乡村，农村也有文艺范儿~

　　西河街道天平村的绿地景观、柏合街道宝狮村塘堰边的风铃门、南山村的水果小品景观，在农村人居环境整治中，这样具有浓郁本土特色的景观正如雨后春笋般涌现出来，为乡村添景添趣。灰砖墙、小青瓦，石磨子、旧瓦缸，在阳光村，经过景观设计人员的精心设计和工人师傅的巧手制作，一处处别样的小景诞生了，浓郁的川西风情跃入眼帘。

　　在农村人居环境整治中，同安街道将阳光村作为示范试点，通过邀请专业团队设计打造，将田园风情与该片区原有的川西民居风格结合起来，以旧物新用的方式，植入景致，配以流水，让小品景观活了起来。

　　风播机、石磨、瓦坛子，在西河街道天平村的空地上，这些昔日农具看似随意地安放在草坪里，却勾勒出农村记住乡愁的别样匠心。通过人居环境整治，天平村曾经杂乱的村容村貌不见了，绿地代替了荒坡，景观取代了乱堆乱垛，房前屋后，干净整洁。而这一处处景观，更是村民们茶余饭后最爱走走转转的地方。

　　"南山村欢迎您"的牌子高高立于村口，代表该村特色的蜜橘、水蜜桃小品让村子看上去甜蜜感爆棚。在柏合街道南山村，通过村民公共空间的打造和村民群众的积极参与，让友邻互助、睦邻为亲的场景在南村随处可见，也创建了更好的宜居、自然、和谐、优美的生活环境。

　　资料来源　廖玉蓉，张杰. 景观小品进乡村，农村也有文艺范儿 [EB/OL]. [2024-12-01]. https://www.thepaper.cn/newsDetail_forward_11039398.

　　这一案例表明：提高农村民生保障水平，塑造美丽乡村风貌，乡村旅游景观小品装饰是农村环境中的点睛之笔。随着越来越多的乡村旅游景观小品装饰出现在乡村，农村环境更加赏心悦目，农村生活更加充满诗意，乡村文化更加丰富多彩，勾起了人们对乡村生活的美好记忆，提升了乡村旅游的吸引力。

知识探究

乡村旅游景观小品装饰是指在新农村建设和改造中，根据乡村环境和文化特点，采用现代设计理念和手法，因地制宜地设计、制作和安装的各种设施和装置。它们既可以满足人们的生活需求，又可以美化乡村环境，传承和展示乡村文化。

在线课堂
4-4

乡村旅游景观小品装饰创新与创意

一、认识乡村旅游景观小品装饰的作用

（一）提升乡村形象

优秀的乡村旅游景观小品装饰能够将乡村的特色和魅力展现得淋漓尽致，使人们对其产生深刻的印象。无论是独特的地形、丰富的植被，还是历史文化遗产，都可以通过景观小品得到完美的呈现。

（二）推进新农村建设

乡村旅游景观小品装饰需要因地制宜，充分考虑当地的环境和文化特点。这不仅可以促进农村经济的发展，还可以增强农民的环保意识和文化素养，推动新农村建设的进程。

（三）丰富人民精神文化生活

乡村旅游景观小品装饰需要考虑到当地居民和游客的需求和喜好。通过这些景观小品，可以让更多的人了解和体验乡村文化，进一步丰富人民的精神文化生活。

二、熟悉乡村旅游景观小品装饰的类型

乡村旅游景观小品装饰的类型见表4-3。

表4-3　　　　　　　　　　　乡村旅游景观小品装饰的类型

类型	载体
农业设施	风车、水车、灌溉系统等，既是实用的农业设备，也是具有观赏价值的乡村景观
休闲设施	如休闲椅、垃圾桶、小卖部等，为游客提供方便的休息和娱乐设施
装饰性小品	如花坛、雕塑、装饰性篱笆等，起到装饰和美化的作用
标识性设施	如路标、指示牌等，为游客指明方向提供和信息
服务小品	包括供人休息、遮阳用的座椅、廊架，以及垃圾箱、洗手池等
照明小品	一般都是结合灯光设计的，例如地坪灯、路灯、景观灯、射灯等灯饰小品

三、创新设计乡村旅游景观小品装饰

庭院设计中，景观小品装饰是生活中最常见、广泛的元素，成为庭院设计中不可缺少的组成要素。它虽不像主体建筑那样处于举足轻重的地位，却像奇丽的花朵闪烁

在院子中，成为人们喜爱的设计。

（一）创新设计乡村旅游景观小品装饰的原则

1.巧于立意

庭院景观小品装饰作为院子中局部主体景物，具有相对独立的意境，应具有一定的思想内涵，才能产生感染力。如我国园林中常在庭院的白粉墙前置玲珑山石、几竿修竹，粉墙花影恰似一幅花鸟国画，很有艺术渲染力。

2.突出特色

庭院景观小品应突出地方特色、庭院特色及单体的工艺特色，使其有独特的格调，切忌生搬硬套，产生雷同。在设计和制作乡村旅游庭院景观小品装饰之前，需要对当地的文化和环境特点进行深入了解和研究，包括当地的历史传统、风俗习惯、自然环境等。只有深入了解当地的特点和文化背景，才能设计出符合当地需求的景观小品。如在草地一侧，花竹之畔，设一水罐形灯具，造型简洁，色彩鲜明，灯具紧靠地面与花卉绿草融成一体，独具环境特色。

3.融于自然

乡村旅游庭院景观小品装饰的设计需要注重与周围环境的协调性。无论是颜色、材质还是形状设计，都需要与周围的自然环境和建筑风格相协调。这样才能使景观小品成为乡村环境中的亮点，而不是突兀的装饰。庭院景观小品装饰既要追求自然，精于人工，又要将人工与自然浑然一体。"虽由人作，宛如天开"则是设计者们的匠心之处。如在老榕树下，塑以树根造型的圆凳，似在一片林木中自然形成的断根树桩，可达到以假乱真的程度。

（二）创新设计乡村旅游景观小品装饰的操作

1.弧形半圆型凉棚

由柳条和树枝搭建成的户外休闲凉亭，或是让藤蔓或是让鲜花缠绕生长，半圆的弧形打破横平竖直的庭院结构，增加垂直方向上的看点，同时，根据不同面积，搭建不同半径的弧形凉亭，随着藤蔓或鲜花的生长，还可形成遮阴避暑的休闲小场所。

2.靠墙风格装饰

在乡村的空间里，既想创造观赏性，又想兼具可视性，那这种靠墙分格果树装饰是最好的选择。它通过一定的栽培种植技巧，使果树不仅能生产新鲜的水果，还能成为庭院内别致的景观效果。

3.长廊式果蔬隧道

以植被、果蔬等元素在庭院内搭建而成的休闲长廊，既能清晰地划分庭院结构，又能在植被、果蔬繁茂之际，形成一条景观隧道或美食隧道，串串葡萄，粒粒瓜果，颗颗柠檬，垂直而下，果香、花香、花木香，芳香四溢，体现了轻松愉悦、乡味十足的美好生活。

4.卡通化废旧圆筒

将一些废旧或不常用的圆筒，稍加艺术改造，不仅能成为种植果蔬的花园床，还能为整个乡村空间增添不少欢乐趣味。

5.点线的花盆

由点线互连花盆构成垂直的花园景观，既能丰富庭院结构，又能形成多样化的个性种植，层层成景各不相同。

6.错落有致的空心砖

将混凝土空心砖作为天然花盆，种植各类盆栽花草，然后错落有致地放在庭院一角，既能增加庭院内的垂直结构，又能巧妙增加种植面积，无形之中还以灵活多变的方式，形成乡村中别致的效果。

互动问答4-4
如何对乡村旅游景观小品装饰进行创新设计？

互动问答 4-4

问答提示

📝 笔记

任务实施

步骤一：走访校企合作乡村，进行现有小品景观的拍摄和素材整理。

步骤二：对不同类别的乡村旅游小品景观进行现状分析。

步骤三：结合乡村旅游地的文化和自然资源，对乡村旅游小品景观提出优化策略和建议。

任务五　乡村旅游景区门票设计景观创新与创意

◎ 任务目标

知识目标：了解乡村旅游景区门票设计景观的作用；熟悉乡村旅游景区门票设计景观的创新类型。

技能目标：能够对乡村旅游景区门票设计景观进行创新设计与创意应用。

素养目标：培养学生审美能力、动手能力和创新意识。

任务描述

选择一处乡村旅游地区，对其门票进行设计，包括主题、形式、材质，并在课堂上进行路演。

案例导入

小门票做出大文章——萧山二职协办"方寸里的中国"门票专题展

通过十一年的持续推进，萧山二职的"小门票"系列项目，已经成为弘扬中华优秀文化，助力清廉学校建设的亮丽名片，影响力辐射省内外。科研成果被评为浙江省教学成果二等奖；学校被评为第二批浙江省清廉学校建设示范校、第一批杭州市清廉学校建设示范点、清廉萧山建设"优秀范例"；校党委被评为首批杭州市中小学校示范性党组织；案例入选浙江省廉洁教育优秀工作案例、清廉学校建设创新案例，萧山区首批23个清廉单元建设优秀范例。

2024年8月13日下午，"方寸里的中国——庆祝新中国成立75周年门票专题展"开展仪式在萧山区档案馆举行。本次展览由区纪委、区档案馆主办，浙江省新四军历史研究会金萧研究分会、萧山二职和区档案学会协办。

"门票作为一种独特的档案载体，见证着不同时期的历史文化和社会经济发展。在信息技术快速发展的今天，纸质门票显得尤为珍贵，它不仅是一张门票，更是一片风景、一段历史、一种精神力量的传承。"区纪委常委余明霞在致辞中说道。

"我校积极探索'门票+'与'+门票'的特色育人新范式，在拓宽教学资源、提升学生核心素养、强化清廉教育上取得了丰硕成果，成为杭州市乃至浙江省中职学校课程思政的样板。"萧山二职党委书记曹鹤鸣介绍。

萧山二职张维超老师作为本次展览的策展人，12年门票研究经历、39年党龄、41年教龄的他深知为党育人、为国育才的重要性。小门票是大学习，要树立终身学习意识；小门票是大历史，要树立档案意识；小门票是大廉洁，要树立勤廉意识。

资料来源　杭州市萧山区第二中等职业学校. 小门票做出大文章：萧山二职协办"方寸里的中国"门票专题展［EB/OL］.［2024-12-14］. https://mp.weixin.qq.com/s？__biz=MzA4MzYwNzc2NA==&mid=2649192111&idx=1&sn=5a780d75b3974cfd1a95c811466fc169&chksm=87e03f14b097b602b53bd32d2b5e14a79bd99f89be43ebdacf5ec365324346d62794626270e7&scene=27.

这一案例表明：门票是文旅融合发展中的重要产品。文旅的连接点是"创意"，旅游与文化在很多领域具有交叉性和融合性，文旅融合形式也多种多样，门票就是其中一种。创意门票是文化传播的有效途径，是乡村旅游景区推进品牌化的有力抓手，更是精彩纷呈的旅游文创产品中的亮点。

知识探究

在线课堂
4-5

乡村旅游景
区门票设计
景观创新与
创意

乡村旅游景区门票不仅仅是通过简单的文字、图形把景区和乡村的信息传达给游客，更重要的是在票面的设计中，要使游客获得该景区和地域有价值有特色的信息，并在这一过程中获得一定的艺术享受。因此，乡村旅游景区门票不仅仅是景点的缩影与介绍，它还是知识宣传册，是地域文化的集中体现，能够给游客带来美好的回忆。

一、认识乡村旅游景区门票设计景观的作用

（一）准入功能

乡村旅游景区门票的准入功能是其最基础和核心的作用之一，主要包括身份验证、权限区分、区域限制等。

对于游客而言，票作为游客进入景区的凭证，首先需要验证持有者的身份，确保只有合法购买或获得门票的游客能够进入。门票上通常会标注有效日期和时间，帮助景区进行时间上的客流管理，如限制游客在特定时间段内进入。对于大型景区或包含多个游览区域的景区，门票可以明确游客可访问的区域范围，部分区域可能需要额外的门票或

通行证。门票可以区分不同类型的访问权限，如普通入场、VIP访问、特殊活动参与等，不同权限可能对应不同的门票设计或等级。门票可以区分不同的服务等级或套餐，如基础入场、包含导游服务、包含特殊体验等，从而为游客提供差异化的服务。

对于乡村旅游景区而言，门票系统往往与景区的安全管理系统相结合，通过门票的验证过程，加强景区的安全检查和秩序维护。通过门票销售和验证，景区可以对游客数量进行有效控制，避免超出景区承载能力，确保游客安全和游览质量。门票的发放和回收可以为景区提供游客流量、偏好等数据，有助于景区进行市场分析和管理决策。

（二）导游功能

乡村旅游景区门票的导游功能主要指门票上提供的信息可以帮助游客更好地了解和游览乡村旅游景区。乡村旅游景区门票的导游功能见表4-4。

表4-4　　　　　　　　　　　乡村旅游景区门票的导游功能

导游功能	体现
景点介绍	乡村旅游景区门票上通常会有关于景区的简介，包括其历史背景、文化特色和主要景点等信息，帮助游客了解景区的基本情况
游览路线图	乡村旅游景区门票可能印有乡村旅游景区的地图，标注出各个景点的位置，方便游客规划自己的游览路线
导览提示	乡村旅游景区门票上可能会提供导览提示，比如推荐游览顺序、各个景点之间的步行时间等，帮助游客更高效地游览
多语种服务	针对不同语种的游客，乡村旅游景区门票可能提供多种语言的介绍和导览信息，以满足不同游客的需求
二维码应用	乡村旅游景区门票可能会印有二维码，游客扫描后可以链接到电子导览服务，获取更详细的信息或音频导览
互动体验	一些乡村旅游景区的门票可能集成了增强现实（AR）等技术，通过手机应用与门票互动，提供更加生动的游览体验
个性化推荐	乡村旅游景区门票或相关平台可能根据游客的兴趣和偏好提供个性化的游览路线和活动推荐

（三）收藏功能

乡村旅游景区门票的收藏功能是指门票除了作为进入景区的凭证之外，还具有被游客保存和收藏的价值。

1.艺术价值

乡村旅游景区门票设计精美，具有艺术性，可以作为艺术品进行收藏。一些景区的门票采用独特的设计、色彩和图案，反映了乡村旅游景区的文化特色和美学理念。

2.文化意义

乡村旅游景区门票作为地域文化的集中体现，不仅是景点的缩影，也是知识宣传册，具有文化传播的作用。

3.纪念性

对于游客来说，乡村旅游景区门票是游览景区的纪念品，特别是对于重要的展览或活动，乡村旅游景区门票具有特殊的纪念意义。

4.材质创新

乡村旅游景区门票的选材质地很重要，关系到门票的耐久度和个性化。一些景区使用特殊材质制作门票，如竹制门票、干花门票等，增加了门票的收藏价值。

5.内容创新

乡村旅游景区门票上的信息设计也很重要，包括景区风貌的简介、认证标志、游览路线图、服务项目、门票价格等，这些内容的合理布局和呈现增加了门票的收藏吸引力。

6.个性化设计

一些乡村旅游景区的门票设计具有个性化，这些独特的设计让门票成为收藏爱好者的追捧对象。

7.历史价值

某些乡村旅游景区的门票因其历史背景或特殊事件而具有收藏价值，如一些景区在特定年份或活动中使用的限量版门票。

（四）宣传功能

乡村旅游景区门票不仅具有观赏价值，而且是宣传推广乡村旅游景区文化和特色的有效途径。

1.信息传递

门票是景区与游客之间的直接媒介，可以通过精美的设计和丰富的内容，传递景区的基本信息、文化特色、游览路线等。

2.文化展示

乡村旅游景区门票不仅是景点的缩影，而且是知识宣传册，是地域文化的集中体现，有助于推广景区的文化内涵。

3.形象塑造

乡村旅游景区门票的设计和信息展示可以塑造景区的形象，提升景区的知名度和吸引力。

4.市场营销

乡村旅游景区门票可以作为市场营销的工具，通过门票上的宣传信息，吸引游客参与景区的各种活动和消费。

5.口碑传播

乡村旅游景区门票的设计和使用体验可以激发游客的满意度和分享欲，通过游客的口碑传播，可以进一步提升景区的知名度。

6.艺术享受

乡村旅游景区门票的设计可以给游客带来艺术上的享受，增加游客对景区的好感。

7.媒体互动

乡村旅游景区门票可以结合现代技术，如二维码、AR等，引导游客通过手机等设备获取更多信息，实现与媒体的互动。

通过门票的宣传功能，乡村旅游景区可以有效提升自身的品牌形象，吸引更多游客，促进旅游业的发展。

二、熟悉乡村旅游景区门票设计景观的创新类型

（一）材质创新

乡村旅游景区门票不仅是看的艺术，而且是触摸的艺术。门票的选材质地很重要，关系到门票的耐久度、制作的工艺和门票本身的个性。门票的选材可以突出门票的个性化，要根据景点的特色物产就地取材，制作富有当地气息的景区门票，如竹制门票、干花门票、拼布门票等。

可使用与乡村旅游景区文化相符合的特殊材质，如竹制、木质、丝绸等，结合烫金、雕刻等工艺，提升门票的质感和艺术价值。例如，以竹为主要文化的乡村景区，可以采用"竹子"作为门票材料。以布艺、织锦作为主要文创产品的乡村景区，可以将门票设计成手绢等丝织品。生态型乡村景区可以将树叶标本作为门票设计的核心亮点。以瓷器为特色的乡村旅游小镇，可以采用乡村制瓷进行创意加工来设计门票。

（二）内容创新

乡村旅游景区门票需要涵盖景区风貌的简介、认证标志、参观游览路线图、包含的服务项目、门票价格；在设计门票时，还要考虑验票方式以及相关印章的加盖位置。因此，需要合理划分门票的功能区域，将重要的信息放在正面的重点区域，次要辅助信息放在下面或反面区域。运用能体现景点特色的图案、色彩、文字等元素，设计出别具特色的景区门票。

乡村旅游景区门票设计可以采用景区的历史故事、传说、重要历史事件或著名人物作为设计元素，通过图案、色彩和文字来讲述这些故事，让游客在拿到门票的第一时间就能感受到乡村旅游景区的文化氛围。

（三）票形创新

票形即门票的外在轮廓。通常景区门票以矩形为主，这和门票的实用性和审美性有关，有时异形票会带来特别的效果。乡村旅游景区门票设计可以打破传统的形状，采用与乡村旅游景区历史文化相关的特殊形状，如动物、建筑轮廓或地理形状等，增加门票的趣味性和收藏价值。例如，南京龟鳖自然博物馆的异形门票，票面整体是乌龟的形状，其他文字信息巧妙穿插在龟鳖身体的纹路中间，这样的门票让游客爱不释手。

每个景区的文化主题不同，可根据旅游区、景区景点不同的文化特征创新门票形式，使游客见门票而感文化。如乡村遗址型景区，可采形态作为设计元素，将门票设计成一个个小书简，极具工艺品韵味。在乡村旅游中，可以将门票设计成一张小小的明信片，寄给远方的朋友，也可以寄给自己留住美好。

互动问答4-5
乡村旅游景区门票设计景观可以从哪些方面进行创新？

互动问答
4-5

问答提示

三、创新设计乡村旅游景区门票设计景观

（一）市场调研与分析

首先，需要对目标市场进行深入的调研，了解游客的需求、消费行为、偏好以及竞争对手的情况，这有助于确定乡村旅游景区门票创新的方向。

（二）确定创新目标

基于市场调研结果，明确乡村旅游景区门票创新的目标，如提升游客体验、增加门票的附加值、提高景区的吸引力等。

（三）设计创新方案

设计乡村旅游景区门票的创新方案，这可能包括门票的外观设计、技术应用（如AR技术）、环保材料的使用、个性化定制等方面。

（四）方案评估与优化

对创新方案进行评估，考虑其可行性、成本效益和预期效果，并根据反馈进行优化。

（五）技术与材料选择

选择合适的技术和材料来实现乡村旅游景区门票设计的创新，如选择环保纸张、特殊印刷工艺或集成芯片等。

（六）制作样品

根据创新方案制作乡村旅游景区门票样品，并进行内部测试，确保其质量和功能满足设计要求。

（七）用户测试

将乡村旅游景区门票样品提供给目标用户进行测试，收集用户反馈，了解其对门票创新的接受度和满意度。

（八）宣传推广

制订乡村旅游景区门票创新的宣传推广计划，通过各种渠道（如社交媒体、广告、公关活动等）来宣传门票的新特性和优势。

（九）正式推出

在确保乡村旅游景区门票创新方案成熟并得到用户认可后，正式推出新的门票，并进行市场监控和效果评估。

（十）持续改进

根据市场反馈和用户意见，持续改进乡村旅游景区门票设计，形成迭代创新的机制。

通过这一流程，乡村旅游景区可以推出具有创新性和吸引力的门票，提升游客体验，增强景区的市场竞争力。

📝 笔记

任务实施

步骤一：对乡村旅游地区客源市场进行调研，确定门票创新的目标。

步骤二：对门票的外观、技术、材料进行设计。

步骤三：制作样品，开展市场评估。

步骤四：修正后正式推出并进行推广宣传。

项目测试

一、单选题

1.乡村旅游家风家训景观创新设计中，通过以浸润化、故事化的方式讲述家规家训，这体现了其（　　）的特点。

A.内容丰富化　　　B.馆墙展示化　　　C.体验活态化　　　D.文化宣传化

2.（　　）是乡村文化传承的主要载体。

A.山水　　　　　B.院落　　　　　C.花草　　　　　D.围墙

3.芦笙、图腾，这类具有辨识度的乡村旅游灯饰的创新创意是（　　）。

A.融入独特文化符号　　　　　　B.采用多种材料

C.符号化　　　　　　　　　　D.富有人文关怀

项目测试
4-1

在线答题

二、判断题

1.乡村剧场作为活力空间和文化载体，可以很好地推动乡村文化的发展。（　　）

2.以乡村旅游区、景区景点特色材质作为门票主材料，这是乡村旅游景区门票的内容创新。（　　）

启智润心

创意墙绘"爬"上农居　家风旅游注入新活力

重庆巫溪县文峰镇文峰村把家风家训和创意墙绘融入文化旅游中来，为乡村旅游发展开辟了新路子。

在文峰镇文峰村，家家户户门前都悬挂着家风牌，一幅幅极具特色的农耕文化墙装点了老旧农居，扮靓了整个村落，呈现出一幅民风淳朴、文化氛围浓厚的景象。村民卢光敏之前是村里的贫困户，在政策的帮扶下，现在住上了新房，一家人实现了脱贫。她告诉记者，村里现在大力推广家风家训，村容村貌发生了翻天覆地的变化，自己准备开办农家乐，搭上乡村旅游"顺风车"。

破解旅游产业快速发展瓶颈，文峰村立足"一园两片区三产业"发展格局，着力打造"清风里"旅游景区，别具匠心地将乡风民俗等特色文化融入墙绘中，以群众喜闻乐见的方式让墙"说话"，为全村增添了一道别具一格的风景线。同时以党建为引领，深入挖掘该村传统家风家训传统，积极营造"人人崇尚家庭美德，家家分享好家风好家训"的浓厚氛围，充分激发群众内生动力，引导群众树立勤劳致富、脱贫光荣的导向，为深入推进乡村振兴战略贡献了重要的精神力量。

资料来源　张兵峰，张钰婷．创意墙绘"爬"上农居 家风旅游注入新活力［EB/OL］．［2024-12-25］．https://www.cbg.cn/web/show/5046-203840.html．

思政元素：文化自信　文明素养

学有所悟：党的二十大报告中指出，要"实施公民道德建设工程，弘扬中华传统美德，加强家庭家教家风建设"。中华传统美德，是支撑中华民族生生不息、薪火相传的重要精神力量。家风家训作为中华优秀传统文化的重要组成部分，其在乡村旅游中的传承与创新，可以作为乡村旅游的特色和亮点，吸引更多游客，促进乡村旅游的可持续发展，推动乡村文化振兴。

乡旅实践

青春助力乡村振兴
——云南民族大学澜湄学院大学生暑期社会实践活动侧记

时值盛夏，万木葱茏，一场实践之旅，与这抹绿色的夏相契合。2021年7月17日至20日，云南民族大学澜湄国际职业学院的青年学子们前往丽江市古城区纳西族传统村落普济村，开展"铸牢中华民族共同体意识双语宣讲"暑期社会实践活动。他们行走在村落的阡陌小道，开展宣讲活动，记录实践中的点点滴滴。

"饮水思源"　村史教育助力乡村振兴

在80岁高龄、有56年党龄的老党员和志坤的带领下，村民和大学生实践队员一起来到村内近300年历史古井"楞究都"旁。古井取名"楞究都"，意思是"团结互助，不忘本心"。和志坤以一段具有神秘色彩的传说，讲述了普济村古井的历史和普济村保护生态环境的传统。古井不仅象征生命之源，也是村民们紧密团结在一起的缩影。在乡村振兴的过程中，"饮水思源"村史教育起到了不可替代的作用，村民"同为一体、共饮一井"的认识彰显出强大的凝聚力。

践行孝道　良好家风已成全村风尚

点滴小事凝聚孝道亲情。在村里活动中心广场上，50多位老人在各自儿女的搀扶下整齐入座，老人的儿女们依次端上黄铜盆放在他们父母跟前，用古井水为长辈们洗脚。几分钟后，那些刚刚还端着铜盆的"晚辈"们也坐到了椅子上，而端着铜盆的人换成了一些小孩和年轻人。一句句"妈妈，请洗脚""爸爸，请洗脚"此起彼伏，村中三代人之间的联系是那么简单，那么温馨，那么平淡，也许正是这样，这种关系在当下浮躁的社会中才显得无比珍贵难得。

体验示范创建成果　铸牢中华民族共同体意识

在丽江古城历史文化展示馆、古城新义社区，青年学子们调查了丽江市古城区党建情况和民族团结示范区建设情况。作为丽江古城历史文化的重要载体和民族团结进步的展示舞台，丽江古城历史文化展示馆紧扣丽江古城历史发展脉络，展现古城的历史之美、文化之美、自然之美、和谐之美。新义社区作为民族团结进社区的示范点，社区党总支坚持党建引领，采取"1+2+4+N"措施，以民族团结进步推动"新丽江人"融入丽江古城，加强各民族交流交往交融，从而进一步铸牢中华民族共同体意识。

这个暑假的社会实践是丰富而有意义的，一些心得和体会让人感到兴奋。对青年学子们来说，这不仅是一次实践，更是一次珍贵的人生经历。青年学子们以专业所学为基础，对乡村发展现状进行实地考察，对乡村建设进行深入规划设计，形成调研报告和设计方案，提出了激发乡村发展活力的可行性建议，有利于助力乡村振兴和可持续发展。

资料来源　佚名.青春助力乡村振兴——云南民族大学澜湄学院大学生暑期社会实践活动侧记[EB/OL]．［2024-12-05］．https://www.kunming.cn/news/c/2021-08-05/13302995.shtml．

要求：请以小组为单位，结合你家乡的家风家训建设，为全国大学生"乡村振兴·青春笃行"计划撰写一份报告。

学习评价 👆 ....●

本项目学习评价表见表4-5。

表4-5　　　　　　　　　　　　　　**学习评价表**

学习内容	乡村文化活动景观创新与创意		
	评价要点	学生自评（50%）	教师评价（50%）
知识掌握（30分）	掌握乡村旅游家风家训景观、文化剧场景观的作用及形式（12分）		
	掌握乡村旅游庭院文化景观的作用及设计要素（6分）		
	掌握乡村旅游景观小品装饰、门票设计景观的作用及类型（12分）		
技能提升（40分）	能够对乡村旅游家风家训景观、文化剧场景观进行创新设计与创意应用（16分）		
	能够对乡村旅游庭院文化景观、景观小品装饰进行创新设计与创意应用（16分）		
	能够对乡村旅游景区门票设计景观进行创新设计与创意应用（8分）		
素质养成（30分）	具有钻研精神和创新意识（10分）		
	具有审美能力和动手能力（10分）		
	坚定文化自信（10分）		
综合评价成绩（100分）			
学生自评： 　　　　　　　　　　　　　　　　　　　　学生签字：			
教师评语： 　　　　　　　　　　　　　　　　　　　　教师签字：			

5 项目五 乡村文化传承景观创新与创意

项目概述

乡村文化传承人是文化遗产的体现者，是乡村文化的重要载体和传承者，他们掌握着丰富的传统技艺和民俗知识，是乡村文化创新和创意的源泉。他们使乡村文化得以传承和发展，为乡村景观的创新与创意提供了丰富的素材和灵感。乡村文化传承景观创新与创意是一个融合了传统与现代、文化与艺术的综合性过程，这一过程旨在通过创新手段，将乡村的文化遗产、自然景观和人文特色以新颖、独特的方式呈现出来，从而吸引游客，促进乡村经济发展，传承和弘扬乡村文化。

任务一 精湛手艺展现景观创新与创意

◎ **任务目标**

知识目标：了解乡村精湛手艺展现景观的定义；熟悉乡村精湛手艺展现景观的内容。

技能目标：能够创新运用精湛手艺展现乡村景观。

素养目标：培养学生的创新意识和工匠精神。

任务描述

选择一处乡村旅游地，了解其现存的手艺展现景观，设计一个创新设计方案。

案例导入

非遗扎根打造乡村振兴新样板——嘉兴秀洲区油车港镇胜丰村

胜丰村距嘉兴市中心8千米，地处乌镇、西塘半小时旅游经济圈范围内，是一个河网密布、水系交纵、白墙灰瓦、傍水而居的典型江南水乡村庄。在长久的自然条件孕育下，产生了丰富的菱文化、船文化、非遗农民画、糖糕文化等非物质文化遗产。近年来，当地政府通过靓水、融文、理景、兴业的规划思路，深入挖掘当地水韵特质，打造了滨水特色游线，营造了特色滨水风貌和景观空间，深入挖掘农民画、造船技艺、糖糕版雕刻技艺等非遗文化，建设了农民画馆、船匠工艺馆以及糖糕馆，发展了农民画、船文化以及糖糕版雕刻研学，进一步传承和发扬了非遗文化。

资料来源 浙江省社会科学联合会. 浙江公布13个乡村文化传承创新案例［EB/OL］.［2024-11-10］. https://www.zjskw.gov.cn/art/2021/11/10/art_1229516389_42707.html.

这一案例表明：乡村精湛手艺在展现景观时与非遗有着紧密的联系。通过加强保护与传承、推动创新发展、拓展市场渠道和打造文化品牌等策略，可以促进乡村精湛手艺与非遗的融合发展，为乡村景观增添独特的文化魅力和艺术价值。

知识探究

作为中华民族悠久历史和丰富文化的重要组成部分，乡村精湛手艺蕴含着深厚的文化底蕴和独特的地域特色。这些手艺不仅体现在日常生活的方方面面，更是乡村居民智慧与创造力的结晶。乡村精湛手艺展现景观是推动乡村经济发展的重要动力，也是保护和传承乡村文化、提升乡村旅游吸引力的关键。

在线课堂
5-1

精湛手艺展现景观创新与创意

一、认识乡村精湛手艺展现景观

乡村精湛手艺展现景观是指将乡村文化传承人的精湛手艺展现在大众面前，可以将观看传统手工艺作为一项旅游景观，配备完善的观看设施，形成乡村旅游的特色景观。乡村地区蕴藏着丰富的传统手艺，如竹编、木雕、陶艺、刺绣、剪纸等。这些手艺代代相传，经过岁月的沉淀和匠人的不断创新，形成了各具特色的技艺体系。这些手艺不仅具有实用价值，更蕴含着深厚的文化内涵和审美价值。

二、熟悉乡村精湛手艺展现景观的内容

乡村精湛手艺在展现景观时，涵盖了丰富多样的内容，这些内容不仅体现了乡村文化的深厚底蕴，而且展现了手工艺人的智慧与创造力。

（一）建筑与构造装饰

乡村精湛手艺在建筑上体现得淋漓尽致，如青砖黛瓦、木雕门窗、石雕柱础等，这些传统建筑元素不仅具有实用性，还富含艺术性和文化意义，成为乡村景观的重要组成部分。屋檐下的雕花、墙面的浮雕、窗棂的图案等，都是手艺人精心雕琢的成果，它们以细腻的工艺和丰富的题材，装点着乡村的每一个角落，使建筑更加生动有趣。

（二）公共空间与景观小品

手艺人利用乡村材料，如木头、石头、竹编等，创作出具有地方特色的景观雕塑和装置艺术，如石磨转盘、竹编凉亭、稻草人等，这些作品不仅美化了乡村环境，还增加了游客的参与度和体验感。此外，乡村的公共设施，如桥梁、亭子、座椅等，也是手艺人展示技艺的舞台。他们运用传统手艺，结合现代设计理念，打造出既实用又美观的公共设施，在为乡村居民和游客提供便利的同时，也增添了乡村的韵味。

互动问答
5-1

互动问答5-1
传统的农具和农业设施在乡村景观中有哪些价值？

问答提示

（三）田园风光与农业景观

利用农作物的种植和排列，创作出的如稻田画、花海景观等农田艺术作品，不仅展示了农业生产的多样性，而且赋予了农田以新的审美价值，成为乡村旅游的一大亮点。

（四）手工艺品与市集

手工艺品是手艺人智慧和创造力的结晶，通过设立手工艺品展示区或市集，可以让更多人了解和欣赏这些精美的作品，也为手工艺人提供了展示和销售的平台。

三、创新乡村精湛手艺展现景观

（一）传统手艺与现代设计的融合

1.传统材料融合现代审美

利用乡村中常见的传统材料，如青砖、瓦片、竹编、石阶等，结合现代审美和设计理念，打造出既具有乡土气息又不失时尚感的景观小品。例如，茅坪镇新华村的青砖瓦片护栏，既展现了传统手工艺的魅力，又提升了乡村的整体美感。

2.手工艺品的景观化

将传统手工艺品如剪纸、编织、雕刻等转化为景观元素，如剪纸图案的墙面装

饰、编织的篱笆围栏等，使乡村景观更加丰富多彩，充满文化韵味。

（二）手艺人的创意与参与

1.发挥手艺人的创意

在乡村内设立手工艺展示区，邀请当地手艺人（匠人）现场演示陶艺、竹编、刺绣、木雕等传统技艺。游客不仅可以观看制作过程，还能亲自动手体验，学习并带走自己制作的纪念品。这种互动体验不仅能增进游客对乡村文化的理解，还能激发其购买欲望，促进手工艺品的销售。

2.手艺人的角色转变

随着乡村旅游的兴起，手艺人可以转变为乡村景观的创造者和维护者。他们可以通过自己的手艺为乡村增添亮点，同时也可以通过提供手工艺品销售等服务增加收入。

（三）手艺与生态的结合

1.推广生态友好型手艺

推广那些对生态环境友好的手艺，如使用可再生材料、减少废弃物等。这些手艺在展现乡村景观的同时，也有助于保护乡村的生态环境。

2.手艺与农业充分结合

将手艺与农业生产相结合，创造出具有观赏性和实用性的农业景观。例如，利用农作物种植出的稻田画、麦田怪圈等，既展示了农业生产的魅力，又增添了乡村景观的趣味性。

（四）手艺与文化的传承

1.文化价值的体现

乡村精湛手艺是乡村文化的重要组成部分，通过展现这些手艺，可以传承和弘扬乡村文化。例如，举办手工艺展览、文化节等活动，可以让更多人了解和认识乡村手艺的价值和魅力。

2.教育功能的发挥

结合乡村资源和传统手艺，开发研学旅行产品。组织青少年到乡村进行实地考察，学习农业知识、了解乡村文化、体验手工艺制作等。这种教育方式既能让学生亲近自然、增长见识，又能促进乡村文化的传承和发展。

任务实施

📝 笔记

步骤一：查阅民俗文化典籍、艺术研究资料以及实地拜访民间手工艺人，明确乡村精湛手艺展现景观的核心要点。

步骤二：实地走访不同乡村地区，实地考察传统手工艺品制作过程，熟悉乡村精湛手艺展现景观在景观营造中的应用。

步骤三：分析比较乡村精湛手艺展现景观的各种形式，阐述各类手艺的特色、应用场景及艺术价值。

任务二　传承仪式活动景观创新与创意

任务描述

　　选择一处乡村旅游地，了解其传承仪式活动，设计一个具有创新性的乡村传承仪式活动策划方案。

案例导入

农耕文化"催热"乡镇品牌文旅产业

　　锣鼓声声，舞龙戏狮……9月23日，乌苏市九间楼乡荷花谷景区里，詹家村社火队身着节日盛装，踏着喜庆的鼓点沿途表演，将活动氛围推向高潮。2023年是他们第三年参加乌苏市九间楼乡农耕文化旅游节。

　　当天是中国传统二十四节气的秋分，也是第六个中国农民丰收节，乌苏市九间楼乡举办农耕文化旅游节暨第三届农民丰收节活动。活动以农民为主体，秉承因地制宜、节俭创新的原则，举办"丰收"杯迷你乡村马拉松比赛、农耕文化大游行、农活趣味运动会、乡村美食比赛、拖拉机驾驶技能赛、篝火晚会等十余项活动，吸引众多村民和游客参与。

　　乌苏市借助乌苏啤酒节的旅游红利，根据各乡镇的风土人情和风物特产，打造出乌苏市五大乡镇品牌文化旅游活动：以"菜篮子"八十四户乡为代表的田园文化旅游节、以"搏克之乡"塔布勒合特蒙古民族乡为代表的非遗文化旅游节、以"天山地理画廊"S101网红公路终点站白杨沟镇为代表的草原文化旅游节、以"武侠小镇"古尔图镇为代表的武侠文化旅游节和以乌苏市九间楼乡为代表的农耕文化旅游节。

　　这些节庆活动代表着乌苏市各个乡镇颇具特色的民间文化和民俗风情，让游客到乌苏有更多好玩的去处，丰富了乌苏市旅游业态。乡村节庆经济释放新活力，在"催热"文旅消费的同时，促进农文旅融合发展，助推乡村振兴。

　　资料来源　佚名. 农耕文化"催热"乡镇品牌文旅产业［EB/OL］.［2024-12-20］. http://www.xj.xinhuanet.com/20230927/adbc893b6cbf4f5e844a70b0bcd12b74/c.html.

　　这一案例表明：乌苏市各个乡镇通过举办丰收节、农耕文化节等活动，将传统的农耕仪式和民俗活动融入景观设计中，吸引了大量游客前来参观和体验，形成了独具特色的乡村传承仪式活动景观。将传承仪式活动融入景观设计中，不仅丰富了乡村地区的旅游资源，而且促进了乡村文化的传承和发展。

知识探究

乡村传承仪式活动景观是一个融合了乡村文化、传统仪式与现代景观设计理念的综合体，它旨在通过创新的景观设计手法，展现乡村地区独特的文化传承和历史记忆。可将历史悠久的乡村传承仪式开发成特色的文化活动景观，增强传统文化的时光厚重感。

在线课堂 5-2

传承仪式活动景观创新与创意

一、认识乡村传承仪式活动景观

乡村传承仪式活动景观是指将乡村地区特有的传承仪式活动作为核心元素，通过景观设计的手法进行呈现和强化，形成具有独特文化韵味和地域特色的景观空间。这种景观不仅是对乡村传统文化的传承和弘扬，也是乡村地区吸引游客、促进乡村旅游发展的重要资源。

二、了解乡村传承仪式活动景观的特征

乡村传承仪式活动景观的特征主要体现在文化传承性、地域特色性、动态参与性和生态和谐性四个方面，如图5-1所示。

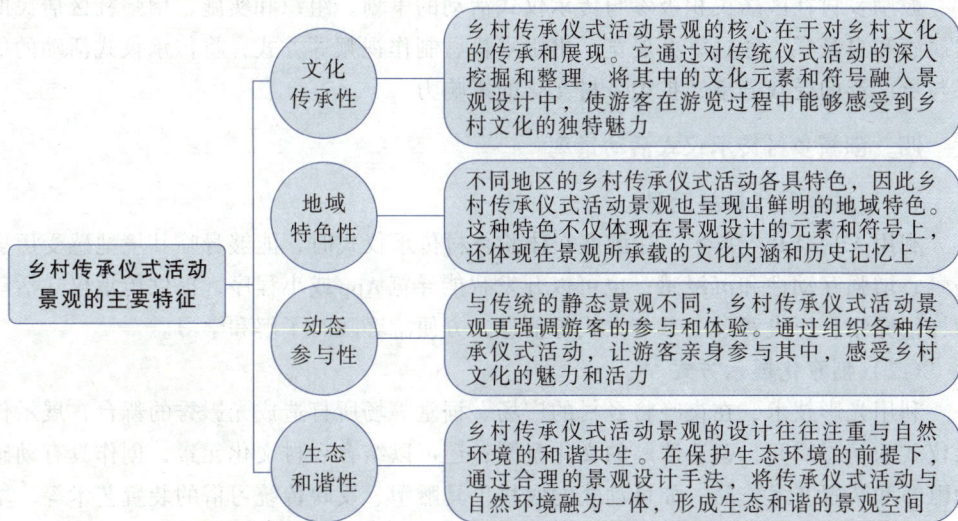

乡村传承仪式活动景观的主要特征

- **文化传承性**：乡村传承仪式活动景观的核心在于对乡村文化的传承和展现。它通过对传统仪式活动的深入挖掘和整理，将其中的文化元素和符号融入景观设计中，使游客在游览过程中能够感受到乡村文化的独特魅力
- **地域特色性**：不同地区的乡村传承仪式活动各具特色，因此乡村传承仪式活动景观也呈现出鲜明的地域特色。这种特色不仅体现在景观设计的元素和符号上，还体现在景观所承载的文化内涵和历史记忆上
- **动态参与性**：与传统的静态景观不同，乡村传承仪式活动景观更强调游客的参与和体验。通过组织各种传承仪式活动，让游客亲身参与其中，感受乡村文化的魅力和活力
- **生态和谐性**：乡村传承仪式活动景观的设计往往注重与自然环境的和谐共生。在保护生态环境的前提下，通过合理的景观设计手法，将传承仪式活动与自然环境融为一体，形成生态和谐的景观空间

图5-1　乡村传承仪式活动景观的主要特征

三、熟悉乡村传承仪式活动景观的内容

（一）仪式性景观构建

设立具有象征意义的建筑或雕塑，如祠堂、牌坊、图腾柱等，作为乡村文化的标志性景观，承载和展示乡村的历史记忆和文化传承。规划特定的仪式空间，

如广场、祭坛、戏台等，用于举办各类传承仪式活动，如祭祀、庆典、戏曲表演等。

（二）传承活动展示

互动问答5-2
传承活动的展示还可以通过哪些途径来实现？

问答提示

复原和展示乡村的传统节庆活动，如春节、中秋节的庆祝仪式，通过节日习俗、传统舞蹈、戏曲表演等形式，展现乡村的民俗文化。设置手工艺展示区，邀请乡村手工艺人现场展示传统手工艺的制作过程，如编织、刺绣、陶艺等，让游客亲身体验并学习传统技艺。

（三）文化教育与传承

设立文化课堂或讲座，邀请专家学者或乡村文化传承人讲解乡村的历史、文化、民俗等知识，增强游客对乡村文化的认识和了解。设计适合家庭参与的亲子互动体验项目，如手工制作、农耕游戏等，让儿童在玩乐中学习和传承乡村文化。

（四）景观环境营造

利用乡村的自然环境和资源，打造生态景观，如田园风光、山水景观等，为传承仪式活动提供优美的环境背景；还可以在景观环境中融入文化元素，如传统图案、色彩、材料等，通过景观小品、标识系统、照明设计等方式，营造浓厚的文化氛围。

（五）社区参与与共享

鼓励乡村社区居民积极参与传承仪式活动的策划、组织和实施，增强社区居民的归属感和自豪感。通过举办展览、出版书籍、制作视频等方式，将传承仪式活动的成果与更广泛的受众分享，扩大乡村文化的影响力。

四、创新乡村传承仪式活动景观

（一）融合现代科技元素

利用AR、VR等技术，让游客在体验乡村传承仪式时，能够身临其境地感受历史场景，增强互动性和沉浸感；也可以开发智能导览App或小程序，提供传承仪式活动的详细介绍、历史背景、参与方式等信息，方便游客随时了解和学习。

（二）创意化展示方式

利用光影技术，在夜晚将乡村的广场、祠堂等场所打造成光影秀的舞台，展示传承仪式的精彩瞬间，营造浓厚的文化氛围；还可以结合乡村文化元素，创作具有动感的雕塑和装置艺术作品，如可动式的农耕工具雕塑、反映传统习俗的装置艺术等，增添乡村景观的趣味性和艺术性。

（三）体验式活动设计

设计传承仪式相关的角色扮演活动，让游客通过扮演不同角色参与仪式过程，深入了解乡村文化的内涵和传承价值。建立手工艺体验工坊，邀请乡村文化传承人现场教学，让游客亲手制作传统手工艺品，体验乡村传统手工艺的魅力。

（四）多元化文化融合

与音乐、舞蹈、戏剧等艺术形式进行跨界合作，将乡村传承仪式与现代艺术相结合，创作出具有创新性的文化产品。举办国际乡村文化传承仪式交流活动，邀请国内外乡村文化专家、学者和传承人进行交流和展示，促进乡村文化的国际传播和交流。

（五）环保与可持续发展

在传承仪式活动景观设计中融入绿色生态理念，使用环保材料，减少对环境的影响。同时，通过植树造林、水体保护等项目，提升乡村生态环境质量。鼓励游客参与乡村废弃物的循环利用活动，如废旧物品的改造再利用、农作物秸秆的创意利用等，增强游客的环保意识和责任感。

（六）创意营销与推广

利用微博、微信、抖音等社交媒体平台，发布传承仪式活动的精彩瞬间和创意内容，吸引更多游客关注和参与。结合乡村传承仪式和当地特色资源，举办主题节庆活动，如丰收节、农耕文化节等，通过丰富的活动内容吸引游客前来体验和消费。

任务实施

📝 笔记

步骤一：观看相关纪录片以及查阅地方史志，明确乡村传承仪式活动景观的主要特征。

步骤二：实地参与不同乡村的传统传承仪式活动，熟悉乡村传承仪式活动景观的主要内容。

步骤三：比较分析乡村传统传承仪式活动的各种形式，分析各项活动所蕴含的文化内涵。

任务三　工艺作坊体验景观创新与创意

◎ 任务目标

知识目标：了解乡村工艺作坊体验景观的定义；熟悉乡村工艺作坊体验景观的内容。

技能目标：能够创新运用工艺作坊体验景观。

素养目标：培养学生的劳动意识和工匠精神。

任务描述

以小组为单位，开展一次乡村工艺作坊体验景观的创意实践活动，设计并制作一项具有创新性的工艺体验项目。

案例导入

沉浸式体验乡村手作！

石板小路、木质栅栏、茅草装饰……位于华亭镇双塘村的"是树·造物空间"指尖工坊对外运营，为市民游客以及周边村民又添一处休闲娱乐、充电学习的好去处。

作为"农居花巷"项目的一部分，"是树·造物空间"由原先闲置的双塘村民宅改造而来。120平方米的面积被扮靓一新，既有温馨雅致的室内手作区域，也有生机盎然、充满诗情画意的露天小院，移步易景，花香阵阵。指尖工坊运营第一天，一场扭扭棒郁金香手作课程吸引了不少市民前来体验。扭一扭、绕一绕、卷一卷……一朵朵形象逼真、惟妙惟肖的郁金香便呈现眼前。"在老师的指导下，第一次尝试做手工花，一连做了好几朵，非常漂亮。这里的氛围也特别好，离家又近，大家围坐一起还可以聊聊家常，真的很开心。"双塘村村民徐琴乐呵呵地说。

"'是树'字面上来看是树木一寸又一寸地向上生长，它代表着奋斗和朝气，也意味着沉稳、发展和繁茂。""是树·造物空间"主理人刘晓昌表示，这是一间将城市内涵与乡村文化相结合的手作工坊，依托双塘村的生态资源、自然优势，通过沉浸式体验乡村手作，发现生活中的美好，感受美丽乡村的独特魅力。除了老布翻新、扎染等传统手工，工坊还将利用双塘村的自然禀赋开展自然手作课程以及环保手工活动。同时，为了更好地传承非遗文化，工坊接下来将着力推广华亭非遗"十字挑花"，让更多人尤其是年轻人了解并爱上这项传统技艺，为乡村振兴注入精神文化力量。

小小的工坊，大大的能量。未来，"是树·造物空间"还将和"农居花巷"各点位形成联动，串珠成链、织链成网，不断推动双塘村的文旅产业提质升级，绘就和美乡村新图景。

资料来源　陆蓓蓓. 沉浸式体验乡村手作！华亭这里又添一处家门口的好去处［EB/OL］.［2024-12-05］. https://www.jiading.gov.cn/xinwen/jddt1/msxw/content_879631.

这一案例表明：华亭镇的"是树·造物空间"通过改造闲置的民宅，将其打造成为集休闲娱乐、充电学习于一体的手工艺体验空间。工坊内设有温馨雅致的室内手作区域和充满诗情画意的露天小院，提供扭扭棒郁金香手作课程、老布翻新、扎染等传统手工体验项目。同时，工坊还计划推广华亭非遗"十字挑花"，为乡村振兴注入精神文化力量。这种将城市内涵与乡村文化相结合的创新实践，为乡村工艺作坊体验景观的发展提供了有益的借鉴。

知识探究

在线课堂
5-3

工艺作坊体验景观创新与创意

乡村工艺作坊体验景观是近年来乡村旅游发展中备受关注的一个领域，它通过打造具有地方特色和文化内涵的工艺作坊，为游客提供亲手制作传统手工艺品的体验机会，从而增进游客对乡村文化的了解和认同，促进乡村文化的传承和发展，推动乡村经济的繁荣和振兴。

一、认识乡村工艺作坊体验景观

乡村工艺作坊体验景观是一个结合了传统文化传承、游客互动体验与乡村环境融合的综合性概念。它主要通过在乡村地区建立工艺作坊，为游客提供亲身体验制作传统手工艺产品的机会，从而增进游客对乡村文化的了解和认同，促进乡村旅游的多元化发展。

二、熟悉乡村工艺作坊体验景观的内容

（一）传统工艺展示与体验

游客可以在乡村工艺作坊中亲身体验各种传统手工艺制作过程，如陶艺、木雕、竹编、织布、刺绣等。通过亲自动手，他们不仅可以学习技艺，还能感受传统文化的魅力。作坊内通常设有展示区，陈列着各式各样的传统工艺品，这些作品不仅是工匠们心血的结晶，也是乡村文化的生动展现。游客可以在此欣赏和购买传统工艺品，将其作为纪念或送礼之用。

（二）文化交流与互动

定期举办传统手工艺讲座和工作坊，邀请经验丰富的工匠为游客讲解工艺知识，分享创作心得。这种形式有助于增进游客对乡村文化的了解，同时也为工匠提供了一个交流学习的平台。结合当地传统节日或特殊事件，举办相关主题的文化节庆活动，如手工艺比赛、文化展览等，让游客在参与中体验乡村文化的深厚底蕴。

（三）生态环境体验

乡村工艺作坊往往依托于优美的自然风光，游客在体验手工艺的同时，还能欣赏到乡村的田园风光，享受宁静的乡村生活。部分作坊还会结合农耕文化，让游客参与农作物种植、采摘等活动，感受乡村劳动的乐趣和成果。

（四）民宿与餐饮服务

部分乡村工艺作坊会提供特色民宿服务，将传统建筑与现代居住理念相结合，为游客提供舒适的住宿环境。在民宿中，游客可以更加深入地体验乡村生活。提供地道的农家菜肴，食材多来源于当地，确保新鲜、健康。游客在品尝美食的同时，也能感受到乡村的淳朴和热情。

（五）教育与研学旅行

部分乡村工艺作坊成为研学旅行的重要基地，为学生提供学习传统工艺、了解乡村文化的机会。通过与学校合作，组织学生参与手工艺制作、文化交流等活动，增强学生的实践能力和文化素养。

三、创新乡村工艺作坊体验景观

（一）文化融合与创新

文化融合与创新相关策略包括对乡村地区的传统文化进行深入研究，将传统工艺与现代设计、科技手段相结合，创造出既具有传统韵味又符合现代审美的新产品，为每一件手工艺品或体验项目赋予独特的故事背景，通过故事讲述的方式增强游客的文化认同感和体验感。文化融合与创新策略如图5-2所示。

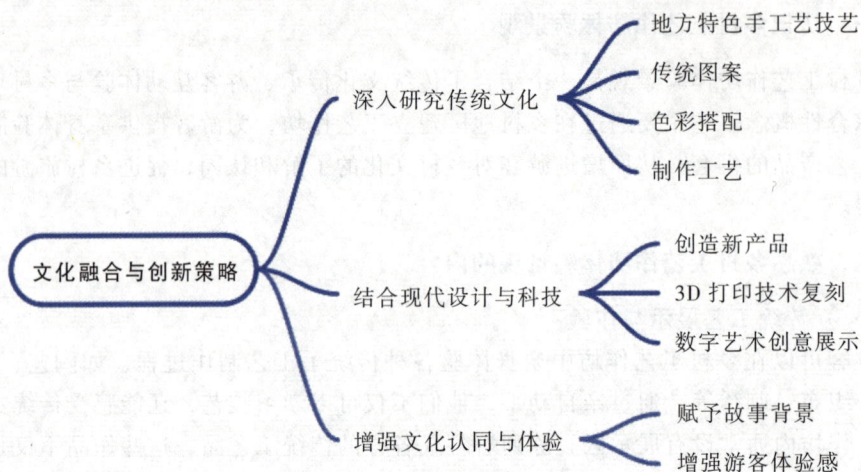

图5-2 文化融合与创新策略

（二）体验互动与参与

设计互动式体验环节，让游客在参与过程中感受传统工艺的魅力。例如，设置手工艺制作体验区，提供工具和材料，让游客亲手制作手工艺品。模拟传统工艺制作过程中的角色分配，让游客扮演不同的角色参与制作，增加体验的趣味性和互动性。提供定制化服务，根据游客的需求和喜好制作个性化的手工艺品，满足游客的个性化需求。

互动问答5-3
如何将乡村的文化符号融入工艺作坊的设计中？

问答提示

（三）空间设计与环境融合

注重工艺作坊的生态设计，采用环保材料和绿色技术，营造绿色、低碳的乡村环境。同时，结合乡村的自然景观和地形地貌，打造独具特色的空间布局。

（四）市场推广与品牌建设

通过线上平台（如社交媒体、电商平台）和线下活动（如展览、体验活动）相结合的方式，扩大工艺作坊的知名度和影响力。构建具有吸引力的品牌故事，通过故事讲述的方式展现工艺作坊的独特魅力和价值主张。与当地的旅游机构、文化部门、手工艺人协会等建立合作关系，共同推广乡村工艺作坊体验景观，形成品牌联盟效应。

（五）持续创新与发展

密切关注市场需求的变化和游客反馈的意见，及时调整和创新工艺作坊的体验内容和形式。积极引入外部资源和人才，为工艺作坊的创新发展注入新的活力和动力。建立完善的创新机制，鼓励员工和手工艺人积极创新，为工艺作坊的持续发展提供源源不断的创意支持。

📝 笔记

任务实施

步骤一：查阅资料，明确乡村工艺作坊的特征及在乡村景观中的作用。

步骤二：实地考察乡村工艺作坊，熟悉乡村工艺作坊体验景观的主要内容。

步骤三：分析比较乡村工艺作坊体验景观的各种形式，明确其适用场景。

项目测试

一、单选题

1.（　　）是最能代表中国文化的日用工艺品。

A.丝绸刺绣　　　　　B.泥塑　　　　　　C.陶瓷手工艺　　　　D.中国结

2.（　　）是指按一定的文化传统将一系列具有象征意义的行为集中起来的安排或程序。

A.庆典　　　　　　　B.仪式　　　　　　C.活动　　　　　　　D.表演

3.传统手工作坊改造应从传统文化中提取地域设计元素，充分发掘传统手工作坊的内在生命力，从深层次对传统手工行业进行复兴，这反映传统手工作坊改造应（　　）。

A.适应乡村发展　　　　　　　　　B.延续乡村文脉与场所记忆

C.保护更新　　　　　　　　　　　D.兼顾乡村经济与生态效益

二、判断题

1.非物质文化遗产是传统文化的重要组成部分，是人民群众在生产、生活中创造并世代传承发展的物质财富。　　　　　　　　　　　　　　　　　　　　（　　）

2.多样化的传统手工艺休闲体验模式常见于一些手工业工坊建筑实体完全消失的地区。　　　　　　　　　　　　　　　　　　　　　　　　　　　　　　（　　）

项目测试
5-1
在线答题

启智润心

凤凰县竹山村：发展乡村旅游 千年苗寨换新颜

夏末初秋，走进深山，土黄色的房屋错落在山间，鸡鸣声蝉鸣声不绝于耳，风吹进苗寨竹叶沙沙作响。一声雄浑有力的鼓声拨开云雾，穿越百年，唤醒了整个村庄。这里是湖南省湘西州凤凰县西北的麻冲乡竹山村。

近年来，竹山村以发展特色"非遗旅游"为抓手，积极推动非遗保护传承、带动群众就业创业，探索出一套具有湘西特色的非遗保护传承模式和实践经验，让传统文化"软实力"成为乡村振兴"硬支撑"。

传承非遗活动　保护传统文化

每当游客走进竹山村，这里的人就会打起苗鼓迎接远道而来的贵客。在苗族，每逢春节、赶秋、婚嫁等重大活动，人们都以鼓乐相迎，以鼓乐作为抒发自己情感的特殊方式。为推动传统文化与乡村旅游发展相结合，展示文化魅力，使文化得到有效保护传承和发扬，竹山村将传统农耕文化、苗寨婚俗文化、苗族非遗文化等融入《竹山花开》情景剧、"爱在竹山"沉浸式农耕文化体验景区，让村民成为"演员"，通过真情实演让来自各地的宾客深刻感受神秘苗乡文化，体味苗族人民的能歌善舞和热情好客。

培育非遗传承人　传承传统文化

33岁的银匠吴庆伟是县级非遗传承人，以前锻造苗银是他家的祖传手艺，现在苗银锻造作为一种非遗手艺，他可以将其分享给任何喜欢银饰文化的人。"自从旅游业发展得越来越好，我们手艺人的生活也越来越好，成为非遗传承人是一种荣誉，也是一种认可。我会以传承人的身份去带动更多非遗爱好者去了解银饰文化，把银饰文化和非遗文化传播出去。"吴庆伟对此十分自豪。凤凰旅投开发建设集团有限公司相关负责人表示："我们支持非遗文化的传承和发展，为他们提供就业岗位，让他们通过非遗活动表演或者苗银苗饰制造获得经济收入。在提高自己经济收入的同时，也能把非遗文化传承下去，还能让更多的年轻游客通过来到竹山了解非遗、传承非遗、发扬非遗。"

非遗赋能经济发展　实现老有所依

为让村庄活起来，实现老有所养、老有所依，竹山村建立"企业+村集体+农户"模式，引导景区及周边贫困人口入股旅游开发公司。

93岁的龙妹叭正是其中一员，龙妹叭在织锦馆内负责打边子这项志愿性非遗展演，边子即为苗服上的花边，款式多样，制作烦琐。龙妹叭从小开始打边子，技术娴熟。她一天能打3米，一米可售卖20元。加上当地生活补贴，龙妹叭一年能收入3万多元，实现了老有所依。刘志明说："公司发展文化旅游，也是为了让村庄活起来。我们要将这些非遗传承人保护起来，只有传承好才能发展好，才能创造一个更美的竹山。"

如今，漫步竹山村内，古朴的特色民居与美丽长潭岗河湖景观相映，整村绕一圈，整洁有序，清静舒爽，一路村民们闲庭信步，游客络绎不绝，昔日黯淡凋零的村庄已被激活，游客游在乡居，能感受非遗文化的魅力。非遗赋能乡村振兴，让千年苗寨换上了新颜。

资料来源　张鎏，邓君圣，吴东林. 凤凰县竹山村：发展乡村旅游 千年苗寨换新颜［EB/OL］.［2024-12-05］. https://www.163.com/dy/article/IDS5GASF0534AANU.html.

思政元素：工匠精神　文化传承

学有所悟：非物质文化遗产是乡村文化的重要组成部分，承载着丰富的历史记忆和地域特色。在乡村旅游中，通过展示和体验非遗项目，可以让游客深入了解乡村文化的内涵，促进文化的传承与发展。通过深入挖掘和传承非遗项目中的工匠精神，可以丰富乡村旅游的文化内涵和提升旅游品质；同时，乡村旅游的发展也为非遗项目的传承与发展提供了广阔的空间和平台。

乡旅实践 ◉

领略非遗魅力，大学生志愿者助力乡村文化兴盛

2022年7月5日，浙江理工大学服装学院"蓝白相称，溢彩非遗"暑期社会实践团队来到了淳安县王阜乡调研省级非遗"八都麻绣"，通过与当地政府工作人员的初步交流，该团队了解到八都麻绣目前面临"断传承"的处境，决定通过将传统麻绣与现代服装设计工业相结合的方式，为八都麻绣注入新鲜血液，试图为传统非遗焕发新的活力，为其传承、保护与发展谋划一条新的出路。

当天下午，实践团成员们在工作人员的带领下参观了八都麻绣展示馆，所在村的

村干部介绍了馆内陈列着的琳琅满目的八都麻绣成品以及保存完好的织布机等。团队的指导老师周伟副教授带领成员们开展头脑风暴，探讨了如何将麻绣与现代服装工艺进行有机结合的问题，主题是提升麻绣的商业价值，以促进八都麻绣得到更好的传承。

第二天，实践团成员前往八都麻绣省级继承人王凤珠的家中参观学习。王凤珠向实践团成员展示了其陈列在家中的八都麻绣图谱。在以蓝或白为底色的黄麻布料上，以一枚绣花针"一针到底"，中间没有任何间断和系结，不同于市面上大部分刺绣类技艺，这种"一针到底"的刺绣手法也是八都麻绣被称为"民间奇葩"的关键所在，随后王凤珠也让大学生们上手实操学习八都麻绣的刺绣手法，看似简单的图案，却难倒了实践团的所有人，实践团成员们纷纷表示愿尽最大努力为八都麻绣的传承贡献自己的力量。

为期两天的采风调研结束后，大学生志愿者们表示：今后他们会将收集到的资料和学到的技艺不断融入后续的设计中去，从传统非遗与服装设计工业相结合的角度出发，为濒临"断传承"的八都麻绣的传承保护提供一种全新的可行性方案，为其后续的发展铺好道路。

资料来源　汪怡宁，梁磊. 领略非遗魅力，大学生志愿者助力乡村文化兴盛［EB/OL］.［2024-12-08］. http://www.ikdxs.com/shsj/shsjhd/20519.html.

要求：请以小组为单位，根据以上案例，从传统非遗与旅游业结合的角度出发，为濒临"断传承"的八都麻绣的传承保护制订一份可行性方案。

学习评价

本项目学习评价表见表5-1。

表5-1　　　　　　　　　　　　学习评价表

学习内容	乡村文化传承景观创新与创意		
	评价要点	学生自评（50%）	教师评价（50%）
知识掌握（30分）	掌握乡村精湛手艺展现景观的内容（10分）		
	掌握乡村传承仪式活动景观的特征及内容（10分）		
	掌握乡村工艺作坊体验景观的内容（10分）		
技能提升（40分）	能够创新运用精湛手艺展现乡村景观（15分）		
	能够创新运用传承仪式活动景观（10分）		
	能够创新运用工艺作坊体验景观（15分）		
素质养成（30分）	具有创新意识（10分）		
	坚定文化自信（10分）		
	具有工匠精神（10分）		

续表

学习内容	乡村文化传承景观创新与创意		
评价要点		学生自评 （50%）	教师评价 （50%）
综合评价成绩（100分）			
学生自评： 学生签字：			
教师评语： 教师签字：			

模块三
乡村旅游营销创新与创意

6 项目六 乡村旅游营销理念创新与创意

项目概述

　　以创兴旅,以旅惠民,营销理念的创新与创意是乡村旅游持续发展的助推器。消费者需求日趋多元化和个性化,传统的营销方式已无法适应现代旅游市场的高速发展,本项目以乡村旅游营销理念创新与创意为对象,探索其在乡村旅游营销中的新思路,深入挖掘乡村旅游的内在价值和文化内涵,以适应市场环境的不断变化和游客需求的持续升级,进而吸引更多游客深入乡村,感受乡村深厚的文化底蕴和独特的地方魅力。

任务一　乡村旅游营销方法创新与创意

◎ **任务目标**

　　知识目标：了解乡村旅游市场调研与数据分析的重要性；掌握常用的市场调研方法；熟悉乡村旅游情感营销的定义与原则。

　　技能目标：能够运用定制化营销方法提升乡村旅游吸引力。

　　素养目标：培养学生社会责任感和使命感。

任务描述

　　选择一个乡村旅游地，策划一次情感营销活动，并在课堂上进行展示。

案例导入

丁真的故事与理塘县的乡村振兴

　　丁真，一位来自四川省甘孜州理塘县的藏族少年，因一条展现其"野性与纯真并存"生活的视频而在社交媒体上迅速走红。他的笑容、质朴以及对家乡的热爱，触动了无数网友的心弦，引发了人们对自由、纯真生活的向往。理塘县地方政府敏锐地捕捉到了这一机遇，通过挖掘丁真的真实故事，将其打造成为理塘县的旅游大使。一系列以丁真为主角的宣传片相继推出，不仅展示了理塘县绝美的自然风光，而且通过丁真的视角让观众感受到那份宁静与自由。这种视觉与情感的双重冲击极大地提升了理塘县的旅游吸引力。丁真的走红也为理塘县带来了显著的经济效益，带动了旅游业的飞速发展。

　　资料来源　根据网络资料整理。

　　这一案例表明：丁真与理塘县的故事是一次典型的乡村旅游情感营销，通过挖掘真实故事、触动情感共鸣、塑造地方品牌等策略，理塘县成功吸引了大量游客的关注和支持，推动了当地旅游业的飞速发展和乡村振兴的进程，由此可见情感营销在乡村旅游中的巨大潜力和价值。

知识探究

在线课堂
6-1

乡村旅游营
销方法创新
与创意

一、认识乡村旅游市场调研与数据分析

（一）市场调研的重要性与方法

　　市场调研在乡村旅游营销中扮演着至关重要的角色。它不仅能够帮助营销者了解目标市场的需求和偏好，还能揭示潜在的市场机会和竞争态势，为制定科学、有效的

营销策略提供坚实的数据支撑。市场调研的方法多种多样，包括问卷调查、深度访谈、焦点小组讨论、观察法等。在乡村旅游的背景下，参与式观察尤其有效，因为它能让调研者亲身体验乡村环境，深入了解游客的真实感受和需求，从而得以更准确地把握市场动态。

进行市场调研时，需要明确调研目标，选择合适的调研方法，并确保样本的代表性和数据的可靠性；同时，调研过程应注重与游客的互动和沟通，以获取更真实、更深入的反馈信息。通过对调研数据的分析，可以揭示游客的行为模式、消费习惯、满意度水平等，为后续的营销策略制定提供有力的依据。

（二）数据分析在乡村旅游营销中的应用

数据分析是市场调研的延伸，它通过对收集到的数据进行整理、分类、解释和预测，为营销决策提供科学依据。在乡村旅游营销中，数据分析的应用尤为广泛。通过对游客行为、消费习惯、满意度等数据的深入分析，可以揭示游客的需求和偏好，指导产品设计、价格策略、促销活动的制定。

例如，通过分析游客的停留时间和消费分布，可以优化旅游路线和服务配置，提升游客体验；通过对游客满意度的调查和分析，可以及时发现服务中的问题并进行改进，提高游客的满意度和忠诚度。此外，数据分析还可以帮助营销者预测市场趋势，制定更具前瞻性的营销策略。

（三）市场调研与数据分析对乡村旅游营销的作用

市场调研与数据分析为乡村旅游营销提供了坚实的基础和支持。它们帮助营销者精准定位目标市场，了解游客的需求和偏好，制定差异化的营销策略，避免资源浪费。同时，持续的市场监测和数据分析还能及时反馈市场变化，使营销策略能够灵活调整，保持竞争力。

通过市场调研和数据分析，乡村旅游目的地可以更好地了解游客的需求和行为模式，为游客提供更加个性化、差异化的产品和服务。这不仅可以提升游客的满意度和忠诚度，还可以促进乡村旅游产品的创新和升级，推动整个行业的可持续发展。

二、定制化营销与乡村旅游

（一）定制化营销的定义与特点

定制化营销是指根据消费者的个性化需求，提供量身定制的产品或服务。其核心在于"一对一"的营销理念，强调顾客参与和个性化体验。在乡村旅游中，定制化营销可以体现在住宿、餐饮、活动安排等多个方面，满足游客对独特体验和个性化服务的需求。

定制化营销的特点主要体现在以下几个方面：首先，它以游客为中心，高度重视并满足游客的个性化需求和独特体验；其次，它强调游客的积极参与和深度互动，以此提升游客的满意度和忠诚度；最后，通过提供差异化的产品和服务，定制化营销不仅满足了市场的多元化需求，还有效地增强了乡村旅游的市场竞争力和吸引力。

（二）定制化营销在乡村旅游中的实践

乡村旅游目的地可以通过建立游客信息数据库，记录游客的偏好和历史行为，进而利用这些信息设计个性化的旅游方案。例如，为家庭游客提供亲子农事体验，如种植、采摘、制作农产品等活动；为摄影爱好者安排专属的乡村风光摄影路线，提供专业的摄影指导和设备租赁服务。

此外，乡村旅游目的地还可以利用社交媒体和在线平台，与游客进行互动和沟通，共同规划行程，增强游客的参与感和满意度。例如，通过社交媒体发布乡村旅游的最新动态、活动安排和特色产品等信息，吸引游客的关注和参与；通过在线平台提供个性化的旅游预订和咨询服务，满足游客的多样化需求。

（三）定制化营销对乡村旅游营销的影响

定制化营销显著提升了乡村旅游的市场吸引力和竞争力。它能够满足游客的多样化需求，提高游客的满意度和忠诚度，促进口碑传播和重游率的提升。同时，定制化营销还能促进乡村旅游产品的创新和升级，推动整个行业的可持续发展。

三、情感营销与乡村旅游

（一）情感营销的定义与原则

情感营销是指通过触动消费者的情感，建立品牌与消费者之间的情感联系，从而增强品牌认知度和忠诚度。在乡村旅游中，情感营销强调创造温馨、怀旧、放松等情感体验，让游客在享受自然风光的同时，也能感受到心灵的慰藉和文化的熏陶。

情感营销过程中应遵循一定的原则，如图6-1所示。

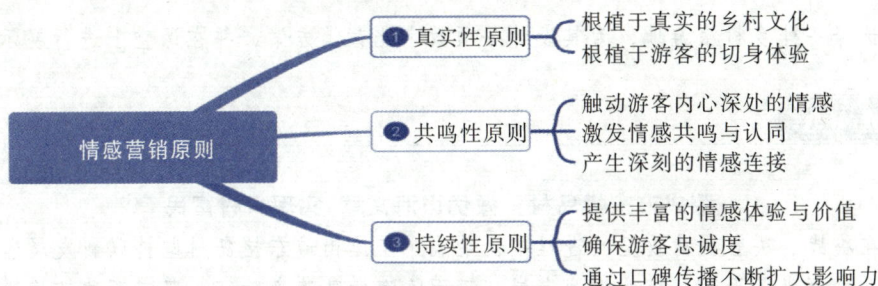

图6-1　情感营销原则

（二）情感营销在乡村旅游中的应用

情感营销在乡村旅游中的应用广泛且多样。例如，通过举办像丰收节、民俗文化节等主题节日活动，吸引游客积极参与，使其深刻体验并领略乡村文化的独特魅力；同时，精心打造融入当地故事和文化元素的特色民宿，使得每一次住宿都成为一场别开生面的文化探索之旅。此外，提供手工艺品制作的机会，让游客亲手打造属于自己的纪念品，从而在乡村旅游中留下难以磨灭的情感印记。

除此之外，乡村旅游目的地还可巧妙地利用讲述乡村故事、传承乡村文化的方式，进一步加深游客的情感共鸣和文化认同。比如，借助导游的生动讲解、丰富多彩的文化展览以及原汁原味的民俗表演，全方位展示乡村的深厚历史、独特文化和淳朴风土人情，让游客在沉浸式的体验中，深刻感受到乡村的无穷魅力和人文关怀。

互动问答6-1
情感营销对旅游营销有什么意义？

互动问答
6-1

问答提示

任务实施

步骤一：选择一个乡村旅游地，通过网络调研与实地访谈，调查游客需求特征。

步骤二：根据调研结果，设计乡村旅游目的地定制化旅游产品。

步骤三：策划一次情感营销活动，展现乡村旅游的独特魅力。

任务二　乡村旅游营销模式创新与创意

◎ 任务目标

知识目标：了解乡村旅游营销模式的演变历程；熟悉数字化营销在乡村旅游营销中的应用。

技能目标：能够对乡村旅游进行跨界合作与联动营销。

素养目标：培养学生的创新思维和实践能力，强化社会责任感和使命感。

任务描述

选择一处乡村旅游地，为其设计一项数字化营销方案，并在课堂上进行展示。

案例导入

荣成市东楮岛村：做优山海文章 实现兴村富民

在决战、决胜脱贫攻坚的进程中，荣成市宁津街道东楮岛村坚持以新发展理念为统领，发挥坐落于荣成市桑沟湾南岸、三面临海的陆连岛特征，坚定不移地推进陆海统筹、向海而兴，做好山海融合文章，全力打赢脱贫攻坚战，以兴村富民的成果建设全面小康社会。

1.靠产业支撑共同富裕

东楮岛村沿海而居，拥有200公顷海域、15千米海岸线，祖祖辈辈靠海吃海。近年来，东楮岛村深悟"绿水青山就是金山银山"的真谛，以海为生先养海，靠海吃海更护海，在科学用海、科技兴海、产业强海、生态护海、开放活海上聚焦发力，力促人与海的同生共荣。

2.激活沉睡资源，厚植复合发展优势

坚持以产业化推动、市场化运作的思维，东楮岛村充分依托人居海岛特色，促进历史文化、渔家文化与海洋文化、科普教育等相结合，挖掘村落文化厚重的底蕴，做活山海村人融合发展的文章，以多业态的齐头并进，实现经济效益、社会效益和生态效益共赢。

3.着眼授人以渔，夯实持续经营基础

东楮岛村改革原有的村企合一模式，成立渔家乐旅游合作社，探索创建"合作社+农户""农产品+电商"模式，引导群众参与海草房精品民宿开发，确保持续实现村兴民富。

资料来源　王岚.荣成市东楮岛村：做优山海文章 实现兴村富民［EB/OL］.［2024-11-27］. https://www.thepaper.cn/newsDetail_forward_9367853.

这一案例表明：东楮岛村的乡村旅游营销模式创新不仅体现在文化和生态资源的有效利用上，而且表现在产业融合、设施建设、服务提升和创新营销等多个方面。这些创新实践为其他乡村旅游目的地提供了宝贵的经验和启示，即通过综合运用多种营销策略和手段，可以有效地提升乡村旅游的吸引力和竞争力，实现可持续发展。

知识探究

在线课堂
6-2

乡村旅游营销模式创新
与创意

一、认识乡村旅游营销模式的演变

（一）传统营销模式

传统乡村旅游营销主要依赖口碑传播、广告宣传以及与旅行社的合作。口碑是乡村旅游起步阶段的推广利器，游客的满意体验和口口相传为乡村汇聚了稳定的客流。广告宣传则借助电视、报纸等传统媒体，向广大受众展现乡村的旅游魅力，以此捕捉潜在游客的注意力。同时，与旅行社的合作也进一步拓展了乡村旅游市场，使更多游客有机会接触到乡村旅游产品。但传统营销模式的局限性也显而易见，如信息传播范围受限、营销手段缺乏多样性以及难以精确锁定目标客户群体，这些都使其难以满足市场日益多样化的需求。

（二）新型营销模式

随着科技的进步和市场环境的变化，新型营销模式在乡村旅游领域逐渐崭露头角。数字化营销、社交媒体营销以及内容营销等新型手段层出不穷，为乡村旅游开辟了更广阔的市场空间并带来了更多发展机会。数字化营销巧妙利用大数据和人工智能技术，实现了对目标客户的精确识别和个性化推广；社交媒体营销则通过社交平台与游客进行实时互动，有效提升了游客的参与感和归属感；而内容营销则侧重于打造引人入胜的内容，如乡村旅游故事、美景图片等，以此吸引更多潜在游客的目光。这些新型营销模式不仅关注游客的个性化需求，还强调与游客的互动沟通，通过精准定位和富有创意的内容吸引更多潜在客户，从而为乡村旅游注入了新的活力。

二、数字化营销在乡村旅游中的应用

（一）数字化营销的定义与特点

数字化营销，即利用数字技术和互联网平台来执行营销推广策略，已成为当代营销的重要手段。它具有信息传播速度快、覆盖范围广、精准定位、互动性强等特点。在乡村旅游领域，数字化营销可以借助社交媒体、专业旅游网站、移动应用等多元化渠道，有效提升乡村旅游品牌的曝光度并吸引更多潜在游客。此外，通过深入的数据

分析与挖掘，数字化营销能够洞察游客的消费行为及需求，从而设计出更具针对性和个性化的营销方案。

（二）数字化营销对乡村旅游营销效果的提升

互动问答
6-2

问答提示

互动问答6-2
数字化营销在乡村旅游中有哪些实践？

数字化营销在提升乡村旅游营销效果方面发挥了显著作用。首先，它拓宽了乡村旅游的市场渠道，使更多潜在游客得以了解到乡村旅游产品，为乡村旅游带来了更多的客源。其次，数字化营销注重精准定位，能够根据游客的兴趣和需求进行个性化推广，提高营销效果。通过数据分析和挖掘，数字化营销能够深入了解游客的行为和需求，为乡村旅游提供更加精准、个性化的营销策略。最后，数字化营销还可通过数据分析和反馈机制不断优化营销策略和产品服务，提升游客的满意度和忠诚度。通过收集游客的行为数据和反馈意见，数字化营销能够及时发现并解决问题，提高游客的满意度和忠诚度，为乡村旅游的长期发展奠定基础。

三、跨界合作与联动营销模式

（一）跨界合作与联动营销的定义

跨界合作与联动营销是指不同行业或领域之间进行合作，共同推广产品和服务的一种营销模式。在乡村旅游中，跨界合作涉及旅游、文化、农业等多个领域，通过资源整合和优势互补实现共赢。这种营销模式能够打破传统行业界限，将不同领域的资源和优势进行有机融合，为游客提供更加丰富、多样的旅游体验。

（二）跨界合作与联动营销对乡村旅游营销的影响

跨界合作与联动营销对乡村旅游营销有着积极影响。首先，它拓宽了乡村旅游的产品和服务范围，使游客在乡村旅游中能够获得更加丰富、多样的体验。通过跨界合作，乡村旅游能够引入更多元化的产品和服务，满足游客的多样化需求。其次，跨界合作能够实现资源共享和优势互补，提高乡村旅游的整体竞争力。不同领域之间的合作能够将各自的资源和优势进行有机融合，形成更强的整体竞争力。最后，跨界合作还能够促进乡村旅游与其他产业的融合发展，推动乡村旅游的可持续发展。通过跨界合作，乡村旅游能够与其他产业形成良性互动，实现共同发展，为乡村旅游的长期发展注入新的活力。

（三）跨界合作与联动营销在乡村旅游中的应用

跨界合作与联动营销在乡村旅游中的应用已经越来越广泛。例如，一些乡村旅游目的地与文化机构合作，共同举办文化节庆活动或展览，吸引更多游客前来体验。这种合作模式不仅丰富了乡村旅游的文化内涵，还提高了乡村旅游的知名度和影响力。同时，一些乡村旅游产品也与农业产品相结合，推出"农家乐"等旅游项目，让游客在体验乡村旅游的同时也能品尝到地道的农产品。这种跨界合作实现了旅游与农业的有机融合，为游客提供了更加全面、深入的乡村旅游体验。此外，跨界合作还可以涉及交通、住宿等多个领域，为游客提供更加便捷、全面的旅游服务。例如，一些乡村旅游目的地与交通部门合作，推出便捷的交通服务，方便游客前往乡村旅游目的地；与住宿机构合作，提供优质的住宿服务，提高游客的满意度和忠诚度。

任务实施

步骤一：选择一处乡村旅游地，通过网络调研、访谈调研和实地走访相结合，调查其当前采用的营销模式。

步骤二：为该乡村旅游地设计具体的数字化营销方案。

步骤三：为该乡村旅游地设计跨界合作联动方案，如与文化机构合作、与农业企业合作等，说明合作方的资源整合方式、活动流程、预期效果等。

任务三　乡村旅游营销组合创新与创意

◎ **任务目标**

知识目标：理解乡村旅游营销组合的概念及其重要性；掌握乡村旅游市场细分的基本方法。

技能目标：能够在乡村旅游营销组合中运用创新策略。

素养目标：培养学生的社会责任意识，积极推动乡村振兴和可持续发展。

任务描述

选择一个乡村旅游目的地，为其策划一项促销活动，并在课堂上进行展示。

案例导入

萍乡武功山麻田镇：文旅赋能乡村旺

在中国旅游景区协会主办的2024旅游名城名镇和旅游景区创新发展案例推介会上，萍乡武功山风景名胜区麻田镇凭借其独特魅力和卓越表现，入选2024旅游名镇创新发展案例。

近年来，麻田镇坚持党建引领，充分利用辖区内得天独厚的自然景观，积极推动旅游发展，按照"武功山旅游、麻田镇配套服务，武功山游山、麻田镇玩水，武功山观光、麻田镇休闲"发展模式，主动承接武功山旅游的转型升级，全面加强"山上山下"旅游的有效衔接，将麻田镇打造成了武功山旅游的重要环节，打好农文旅融合特色牌，奋力谱写乡村振兴新篇章。

依托武功山丰富的旅游资源，位于山下景区核心的麻田镇大力推进文旅融合，发展旅游特色产业。全镇11个村（居）发扬各自特色，大力推进"一村一品"和景村融合，东江露营基地、驴友出发营地等景点各具特色，花涧里夜市、飞来钱民宿街、武功山商业街等业态亮点纷呈，中国工农红军湘东独立师历史陈列馆、武功山地质博物馆等场馆底蕴深厚，桃园山居、云上花开等200余家特色民宿、农家乐百花齐放。

旅游产业的蓬勃发展，不仅深刻地重塑了麻田镇村民的生活面貌，更如同一条璀璨的纽带，紧密地串联起了村民们心中的希望与斑斓梦想。随着游客的纷至沓来，昔日宁静的乡村焕发出勃勃生机，村民们从传统的农耕生活中走出来，投身于旅游服务的广阔天地。

为了进一步提升景区文化旅游知名度、影响力、吸引力，创新打造重点文旅品牌，麻田镇积极承办欢乐亲子跑、丰收节、"麻花"美食节、元宵龙灯会等节庆活动，吸引了大量游客前来参与和观摩，进一步丰富了麻田旅游产业新业态，为麻田乡村振兴和旅游产业发展注入了新的活力。此外，麻田镇在国家级4A旅游景区、省级乡村旅游重点村、省级文物保护单位、省级旅游度假区等4类省级文化旅游品牌创建上持续发力，成功协助打造了国家4A级旅游景区——云顶景区和花洞里景区，成功推出了省级乡村旅游重点村——龙王潭村，为打造文旅融合新品牌创造了良好条件。

同时，麻田镇不断提高旅游服务水平，积极推进旅游厕所管理系统和旅游停车场建设，旅游酒店、民宿、农家乐遍地开花。麻田镇与景区加强联动，专注文化场馆建设和智慧景区打造；实施"旅游+文化"工程，成功打造武功山地质博物馆、湘东（萍乡）苏维埃政府旧址两处人文景观；以数字创意赋能景区智慧建设，实现了4G网络信号全境的覆盖。如今，麻田镇已成功探索出一条农文旅体深度融合、助力乡村振兴与富民增收的特色发展路径。

资料来源　邓敏，蔡玉琳. 文旅赋能乡村旺 萍乡武功山麻田镇入选2024旅游名镇创新发展案例［EB/OL］.［2024-11-10］. https://px.jxnews.com.cn/system/2024/07/19/020575212.shtml.

这一案例表明：萍乡武功山麻田镇通过丰富消费业态、构建精品旅游新线路、创新品牌、举办丰富多彩的节庆活动等多种手段实现了乡村旅游营销的创新。这种创新方式不仅提升了旅游产品的吸引力和竞争力，还促进了当地文化的传承和发展，也为当地村民提供了更多的就业机会和经济收入来源，推动了乡村振兴战略的深入实施。

知识探究

在线课堂
6-3

乡村旅游营销组合创新与创意

一、认识乡村旅游营销组合

（一）营销组合的概念

营销组合是指企业在市场营销活动中，为了达成营销目标而采取的一系列可控因素的组合。营销组合包括产品、价格、渠道和促销四个要素。

（二）营销组合的重要性

在乡村旅游领域，营销组合的重要性不言而喻。通过精心设计的营销组合策略，乡村旅游目的地能够吸引并留住游客，提升品牌知名度，增加游客满意度和忠诚度，最终实现经济效益和社会效益的双赢。

（三）营销组合要素在乡村旅游中的应用

营销组合要素在乡村旅游中的应用见表6-1。

表6-1　　　　　　　　　　　　　　　　营销组合要素在乡村旅游中的应用

营销组合要素	应用
产品	乡村旅游产品不仅包括自然景观、文化遗产等有形资源，还涵盖了住宿、餐饮、娱乐、体验等无形服务。在产品设计中，应注重挖掘乡村特色，打造差异化产品，如特色民宿、农耕体验、手工艺制作等，以满足游客多样化的需求
价格	价格策略需要考虑成本、市场需求、竞争状况及游客支付意愿等因素。乡村旅游可采用灵活定价策略，如季节性折扣、早鸟优惠、团体票等，以吸引不同消费层次的游客。同时，通过提升产品附加值，如提供个性化服务、增值体验等，实现高价高质
渠道	渠道是连接旅游产品和游客的桥梁。乡村旅游应充分利用线上线下多种渠道进行推广和销售。线上渠道包括官方网站、社交媒体、电商平台等；线下渠道则包括旅行社、景区合作、地方旅游局等。通过渠道整合，构建全方位、多层次的营销网络
促销	促销是激发游客购买欲望、促进销售的重要手段。乡村旅游可采用事件营销、口碑营销、数字化营销等多种方式。通过举办特色活动、利用游客评价、大数据分析等手段，精准推送营销信息，提高营销效率和效果

二、分析乡村旅游市场

（一）识别与细分目标客户群体

在乡村旅游市场中，识别与细分目标客户群体是制定有效营销策略的基石。通过深入分析游客的年龄、性别、职业、兴趣、消费习惯等因素，我们可以将乡村旅游的目标客户群体细分为多个具有相似特征和需求的细分市场。例如，家庭亲子游客群体注重亲子互动和寓教于乐的活动；中老年游客则更倾向于宁静的环境和养生体验；年轻游客则可能偏爱探险、户外运动等刺激性项目。针对不同细分市场的特点和需求，乡村旅游目的地可以设计差异化的产品和服务，以满足游客的个性化需求。

（二）分析游客需求与预测市场趋势

随着旅游市场的不断发展和游客需求的日益多样化，乡村旅游市场也面临着新的挑战和机遇。通过对游客需求的深入分析，我们可以发现游客对于乡村旅游的期望不仅仅停留在观光游览层面，更注重文化体验、生态环保、家庭亲子互动等方面的需求。同时，随着数字化时代的到来，游客对于旅游信息的获取方式也发生了变化，更加倾向于通过社交媒体、在线平台等渠道获取旅游信息和预订旅游产品。因此，乡村旅游市场需要紧跟时代步伐，不断创新产品和服务模式，以满足游客日益增长的需求。可以预见，乡村旅游市场将朝着多元化、品质化、数字化和可持续化的方向发展。

三、创新乡村旅游营销组合

（一）创新乡村旅游产品

1.乡村旅游产品的定义与分类

乡村旅游产品是指依托乡村独特的自然风光、人文景观、民俗风情等资源，为游客提供的具有乡村特色的旅游体验和服务。根据产品形态和服务内容的不同，乡村旅游产品可以分为观光游览型、休闲度假型、文化体验型、生态农业型等多种类型。每种类型的产品都有其独特的魅力和市场定位，能够满足不同游客群体的需求。

2.产品差异化策略

在乡村旅游市场中，产品差异化策略是提升竞争力的重要手段。通过深入挖掘乡村特色资源，打造独具特色的旅游产品和服务，可以在激烈的市场竞争中脱颖而出。例如，可以依托乡村的自然风光开发徒步、骑行、露营等户外运动项目；利用乡村的传统文化和民俗风情开展文化体验活动；结合生态农业资源推出采摘、制作农家菜等互动体验项目。这些差异化的产品和服务能够吸引游客的眼球，提升游客的满意度和忠诚度。

3.产品体验升级

为了提升游客的旅游体验，乡村旅游产品需要不断进行体验升级。这包括提升产品的硬件设施和服务水平，增强游客的参与感和互动性。例如，在民宿设计中融入乡村元素和当地文化特色，让游客在住宿过程中感受到乡村的韵味和风情；在餐饮服务中提供地道的乡村美食和烹饪体验课程，让游客在品尝美食的同时了解乡村的饮食文化。此外，还可以利用现代科技手段提升游客的体验感，如通过VR技术让游客身临其境地感受乡村的自然风光和文化氛围。

（二）创新乡村旅游价格

1.价格制定的原则与方法

乡村旅游价格的制定应遵循市场规律和游客需求原则。首先，需要进行市场调研和成本分析，了解竞争对手的价格水平和游客的支付意愿；其次，根据产品的品质和服务水平确定合理的价格区间；最后，通过灵活的价格策略吸引游客并提升盈利能力。在制定价格时还需要考虑季节性因素、游客量变化等因素对价格的影响。

2.灵活定价策略

灵活定价策略是乡村旅游价格策略中的重要组成部分。根据市场需求和竞争状况灵活调整价格水平，可以吸引更多游客并提升盈利能力。例如，可以采用季节性折扣策略在旅游淡季推出优惠价格吸引游客；或者通过套餐优惠等方式将多个产品和服务打包销售，降低游客的总消费成本；还可以根据游客的消费习惯和支付能力推出不同档次的价格方案，以满足不同游客群体的需求。

3.价值定价策略

价值定价是一种注重产品附加值和游客感知价值的定价策略。在乡村旅游市场中，提升产品的附加值和游客的感知价值，可以实现高价高质的定价效果。例如，可以通过提供高品质的服务和独特的旅游体验来提升产品的附加值；或者通过品牌建设和营销推广提升游客对产品的认知度和好感度，从而提升游客的感知价值。这些措施都有助于实现高价高质的定价效果，并提升乡村旅游产品的市场竞争力。

（三）创新乡村旅游渠道

1.传统渠道与新兴渠道的对比

在乡村旅游领域，传统渠道如旅行社、酒店预订系统、地方旅游协会等，长期以来一直是连接游客与乡村旅游目的地的重要桥梁。这些渠道通过稳定的合作关系和丰富的行业经验，为游客提供一站式旅游服务，确保游客体验的顺畅和便捷。然而，随着互联网技术的飞速发展，新兴渠道如社交媒体、在线旅游平台、旅游App等迅速崛起，其以高效、便捷、互动性强等优势吸引了大量游客。

互动问答6-3
传统渠道与新兴渠道的优势及劣势分别是什么？

互动问答
6-3

问答提示

2.拓展线上渠道

拓展线上渠道是乡村旅游渠道创新的关键方向之一。通过打造官方网站、运营社交媒体账号以及在在线旅游平台开设店铺，乡村旅游目的地能够与游客建立直接互动，全面展示乡村的美丽风光、深厚文化及特色旅游产品，从而有效提升品牌形象，扩大市场知名度。

（1）官方网站。官方网站不仅是品牌形象展示的首要窗口，还是发布最新旅游信息的重要渠道。因此，网站设计需确保导航结构清晰明了，旅游信息详尽充实，并配备便捷高效的预订系统，以满足游客一站式服务的需求。

（2）社交媒体。通过微博、微信、抖音等热门社交媒体平台，定期发布精美的图文和吸引人的视频内容，以积聚粉丝，增强用户黏性。同时，借助社交媒体的广泛传播力，进行口碑营销，让更多人了解和喜爱乡村旅游目的地。

（3）在线旅游平台。与携程、去哪儿等知名在线旅游平台携手合作，开设专属店铺，全面展示各类旅游产品。借助这些平台庞大的流量和用户基础，有效提升产品的曝光度和销售量，进一步拓宽乡村旅游市场。

3.优化线下渠道

尽管新兴渠道不断涌现，线下渠道在某些方面依然保持着无法替代的优势。通过精心调整线下渠道的布局并着力提升服务质量，我们可以为游客打造更加卓越的旅游体验。

（1）深化与旅行社的合作。积极寻求与大型旅行社建立稳固的长期合作关系，通过共同研发乡村旅游线路和特色产品，实现资源的有效共享，达成双方的互利共赢。

（2）参与地方旅游协会。加入地方性的旅游协会，与业内同行进行深入的交流与合作，共同推广乡村旅游的品牌形象，提升乡村旅游产品的市场影响力。

（3）设立旅游咨询服务站。在主要交通枢纽和景区入口处设立专业的旅游咨询服务站。这些服务站将为游客提供全方位的旅游咨询、行程预订以及投诉处理等服务，以确保游客的每一次旅行都能得到最贴心的关怀和帮助。

4.渠道整合营销

渠道整合营销，即将传统渠道与新兴渠道有机融合，利用多渠道间的协同效应，力求实现营销成果的最优化。对于乡村旅游目的地而言，应深入剖析自身独特魅力及市场需求，精心挑选最适宜的渠道组合策略。在此基础上，应构建统一的营销策略，并塑造鲜明的品牌形象，以保障各营销渠道间信息的连贯性和互补性，从而全方位提升营销效果。

（四）创新乡村旅游促销

1.促销手段的选择与运用

促销手段的选择与运用直接关系到乡村旅游产品的销售效果。乡村旅游目的地应根据目标客户群体的特点和需求选择合适的促销手段，如折扣优惠、赠品赠送、积分兑换等。同时，还可以结合节假日、特殊事件等时机推出限时促销活动，吸引游客关注和购买。

2.事件营销

事件营销是通过策划和组织具有新闻价值、社会影响力和品牌关联度的活动来吸引媒体和消费者的关注，进而提高品牌知名度和美誉度的一种营销策略。乡村旅游目的地可以结合自身特色和资源策划各类主题活动，如乡村音乐节、农耕文化节、民俗节庆等，通过活动吸引游客参与并传播乡村文化。

3.口碑营销

口碑营销是利用游客的口碑传播来推广乡村旅游产品和品牌的一种营销策略。乡村旅游目的地应注重提升产品和服务质量，让游客在旅游过程中获得良好的体验和感受，从而主动向亲朋好友推荐。同时，还可以通过邀请网红、旅游达人等进行体验分享和推荐，扩大口碑传播范围。

4.数字化营销

数字化营销是利用互联网和数字技术来推广乡村旅游产品和品牌的一种新型营销策略。乡村旅游目的地可以通过SEO优化、SEM推广、社交媒体营销、电子邮件营销等方式提高在线曝光率和转化率。此外，还可以利用大数据分析游客行为和偏好，为个性化营销提供数据支持。数字化营销具有传播速度快、覆盖范围广、互动性强等优势，有助于提升乡村旅游产品的市场竞争力和品牌影响力。

📝 笔记

任务实施

步骤一：选择一个乡村旅游目的地，通过网络调研和实地走访，调研该目的地的游客群体特征。

步骤二：结合调研结果中发现的游客需求，设计产品优化方案，如升级民宿体验、开发文化主题活动等，说明如何通过差异化策略提升游客满意度和忠诚度。

步骤三：为所选乡村旅游目的地策划一项促销活动，如乡村音乐节、农耕文化节等，制订详细的执行计划。

项目测试 📝

项目测试
6-1

在线答题

一、单选题

1.（　　）在乡村旅游营销中扮演着至关重要的角色。它不仅能够帮助营销者了解目标市场的需求和偏好，还能揭示潜在的市场机会和竞争态势，为制定科学、有效的营销策略提供坚实的数据支撑。

A.市场调研　　　　B.问卷调查　　　　C.数据分析　　　　D.村民访谈

2.游客在旅游体验活动结束之后，对其产品和服务作出各种评价，并向潜在旅游用户传播，这属于（　　）。

A.口碑营销　　　　　　　　　B.活动营销

C.体验营销　　　　　　　　　D.搜索引擎营销

3.（　　）是营销的载体。

A.旅游产品　　　　B.价格　　　　　C.渠道　　　　　D.促销

二、判断题

1.打造各种具有时效性的节假日活动或主题活动，并经过一系列的宣传包装，可以有效地促进当地的旅游发展，同时吸引更多的潜在游客。（　　）

2.乡村旅游区的旅游营销必须充分考虑目标市场的消费心理及承受能力，坚决消灭价格欺诈或价格歧视，最大限度减少旅游景点的不合理收费或乱收费现象。（　　）

启智润心 ☑️ ··○

黄山宏村："智慧旅游+文化遗产保护"驱动乡村旅游新篇章

黄山宏村，这座拥有900多年历史的古村落，位于安徽省黄山市黟县，以其独特的徽派建筑风格和优美的自然风光而闻名。近年来，宏村积极响应国家乡村振兴战略，结合智慧旅游技术，探索出一条乡村旅游与文化遗产保护相结合的创新发展之路。

在创新举措方面，宏村引入了先进的智慧导览系统，游客通过手机App即可获取详细的景点介绍、语音讲解和实时导航服务。同时，建立了数字化展示平台，通过3D扫描、虚拟现实等技术，将古建筑、传统手工艺等珍贵文化遗产进行数字化复原和展示。此外，宏村还融入了智慧管理服务，利用大数据技术对景区进行管理，确保游客的安全和舒适。为了提升当地居民的旅游服务能力和文化素养，宏村定期举办培训活动，增强居民对文化遗产保护的意识。结合宏村的独特资源，还开发了一系列具有地方特色的旅游产品，如手工艺品、特色美食、民宿等。

这些措施的实施产生了深远的影响，带来了多方面的显著成效。最直观的表现就是经济效益的显著提升，越来越多的游客被吸引前来宏村游览，这无疑为当地的旅游业注入了强大的动力，推动了其快速发展。不仅如此，宏村的文化遗产也在这场变革中得到了更为妥善的保护和更为广泛的传承。游客们在游览的过程中，不仅能够欣赏到美丽的自然风光，而且能更加深入地了解宏村丰富的历史和文化底蕴。这些积极的改变共同作用于宏村的品牌塑造，使其影响力不断扩大，逐渐成为众多游客心中的旅游胜地首选。

资料来源　根据网络资料整理。

思政元素：创新精神　绿色发展

学有所悟：党的二十大报告指出，要"全面推进乡村振兴"，这不仅为乡村发展绘制了宏伟蓝图，而且为乡村旅游的转型升级提供了明确的方向和强大的动力。宏村的实践，正是这一战略思想下生动而具体的例证。它展示了如何在保留与传承深厚文化底蕴的同时，通过创新创业激活乡村经济，让古老的村落焕发新生。宏村的成功证明了挖掘乡村传统文化与推动创新创业能够共同驱动乡村旅游的繁荣发展。未来的乡村振兴之路，应当是一条融合传统与现代、文化与经济的特色之路。我们要深入贯彻党的二十大精神，坚持农业农村优先发展，强化城乡融合发展理念，促进城乡要素自由流动和公共资源在城乡间均衡配置。在乡村旅游领域，这意味着要更加注重文化挖掘与创意融合，将乡村的文化资源转化为旅游产业的核心竞争力。

同时，我们也不能忽视生态环境的重要性。党的二十大报告强调要"促进人与自然和谐共生"，乡村旅游的发展应始终遵循这一精神。作为服务社会的旅游业者，肩负着重大的社会责任，在追求经济效益的同时，更应积极关注并致力于生态环境的保护与修复，以此确保乡村旅游的可持续发展。只有这样，才能实现经济效益与生态效益的双赢，真正将乡村旅游打造成为推动乡村振兴、助力民族复兴的绿色引擎。

乡旅实践

长治学院团队运用数字化技术守护古建筑

自 2023 年 7 月起，长治学院法律与经济学系的 e 村志团队灵活运用三维模型和虚拟现实技术为山西省长治市潞州区城郊乡村搭建线上展览馆，为守护古建筑注入新活力。

数字赋能古建筑展新颜

2024 年 4 月 18 日，一段数字漫游视频在长治市潞州区马厂镇王公庄村的村民微信群里流传开来。村里熟悉的一草一木，一砖一瓦都被"装"在了小小的屏幕之中，该视频获得村民的一致好评。村支书王丽苏赞不绝口："这不仅是历史与现实的交汇，也是穿越千年与文物的对话。"

该视频出自长治学院法律与经济学系 e 村志团队。自 2021 年 7 月成立至今，团队已为潞州区城郊多个村落制作了古建筑建模和数字漫游等相关产品。2023 年 7 月 2 日，在"三下乡"活动中，e 村志团队发现长治潞州区及周边地区有很多古建筑都有不同程度的损坏，于是便把目光首先投向了历史悠久的王公庄古建筑群。在长治学院各级领导的支持和帮助下，通过数字建模技术，这些宝贵的文化遗产得到数字化保存和展示，并逐步推广到长治周边。

村校联合学生自主创新

e 村志团队在指导老师贺永泉的带领下，积极探索数字化技术在文化遗产保护领域的应用，成功运用先进技术手段为古建筑建模，为传承和弘扬中华优秀传统文化贡献青春力量。

该团队是一支由多个专业的学生组成的创新实践队伍，他们致力于将现代科技与传统文化相结合，通过数字化手段为古建筑保护和传承提供新的解决方案。该团队通过深入研究古建筑的结构特点和保护需求，结合数字化扫描、三维建模、虚拟现实等技术手段，为潞州区近郊村落多处古建筑建立了精确的数字模型。这些数字模型不仅可以完整保存古建筑的全貌，还可以让大众通过虚拟现实技术实现沉浸式体验，让更多的人能够近距离感受古建筑的魅力。在建模过程中，团队成员们克服了技术困难，不断优化技术流程，提高建模精度。他们利用无人机进行高空拍摄，获取古建筑的全景图像；通过激光扫描设备获取建筑物的三维点云数据；利用 C4D 软件对数据进行处理和分析，最终生成逼真的数字模型。这些数字模型不仅可以用于教学和研究，还可以为古建筑修复和重建提供精确的数据支持，有利于留存古建筑的风貌。

一村一志助力文化传承

e村志团队在北董村尧王庙、梁家庄观音堂、关村炎帝庙、马厂镇泽头村玄宗庙、老顶山镇小罗村灵仙庙等的保护工作中利用3D扫描技术对其进行详细扫描，并制作了精确的数字化模型。这些模型不仅能够帮助专家们分析古建筑的结构和材料，而且为后续的保护和修复工作提供了重要参考。除了数字化建模技术，团队还致力于搜集和整理大量历史文献和图片资料，设立了"数字记忆档案馆"，为潞部落的古建筑办一张"身份证"，为古建筑的保护与修复工作提供了重要依据。

资料来源 蒋宇骏，李睿冰. 长治学院团队运用数字化技术守护古建筑［EB/OL］.［2024-12-20］. https://sxx.youth.cn/jxqc/sjjs/202405/t20240524_15272377.htm.

要求：请以小组为单位，根据以上案例，为暑期社会实践活动撰写一份行动计划。

学习评价 ✍

本项目学习评价表见表6-2。

表6-2　　　　　　　　　　学习评价表

学习内容	乡村旅游营销理念创新与创意		
	评价要点	学生自评（50%）	教师评价（50%）
知识掌握（30分）	掌握乡村旅游市场调研与数据分析的重要性及常用的市场调研方法（10分）		
	掌握乡村旅游营销模式的演变历程及数字化营销在乡村旅游营销中的应用（10分）		
	掌握乡村旅游营销组合的重要性及乡村旅游市场细分的基本方法（10分）		
技能提升（40分）	能够运用定制化营销方法提升乡村旅游吸引力（15分）		
	能够对乡村旅游进行跨界合作与联动营销（10分）		
	能够在乡村旅游营销组合中运用创新策略（15分）		
素质养成（30分）	具有社会责任感和使命感（10分）		
	具有创新思维和实践能力（10分）		
	积极推动乡村振兴和可持续发展（10分）		
综合评价成绩（100分）			
学生自评： 学生签字：			
教师评语： 教师签字：			

7 项目七 乡村旅游营销实践创新与创意

项目概述

　　以创新为动力，推动旅游高质量发展。乡村旅游营销实践创新与创意，是推动乡村旅游高质量发展的关键所在。本项目基于乡村旅游营销的实践创新与创意，通过打造独特主题，充分展现乡村的魅力和文化底蕴；通过 IP 营销策略，增强乡村旅游的市场竞争力，提升其品牌价值；通过探索短视频营销方式，提升乡村旅游的互动性和传播效率；通过精心策划的体验活动，吸引更多游客参与乡村旅游。借助一系列乡村旅游营销实践创新与创意，为乡村旅游的蓬勃发展注入新的活力，进而助力乡村振兴与可持续发展。

任务一　乡村旅游主题策划创新与创意

◎ **任务目标**

　　知识目标：理解乡村旅游主题策划的基本原则和技巧；掌握季节性主题活动的策划步骤与实施效果。

　　技能目标：能够策划乡村旅游的文化与节庆主题。

　　素养目标：培养学生的创新意识，坚定文化自信。

任务描述

　　选择一个乡村旅游地，为其策划一个文化节庆主题活动，并在课堂上进行展示，说明活动的创新点。

案例导入

沈阳市沈北新区：小康生活美如"画"

　　巨幅的"丰收列车"画面铺展在宽阔的稻田上，微风拂过，画作像是舞动起来。占地千余亩的一个个巨大画作均出自普通农民之手。他们是辽宁沈阳市沈北新区锡伯族乡镇的新型农民，在大地上把劳动化成艺术，化为奔小康的丰硕成果。

　　种了一辈子地的农民张柳没想到农业"现代了"会这样：不仅好看，好玩，还好卖。他和乡亲们种下的水稻"嫁接"文化创意摇身变成"稻田画"，不仅写进了吉尼斯世界纪录，还引来了百万游客。上千亩的彩色稻田画每年都有新主题不重样。稻田画利用卫星定位技术，事先设计好要表现的图形，利用透视和3D技术，用矢量法定点定桩连线人工填色，通过种植9种不同颜色叶子的水稻绘制出不同风格的稻田画，最后通过人工修剪控制稻秧株高，让图案呈现出立体、平面、镂空、线条4种不同风格的稻田画。

　　张柳算了一笔经济账："同是种水稻，种出花样就不一样了，彩色水稻销售收入是一笔，游客参观稻田画的门票收入远超种植收益本身，稻田里还养蟹、养鸭呢。粮食主业没变，收入却翻了好几倍。"

　　"一产'接二连三'，就发挥出乘数效应，稻田画打破了农业种植、休闲旅游、农产品加工的行业壁垒，1 000多户农民尝试新技术种水稻，生态种植目前为农民年创收增加500万元。"沈阳创意农业公司董事长张爱忠向记者讲述了"一粒米的故事"。稻田画在全国创出了名气，还通过输出技术标准，卖给了辽宁盘锦、山东东营等地，是沈阳沈北新区现代创意农业的一个窗口。景区内设有"农事学堂"，鼓励人们走进田园体验农事作业，城里人可以现场体验割地、插秧、手工玉米脱粒等活动，为绿色农产品打开了销路。张爱忠说："城里人最关注食品安全，我们这里有远程监控，市民可以随时上网查看耕作实况。"

资料来源　孙潜彤，崔国强．沈阳市沈北新区：小康生活美如"画"［EB/OL］．［2024-12-20］．https://www.jingjiribao.cn/static/detail.jsp？id=276381.

　　这一案例表明：通过结合当地农业特色，打造独特的"稻田画"景观，不仅提升了乡村旅游的吸引力，还丰富了游客的体验内容。这种创新的主题策划方式，将传统的农业生产与旅游观光相结合，实现了农业和旅游业的融合发展，体现了资源整合和创新思维在乡村旅游策划中的应用。此外，乡村旅游的成功不仅依赖于自然风光和民俗文化，更需要通过创新的策划和营销手段，提升旅游产品的吸引力和竞争力。

知识探究

在线课堂
7-1

乡村旅游主
题策划创新
与创意

一、乡村旅游主题策划的基本原则与技巧

（一）主题策划对乡村旅游营销的重要性

主题策划在乡村旅游营销中扮演着核心角色。它不仅能够帮助乡村旅游目的地形成独特的市场定位，吸引特定目标群体的关注，还能够通过主题的持续传播，扩大品牌影响力，促进口碑营销。此外，富有创意的主题策划能够激发游客的分享欲望，利用社交媒体等渠道进行自发传播，从而有效降低营销成本，提高营销效率。

（二）乡村旅游主题策划的基本原则

乡村旅游主题策划作为提升乡村旅游吸引力的核心环节，其重要性不言而喻。在进行主题策划时，我们必须遵循一些基本原则（如图7-1所示），以确保策划的有效性和成功性。

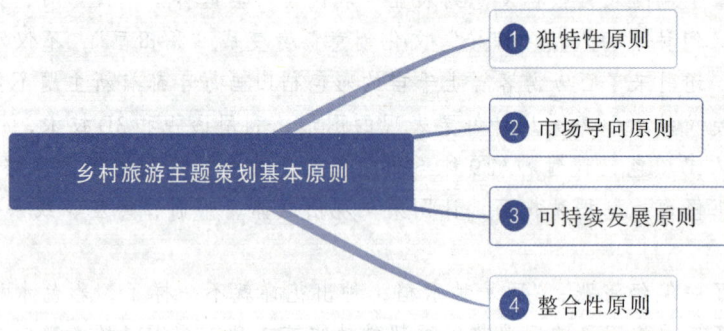

```
                                    ① 独特性原则

                                    ② 市场导向原则
乡村旅游主题策划基本原则
                                    ③ 可持续发展原则

                                    ④ 整合性原则
```

图7-1　乡村旅游主题策划基本原则

1.独特性原则

独特性原则是策划的基石。在众多的乡村旅游项目中，想要脱颖而出，就需要主题具有鲜明的个性和特色，能够与其他项目形成鲜明的对比。独特性不仅体现在主题的创意上，还应在具体的旅游活动、景观设计和文化体验中得以展现，使游客在参与乡村旅游时能感受到独一无二的氛围和乐趣。

2.市场导向原则

市场导向原则也是不可忽视的。无论主题多么独特，如果与市场需求脱节，那么其吸引力也会大打折扣。因此，策划人员需要密切关注市场动态，了解游客的偏好和行为模式，以此为基础进行主题策划。通过市场调研和数据分析，可以更准确地把握游客的需求，从而为其量身定制符合期望的乡村旅游体验。

3.可持续发展原则

可持续发展原则是必须坚守的底线。乡村旅游的发展不能以牺牲环境和文化为代价。在策划过程中，应充分考虑环境保护和文化传承的重要性，确保乡村旅游能在保护自然环境和当地文化的基础上健康、持续地发展。这不仅可以为当地带来长期的经济效益，还能让游客在享受乡村旅游的同时，感受到对环境和文化的尊重与保护。

4.整合性原则

整合性原则是实现乡村旅游整体协调发展的关键。一个成功的乡村旅游项目，其主题应与乡村的资源、环境、文化等要素紧密融合，形成一个和谐统一的整体。这需要在策划过程中，充分考虑各个要素之间的内在联系，通过巧妙的设计和布局，使游客在游览过程中能够感受到一种浑然天成的美感。

（三）主题策划的技巧与方法

主题策划是乡村旅游成功的关键，它要求不仅要有创新的思维，还要掌握一系列有效的技巧与方法。

1.故事化叙事

故事化叙事是一种强有力的技巧，通过构建富有情感共鸣的故事线，可以将乡村旅游的各个景点和活动有机地串联起来，形成一个引人入胜的整体。这种叙事方式能够增强游客的情感连接，让他们在游览过程中不仅欣赏到美丽的风景，还能感受到深厚的文化底蕴和人情味。为了实施这一技巧，需要深入挖掘当地的历史文化、民俗传说等元素，将其融入故事中，为游客打造一场沉浸式的旅游体验。

2.体验式设计

体验式设计是提升游客满意度的重要途径。现代游客更加注重参与性和体验感，因此，在设计乡村旅游活动时，应注重互动性和趣味性。例如，可以设置手工艺制作、农耕文化体验等环节，让游客亲身参与其中，感受乡村生活的魅力。这样不仅能丰富游客的旅游体验，还能促进他们对当地文化的理解和认同。

3.品牌化塑造

品牌化塑造对于提升乡村旅游的知名度和辨识度至关重要。通过打造独特的品牌形象，可以在激烈的市场竞争中脱颖而出，吸引更多游客的关注。为了实现这一目标，需要明确乡村旅游的定位和特色，制定统一的视觉识别系统，并通过多渠道进行品牌推广。

4.情境营造

情境营造也是一项重要的策划方法。通过精心设计的景观、建筑、音乐等元素，可以为游客营造一个特定的情境氛围，让他们仿佛置身于一个梦幻般的世界。这种情境化的设计能够极大地增强主题的氛围感，提升游客的沉浸式体验。

5.技术融合

技术融合为乡村旅游带来了无限可能。借助现代信息技术如VR、AR等，可以创新旅游体验方式,为游客提供更加丰富多彩的内容。例如,利用VR技术重现历史场景或展示自然风光,让游客在虚拟世界中感受到前所未有的震撼;通过AR技术为游客提供实时的导览和解说服务,使他们在游览过程中更加轻松自在。这些技术的应用不仅能够提升游客的体验质量,还能为乡村旅游注入新的活力。

二、季节性主题活动的策划与实施

(一)季节性主题活动的重要性

季节性主题活动是乡村旅游的重要组成部分,能够根据季节变化提供多样化的旅游体验,满足不同时间段游客的需求。季节性主题活动可以有效延长乡村旅游的旺季,平衡淡旺季客流,提高旅游设施的使用效率和经济效益。同时,季节性主题活动还能促进当地文化的传承与创新,增强乡村旅游的文化内涵。

(二)季节性主题活动的策划步骤

策划季节性主题活动是一个综合性强且需要细致考虑的过程,必须遵循一系列科学的步骤,以确保活动的成功和吸引力。这一过程具体包括:

1.市场调研

市场调研是至关重要的第一步。在这一阶段,需要深入了解不同季节游客的需求偏好、旅游消费习惯以及他们对乡村旅游的期望。这包括对不同年龄段、职业背景和地域来源的游客进行细分研究,以便更准确地把握目标市场的特点。市场调研可以为后续的策划工作提供有力的数据支持和市场洞察。

2.主题定位

主题定位是策划过程中的关键环节。在结合乡村资源和季节特点的基础上,需要确定一个既具有吸引力又能充分体现乡村特色的活动主题。例如,在春季可以策划以"赏花"为主题的活动,利用乡村丰富的花卉资源吸引游客;在秋季可以开展以"丰收"为主题的活动,让游客体验收获的喜悦。主题定位的准确性直接影响到活动的吸引力和参与度。

3.活动策划

活动策划是确保活动丰富多彩、有趣有料的重要环节。在这一阶段,我们需要设计具体的活动内容、形式以及互动环节,以打造一场别具一格的乡村旅游盛宴。例如,可以设置手工艺制作体验区,让游客亲手制作乡村特色手工艺品;或者策划一场乡村音乐会,让游客在美妙的音乐中感受乡村的宁静与美好。同时,可以结合乡村特色美食,为游客提供一场味蕾的盛宴。

4.宣传推广

活动策划完成后,宣传推广工作便紧随其后。在这一阶段,需要利用多渠道进行活动的预热和营销,以吸引更多游客的关注和参与。这包括利用社交媒体、旅游平台以及线下渠道进行广泛宣传,同时可以与旅游达人、意见领袖合作,通过他们的推荐和分享来提高活动的知名度和影响力。

5.效果评估

效果评估是策划过程中不可或缺的一环。在活动结束后,需要及时收集游客的反馈意见和数据，对活动的效果进行全面的评估。这包括活动的参与度、游客满意度、社交媒体传播效果等方面的考量。通过效果评估，可以总结经验教训，为后续的活动策划提供有力的改进依据，从而不断优化和提升乡村旅游的品质和吸引力。

（三）季节性主题活动在乡村旅游中的实施效果

季节性主题活动能够有效提升乡村旅游的吸引力和竞争力，增加游客的停留时间和消费意愿，从而带动乡村经济的发展。同时，通过活动的举办，可以加强乡村与外界的交流，提升乡村的知名度和美誉度，促进乡村文化的传播和保护。此外，季节性活动能激发乡村居民的参与热情，增强社区的凝聚力和归属感。

三、文化与节庆主题的创新策划

（一）文化与节庆主题的选择原则

1.地域性原则

地域性原则是至关重要的。在选择主题时，应优先考虑与当地文化紧密相关的元素，这些元素能够深刻反映乡村的历史、民俗和传统，从而凸显乡村的独特性。与地域文化紧密相连的主题，不仅能够为游客提供一种身临其境的体验，还能有效传承和弘扬当地的文化遗产。

2.时代性原则

时代性原则也不容忽视。尽管要强调文化的传统性，但主题的选择应具有一定的时代感，能够与现代游客的审美和兴趣产生共鸣。这意味着需要在传统与现代之间找到平衡点，让游客在感受古老文化的同时，也能体会到现代社会的气息。

3.参与性原则

参与性原则对于提升游客体验至关重要。应设计各种互动环节，鼓励游客积极参与，通过亲身体验来加深对当地文化的理解和认同。这种参与式的学习方式不仅能够增强游客的沉浸感，还能有效促进文化的传播和交流。

4.教育性原则

教育性原则也是在选择主题时必须考虑的。所选主题应蕴含丰富的文化价值和深远的教育意义，能够在游客心中留下深刻印象，并激发他们对文化传承与发展的关注。采用寓教于乐的方式，可以让游客在享受旅游乐趣的同时，收获宝贵的知识和感悟。

（二）文化与节庆主题的创新策划方法

1.跨界融合

跨界融合是一种极具创新性的策划手段。可以尝试将传统文化与现代元素、其他艺术形式或先进的科技手段相结合，从而创造出新颖且引人入胜的体验。例如，通过运用虚拟现实技术重现历史场景，或者将传统音乐与流行音乐元素相融合，为游客带来耳目　新的感受。

2.主题深化

主题深化是挖掘文化内涵的关键步骤。可以深入挖掘乡村文化的深层含义和价值，通过故事讲述、场景再现等多样化方式，全面增强主题的深度和广度。这不仅有助于提升游客的文化素养，还能进一步丰富乡村旅游的文化内涵。

3.互动体验设计

互动体验设计也是提升游客参与度的重要策略。可以设计一系列富有创意的互动环节，如手工艺制作、民俗表演等，让游客在亲身参与中深入学习和体验乡村文化。这种沉浸式的旅游方式将极大地提升游客的满意度和忠诚度。

4.品牌化运营

互动问答7-1

文化与节庆主题策划对乡村旅游营销有怎样的影响？

问答提示

品牌化运营是推动文化与节庆活动持续发展的关键。可以将独具特色的文化与节庆活动打造成为乡村旅游的标志性品牌，通过持续的推广和维护，不断提升其知名度和影响力。这将有助于吸引更多游客前来体验，进一步推动乡村旅游的繁荣发展。

📝 笔记

任务实施

步骤一：选择一个乡村旅游地，调研分析该地的自然资源、文化特色和游客需求，提出一个独特的乡村旅游主题并说明主题的独特性、市场导向性及可持续发展潜力。

步骤二：为该乡村旅游地设计一个季节性主题活动方案，分析活动如何提升游客体验及目的地吸引力。

步骤三：为该乡村旅游地策划一个文化节庆主题活动，说明活动的创新点。

任务二　乡村旅游IP营销创新与创意

◎ 任务目标

知识目标：理解乡村旅游IP的重要性；掌握乡村旅游IP的打造策略、传播途径；掌握IP营销的基本原则与应用策略。

技能目标：能够运用IP营销提升乡村旅游吸引力。

素养目标：培养学生的乡土情怀，坚定文化自信。

任务描述

选择一个乡村旅游地，为其设计一个IP形象，并将IP形象与其他营销元素结合起来进行营销宣传。

案例导入

外桐坞村：艺术村落的转型与乡村旅游IP的创新营销

杭州外桐坞村，位于浙江省，原本是一个普通的乡村。然而，由于其独特的地理位置——距离浙江工业大学屏峰校区与中国美术学院象山校区仅10分钟车程，并且周围环绕着茶园，村里石榴树遍布，因此逐渐吸引了大批美院学生来此写生。这一特色使得外桐坞村的艺术氛围日渐浓厚。随着名声的扩大，越来越多的艺术家选择进入外桐坞村进行创作，村里的老房子也被改造成了充满艺术气息的工作室和画廊。经过统一的规划和打造，外桐坞村成功转型为一个充满艺术气息的田园艺术村落，吸引了大量的游客前来参观体验。

为了进一步提升乡村旅游的品牌影响力，外桐坞村开始注重IP营销创新。他们以"艺术村落"为核心IP，通过社交媒体、艺术展览、文化交流活动等多种渠道进行宣传推广。同时，村里还开设了艺术体验课程和工作坊，让游客能够亲身参与到艺术创作中，感受艺术的魅力。这些创新的营销策略不仅提升了外桐坞村的知名度，也带动了当地旅游经济的发展。

资料来源　根据网络资料整理。

这一案例表明：外桐坞村明确并强化了自己的核心IP"艺术村落"，基于其独特的艺术氛围和资源优势成功塑造了深入人心的品牌形象。在推广这一IP时，外桐坞村巧妙地采用了多元化的策略，不仅通过社交媒体进行广泛的线上宣传，还积极组织艺术展览和文化交流活动，增加了与游客的互动与黏性，从而有效地提升了其知名度和影响力。同时，为了深化游客对"艺术村落"IP的体验和认同，村里特别开设了艺术体验课程和工作坊，这种沉浸式的旅游方式进一步增强了游客的满意度和忠诚度。通过这些举措，外桐坞村成功地将其乡村旅游IP推向了更广阔的市场。

知识探究

一、乡村旅游IP的打造与传播

（一）IP的定义

在市场营销的广阔领域中，IP（Intellectual Property，知识产权）是一个充满活力和创意的概念。它不仅是指代法律层面的知识产权保护，更是在市场实践中被赋予了独特的魅力和市场号召力。对于乡村旅游而言，IP是一个能够深刻代表乡村独特形象、文化和旅游资源的原创性元素或品牌。它不仅是乡村的标识，更是连接游客与乡村情感的桥梁，通过情感共鸣和文化认同，形成强烈的品牌忠诚度和市场影响力。

（二）乡村旅游IP的打造策略

打造乡村旅游IP是一个系统而复杂的过程，需要综合运用多种策略。首先，要进行深入的市场调研和乡村资源评估，明确IP的市场定位、目标受众和核心价值。这一步骤是IP打造的基础，只有深入了解市场需求和乡村资源特色，才能确保IP的针对性和吸引力。其次，要深入挖掘乡村的文化内涵、历史故事、自然景观和民俗风情等特色元素，通过创意性的转化和包装，将其打造成为具有市场吸引力和辨识度的IP形象。同时，要注重IP的品牌塑造和推广，通过统一的品牌形象、视觉设计和传播策略，提升IP的知名度和美誉度。品牌塑造是IP打造的关键环节，只有通过统一

在线课堂
7-2

乡村旅游IP
营销创新与
创意

互动问答
7-2

互动问答7-2
想一想乡村旅游IP
有什么价值？

问答提示

的品牌形象和传播策略，才能形成强大的品牌效应和市场影响力。最后，要通过持续的内容创作和活动策划，不断丰富IP的内涵和表现形式，增强游客的情感连接和参与度。内容创作和活动策划是IP打造的持续动力，只有不断创新和丰富IP的内涵，才能保持IP的新鲜感和吸引力。

（三）乡村旅游IP的传播途径

乡村旅游IP的传播途径多种多样，包括线上途径、线下途径、与合作伙伴联合推广，如图7-2所示。

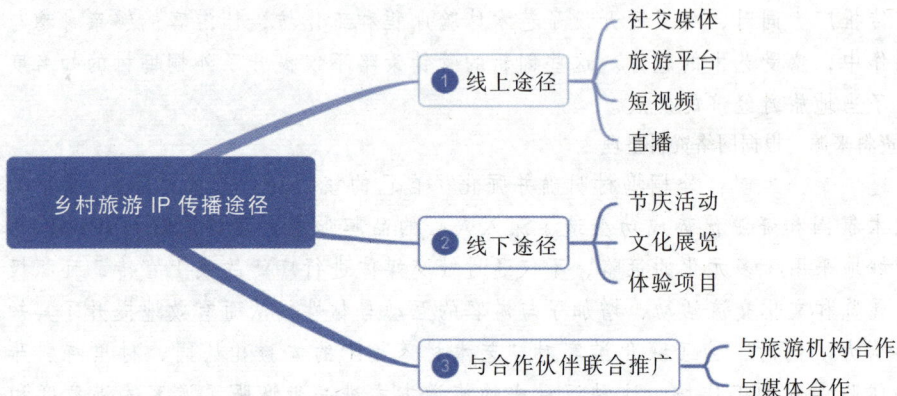

图7-2　乡村旅游IP传播途径

线上途径具有广泛的覆盖面和强大的互动性，能够通过内容营销、KOL合作、广告投放等方式，快速扩大IP的知名度和影响力。例如，可以通过社交媒体平台发布关于乡村旅游IP的精美图片、视频和故事，吸引用户的关注和分享；也可以与知名KOL合作，通过他们的推荐和体验，提升IP的信誉度和吸引力。

线下途径能够让游客亲身体验乡村旅游IP的独特魅力和文化内涵，通过口碑传播和亲身体验，加深游客对IP的认知和认同。例如，可以举办以乡村旅游IP为主题的节庆活动，吸引游客参与并体验乡村的传统文化和民俗风情；也可以开设IP主题的实体店或体验馆，让游客在购物和体验的过程中深入了解IP的魅力和价值。

与合作伙伴联合推广可以实现IP的跨界传播和品牌联动，从而拓宽IP的传播渠道和影响力范围，让更多人了解和认同乡村旅游IP的独特魅力和价值。

二、IP营销在乡村旅游中的应用

（一）IP营销对乡村旅游营销效果的提升

IP营销在乡村旅游中的应用能够显著提升营销效果。通过打造具有独特魅力和市场号召力的IP形象，可以吸引更多游客的关注，提升乡村旅游的知名度和美誉度。IP形象作为乡村旅游的品牌符号和代表，能够增强游客对乡村的认知和记忆点，形成强烈的品牌印象和市场号召力。同时，IP营销还能够通过情感共鸣和文化认同，加深游客对乡村的情感连接和归属感，提升游客的满意度和重游率。游客在体验乡村旅游的过程中，不仅能够享受到美丽的自然风光和丰富的文化体验，还能够与IP形象产生情感共鸣和文化认同，从而形成更加深厚的情感连接和归属感。这种情感连接和归属感是提升游客满意度和重游率的关键因素之一。

（二）IP营销的基本原则

在乡村旅游中实施IP营销需要遵循以下基本原则：

其一，要保持IP的独特性和原创性。这是IP营销的核心竞争力所在，只有具备独特性和原创性的IP形象才能吸引游客的关注和喜爱。因此，在打造IP形象的过程中，需要注重创意和文化的结合，确保IP的独特性和吸引力。

其二，要注重IP与乡村文化和资源的契合度。乡村旅游的魅力在于其独特的文化和自然资源，而IP形象作为乡村旅游的代表和符号，需要与乡村文化和资源相契合，才能形成更加完整和系统的品牌形象。

其三，要强调游客的参与性和体验性。游客是乡村旅游的主体和核心，只有让游客充分参与到乡村旅游的体验中来，才能形成更加深刻的品牌印象和情感连接。因此，在IP营销的过程中，需要注重游客的参与性和体验性设计，让游客在体验中感受到IP形象的独特魅力和价值。

其四，要注重IP的品牌塑造和维护。品牌是IP营销的长期价值所在，只有不断进行品牌塑造和维护，才能确保IP形象的长期价值和市场竞争力。因此，在IP营销的过程中，需要注重品牌形象的塑造和传播策略的制定，以及品牌价值的维护和提升。

（三）IP营销在乡村旅游中的应用策略

在乡村旅游中实施IP营销需要综合运用多种策略。

首先，要将IP融入乡村旅游的产品和服务中，这是IP营销在乡村旅游中的核心应用策略之一。通过将IP形象融入乡村旅游的产品和服务中，可以打造独特的IP主题产品和服务，如IP主题的住宿、餐饮、体验项目等。这种整合方式不仅能够提升产品和服务的附加值和吸引力，还能够增强游客对乡村文化的认知和认同，促进乡村旅游的文化传承和创新发展。

其次，要利用IP进行渠道拓展和促销推广。通过与旅游平台、旅行社等合作推出IP主题的旅游线路和优惠活动，可以吸引更多游客的关注和参与。同时，还可以利用社交媒体等新媒体渠道进行IP形象的宣传和推广，扩大乡村旅游的市场覆盖面和影响力。

最后，要注重IP的持续创新和维护。IP形象作为乡村旅游的品牌符号和代表，需要不断进行创新和维护才能保持其新鲜感和吸引力。因此，在IP营销的过程中，需要注重内容创作和活动策划的持续性和创新性。

三、IP与其他营销元素的整合

（一）IP整合营销对乡村旅游的影响

IP整合营销对乡村旅游的影响深远而广泛。通过IP与其他营销元素的整合运用，可以形成更加完整和系统的营销体系。这一营销体系不仅提升了乡村旅游的整体品牌形象和市场竞争力，而且为游客提供了更加丰富和多元化的旅游体验。在IP整合营销的推动下，乡村旅游的产品体系和服务内容得到了极大的丰富和拓展。游客在乡村旅游过程中，不仅可以欣赏到美丽的自然风光和体验到独特的乡村文化，而且可以参与到各种以IP为主题的活动中来。同时，IP整合营销还促进了乡村旅游的产业升级和转型发展。在IP的引领下，乡村旅游逐渐从传统的观光旅游向深度体验、文化旅游等方向转型。这种转型不仅提升了乡村旅游的品质和内涵，还为乡村经济的可持续发展注入了新的活力。

（二）IP与产品、服务的整合

在乡村旅游中，IP与产品和服务的整合是提升游客体验和满意度的关键所在。这些产品和服务不仅具有鲜明的个性和特色，还能够让游客在体验过程中感受到乡村文化的独特魅力和价值。例如，可以开发以乡村IP形象为主题的民宿或餐饮店，游客在住宿和用餐的过程中，可以深入体验到乡村文化的独特氛围和魅力；也可以设计以乡村IP形象为主题的旅游线路和体验项目，游客在参与这些项目的过程中，可以更加深入地了解乡村的历史文化和民俗风情，形成更加深刻的旅游体验。通过亲身体验和感受乡村文化的独特魅力，游客会更加深入地了解和认同乡村的文化和价值观念，从而形成更加深厚的情感连接和归属感。

（三）IP与渠道、促销的整合

在乡村旅游中，IP与渠道和促销的整合是扩大市场覆盖面和提升营销效果的重要途径。这种整合方式不仅能够扩大乡村旅游的市场覆盖面和影响力，还能够提升游客的参与度和忠诚度。例如，可以与知名旅游平台合作推出以乡村IP形象为主题的旅游线路和优惠活动，这些旅游线路和优惠活动不仅能够吸引更多游客的关注和参与，还能够提升乡村旅游的品牌知名度和美誉度。同时，还可以利用IP进行线下渠道的拓展。例如，可以开设以乡村IP形象为主题的实体店或体验馆等场所，为游客提供更多元的体验方式，这些场所不仅能够让游客亲身体验到乡村文化的独特魅力和价值，还能够促进乡村旅游的文化传承和创新发展。

📝 笔记

任务实施

步骤一：选择一个乡村旅游地，分析其现有自然、人文等资源，提出该地的IP定位和核心价值。

步骤二：为该乡村旅游地设计一个IP营销方案，说明如何通过IP形象提升景点的知名度和吸引力。

步骤三：为该乡村旅游地设计一个整合营销方案，说明如何将IP形象与其他营销元素结合，形成完整的营销策略。

任务三　乡村旅游短视频营销创新与创意

◎ **任务目标**

知识目标：理解短视频的特点及其在乡村旅游营销中的价值；掌握短视频内容的创作原则与传播策略；熟悉短视频平台的种类、选择原则及合作策略。

技能目标：能够运用短视频营销提升乡村旅游吸引力。

素养目标：培养学生的乡土情怀，推动乡村旅游文化的传承与发展。

任务描述

选择一处乡村旅游地，为其制订详细的乡村旅游短视频传播计划，并在课堂上进行展示。

案例导入

青天寨农庄：探索"短视频营销"新玩法

国家四星级生态农庄——青天寨农庄，虽然占地面积不是特别大，却有特色的招牌房屋、独有的靠山、可口的农家柴火饭菜。自2008年开业以来生意日渐火爆，在长沙首创"轻拓展+农家乐+树上探险+体验"的模式，每年接待游客超过5万人，实现销售额800万~1000万元。

青天寨农庄很早就搭建了新媒体矩阵。做营销、做曝光，通过大数据、关键词、标签和流量平台，让消费者在需要的时候能找得到。

青天寨农庄以接待公司团体和小学7~12岁小朋友为主，是长沙第一家提出"如果只是钓鱼吃饭、打牌，千万不要到青天寨来"口号的农庄，文章发出当天阅读量达到6000人次。通过引流，带动林下土鸡、蘑菇等利润来源。青天寨农庄打造的柴火香干成为望城旅游的知名特产，接连开发的包装好的扣肉和农家干菜都成为当红产品，成为"生态农业+亲子+研学+餐饮+团体活动"的标杆项目。

在2019年之前，青天寨农庄依靠互联网做付费推广，分类信息发广告。客户搜出来的结果就是他们的主营业务、电话号码、地理位置。移动互联网的兴起，让传统PC走向衰退。青天寨创始人阿云从PC搜索时代转战到移动互联网的短视频，在抖音号、视频号、小红书号有上亿次的播放量。

青天寨农庄经过5年规模化、专业化经营，找到了主题化运营的门道。像丛林探险、CS等这类项目，一般农庄都有。但是在青天寨的周边，消费者不知其他农庄里面有，只知道青天寨农庄有，再配合做短视频，让客户看到其他客户是怎么玩的，做定向运营，这就是消费者的信息差。

青天寨农庄是以有30年历史的湖南特色民居为主体建筑，依托周围得天独厚的自然环境而建成的特色鲜明的原生态农庄。老房子在长沙农家乐中可谓独树一帜，是农庄的特色招牌，浓厚的原汁原味的乡土气息让所有的来客都为之叫好。做一家有主题的农庄，让游客满意地度过一天，让集体活动有趣、有味、有价值，是青天寨农庄经营的追求，也是游客喜欢来这里的原因。

资料来源　佚名. 300亩老牌农庄，年客流5万+，营收过千万元，探索出"短视频营销"新玩法![EB/OL]. [2024-12-20]. https://m.kurtmcaloney.com/bencandy.php? fid=65&id=20132.

这一案例表明：青天寨农庄通过创新运用短视频等新媒体形式，打破了传统营销方式，实现了更高效、更直接的消费者互动。他们发布的短视频内容丰富且多元，充分展现了乡村旅游的独特魅力，成功吸引了各类游客的目光。同时，农庄还巧妙利用大数据和关键词技术，精准定位目标受众，进一步提升了营销效果。通过保持内容的持续更新和高频曝光，青天寨农庄不仅维持了游客的持久关注，更在激烈的市场竞争中脱颖而出，充分证明了短视频营销在推动乡村旅游发展中的重要作用。

在线课堂
7-3

乡村旅游短
视频营销创
新与创意

知识探究

一、短视频在乡村旅游营销中的价值

（一）短视频的特点

短视频作为一种新兴的媒体形式，近年来在社交媒体上迅速崛起并占据了重要地位。其时长短、内容精炼、传播速度快等特点，使其在现代快节奏的生活中成为一种极具吸引力的信息获取和娱乐方式。短视频的独特魅力在于能够迅速抓住观众的注意力，以简洁明了的方式传达信息，满足人们随时随地获取信息的需求。同时，短视频还具有互动性强、形式多样、易于分享等特点，是一种极具潜力的营销工具。

（二）短视频在乡村旅游营销中的价值体现

互动问答
7-3

短视频营销在乡村旅
游宣传中是否重要？

问答提示

互动问答7-3
短视频营销在乡村旅
游宣传中是否重要？

　　短视频在乡村旅游营销中展现出了巨大的潜力。短视频可以将乡村的自然风光、民俗文化、特色农产品等丰富元素生动地展现给游客，为他们提供直观、真实的乡村旅游体验。这种直观的展示方式比传统的文字和图片更具吸引力，能够更好地激发游客的兴趣和好奇心，引导他们深入了解乡村旅游的魅力。同时，短视频的互动性也能增强游客的参与感，使他们更加积极地参与到乡村旅游的推广和传播中来，从而提高乡村旅游的知名度和吸引力。

二、短视频内容的创作原则与传播策略

（一）短视频内容的创作原则

在创作短视频内容时，需要遵循几个核心原则，这些原则有助于制作出吸引人、有影响力的视频。

1.真实性

真实性是乡村旅游短视频创作的首要原则。乡村的美丽风景、淳朴民风以及独特的乡土文化，都是乡村旅游的重要吸引力，因此，在创作短视频时，必须确保所展示的内容真实反映了乡村的实际情况。通过实地拍摄、与当地居民深入交流，可以捕捉到乡村最真实、生动的一面，从而让观众感受到乡村的魅力和特色；同时，应避免夸大其词或虚构内容，保持视频的客观性和公正性，以赢得观众的信任和好感。

2.创新性

在众多的乡村旅游短视频中脱颖而出，创新性是不可或缺的元素。需要通过独特的视角、新颖的叙事方式或者富有创意的表现形式来吸引观众的注意力。例如，可以

尝试采用航拍、延时摄影等先进的拍摄技术，展现乡村的壮丽景色和独特风貌。或者通过与当地居民互动、体验乡村生活等方式，为观众呈现一个更加生动、有趣的乡村世界。此外，结合乡村的特色文化和传统活动，创作出富有故事性和情感共鸣的短视频，也是提升创新性的有效途径。

3.趣味性

趣味性是乡村旅游短视频吸引观众的重要因素之一。一个轻松有趣、寓教于乐的短视频往往更容易引发观众的共鸣和喜爱。为了增加视频的趣味性，可以从乡村的日常生活、民俗活动、特色美食等方面入手，挖掘其中的幽默元素和亮点。通过夸张、对比、模仿等手法，以及配乐、字幕等辅助元素，让观众在轻松愉快的氛围中感受到乡村的魅力和乐趣。同时，结合时事热点和流行趋势，用轻松诙谐的方式表达乡村文化和风土人情，也能有效提升视频的趣味性和传播效果

（二）短视频内容的传播策略

在数字化时代，有效的传播策略对于乡村旅游短视频的成功至关重要。为了确保短视频能够触及更广泛的受众并产生深远影响，我们必须采取多渠道、多平台、多形式的整合营销手段。

1.多渠道传播

多渠道传播是关键，乡村旅游短视频内容传播不应仅依赖单一的传播渠道，而应通过多个渠道共同发力，扩大短视频的覆盖面。除了常规的短视频平台，还可以与社交媒体、旅游预订平台等进行合作。例如，在社交媒体上分享短视频内容，利用其强大的用户基础和社交属性，让更多人看到并分享视频。同时，与旅游预订平台合作，将短视频作为旅游景点或民宿的介绍资料，可以直接触达有旅游需求的潜在受众。

2.多平台发布

多平台发布也是提升传播效果的重要手段，不同的短视频平台有着不同的用户群体和特点，因此需要根据平台特性调整短视频的内容和形式，以确保其在各个平台上都能获得良好的表现。例如，针对年轻人聚集的平台，可以制作更加活泼、有趣的短视频内容，以吸引他们的关注。

3.多形式呈现方式

多形式的呈现方式也是关键。除了常规的短视频形式，还可以尝试直播、图文结合等多种形式来呈现乡村旅游的内容，这样可以满足不同受众的需求，提高传播效果。例如，通过直播形式带领观众实地游览乡村景点，与他们进行实时互动，可以增强观众的参与感和沉浸感。

4.利用数据分析工具

利用数据分析工具对受众进行精准定位也是提升传播效果的重要手段。通过收集和分析用户数据，可以了解受众的兴趣爱好、消费习惯等信息，从而为他们推送更加精准、个性化的内容。这不仅可以提高短视频的点击率和观看率，还可以促进用户与乡村旅游目的地之间的互动和转化。

5.短视频大赛活动

为了进一步扩大短视频的传播范围和影响力，还可以举办短视频大赛等活动，通

过邀请网红达人、旅游达人等参与拍摄和分享乡村旅游短视频，可以吸引更多人的关注和参与。同时，设置丰厚的奖品和激励机制也可以激发更多人的创作热情，为乡村旅游短视频的传播注入新的活力。

6.互动与交流

在传播过程中与游客的互动和交流也是不可忽视的环节。需要及时回应游客的疑问和反馈，与他们建立良好的沟通和互动关系。这不仅可以增强游客的参与感和忠诚度，还可以为我们提供宝贵的用户反馈和数据支持，帮助我们不断优化和改进短视频内容和传播策略。

（三）短视频内容创作与传播对乡村旅游营销的影响

短视频内容的创作与传播对乡村旅游营销产生了深远影响。它不仅提高了乡村旅游的知名度和美誉度，还增强了游客的参与感和忠诚度。通过短视频的直观展示和互动传播，乡村旅游可以更加生动地展现其独特魅力，吸引更多游客前来体验。同时，短视频营销还能够促进乡村旅游产业的升级和发展，推动乡村经济的繁荣和进步。因此，乡村旅游地应积极利用短视频进行营销创新，提升乡村旅游的竞争力和吸引力。

三、短视频平台的选择与合作

（一）短视频平台的种类与特点

目前市场上主流的短视频平台如抖音、快手、B站等，它们各具特色且拥有广泛的用户基础。抖音以其精准的个性化推荐算法和强大的社交属性著称，吸引了大量年轻、活跃的用户群体；快手则以其内容的多样性和广泛的用户参与度闻名，尤其在下沉市场具有深厚的影响力；而B站作为以二次元和ACG文化起家的平台，聚集了大量对特定文化感兴趣的年轻用户。这些平台不同的用户特征和内容定位，为乡村旅游推广提供了多样化的选择。

（二）短视频平台选择原则

在选择合作的短视频平台时，我们需遵循以下关键原则：首先，目标市场的匹配度至关重要。深入理解目标游客群体的特征和偏好，选择那些用户画像与目标游客群体高度重合的平台，能够确保推广信息精准触达潜在游客。其次，用户活跃度是一个重要的考量因素。选择那些用户活跃度高、互动频繁的平台，有助于提升短视频的曝光率和传播效果。最后，传播效果也是不可忽视的指标。通过分析平台上的视频播放量、点赞量、分享量及评论量等数据，可以直观评估短视频在该平台上的表现，进而为选择合作平台提供有力依据。

（三）短视频平台合作策略

与短视频平台的合作应注重长期性、互动性和创新性（如图7-3所示）。首先，要建立长期合作关系，确保乡村旅游短视频的持续传播和更新。长期合作有助于建立稳定的合作关系，提高短视频的传播效果和品牌影响力。其次，要注重互动性，积极与游客进行互动和交流，增强他们的参与感。互动性可以提高游客的参与度和黏性，促进短视频的传播和分享。最后，要不断创新合作方式和营销手段，以适应市场变化和游客需求的变化，这样才能吸引更多游客的关注和提高营销效果。

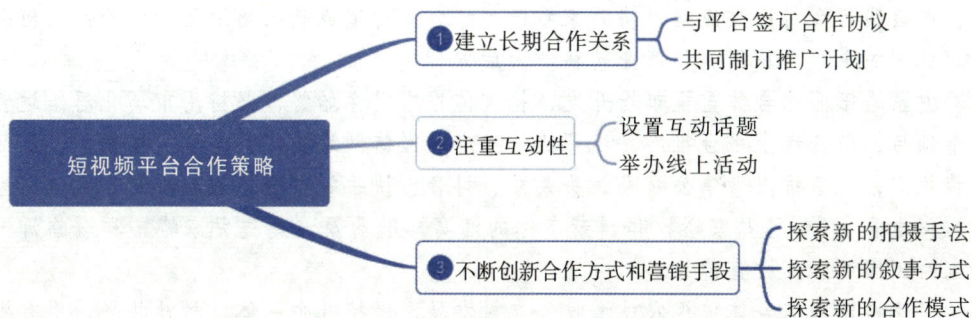

图7-3 短视频平台合作策略

任务实施

步骤一：选择一个成功的乡村旅游短视频案例，分析其内容特点、传播渠道及效果，总结其成功经验。

步骤二：借助网络调研，总结乡村旅游短视频内容的创作原则。

步骤三：选择一处乡村旅游地，为其制订详细的乡村旅游短视频传播计划，包括选择哪些平台、采用哪些形式等。

任务四　乡村旅游营销体验创新与创意

◎ 任务目标

知识目标：理解体验经济的定义与特点；熟悉乡村旅游营销体验设计的基本原则与方法。

技能目标：能够在乡村旅游营销体验中应用创新技术。

素养目标：培养学生的创新思维与实践能力。

任务描述

选择一个乡村旅游地，通过融入创新技术，设计一项营销体验活动，并在课堂上进行展示。

案例导入

尹家峪田园综合体模式

山东临沂尹家峪田园综合体模式涵盖了：高新科技下更优质、健康、高效的农产；未来感的游憩理念和设施，让游客得到更好的休憩；当地居民生活品质、收入、幸福感全面提升；三产融合更顺畅，城乡一体更紧密。其规划主要依托山水林田的优势，积极践行乡村振兴战略，将尹家峪田园综合体打造成长三角地区的农产品供应基地、休闲旅游"后花园"和产业转移"大后方"。

尹家峪田园综合体重视市场开发，将宣传推广贯穿始终，坚持用市场化思维运营整个项目，做好线上平台推广、线下实地推广、微信网站推广、电视广播推广、产品包装推广，先后推出微信公众号、头条号、抖音、快手等自媒体平台，制作《梦回崮乡》微电影、《感恩尹家峪》和《亲亲你的酒窝》歌曲及《走进尹家峪》和《临沂·尹家峪田园综合体》宣传片。

尹家峪田园综合体重视农民增收、农村发展，坚持社企一体、村社共兴，用有机的标准生产高端农产品、用可追溯的手段控制质量、用管理企业的理念发展现代农业、用互联网的思维营销市场，走出一条土地股权化、生产有机化、质量可追溯化、经营电商化、管理企业化、扶贫精准化和农旅一体化"七化一体"的乡村振兴新路径。

整合项目地20个村庄，人口2.3万、7100户，贫困人口1000多人、约900户，约4万亩的农民桃园，进行社会化平台管理，实现社会化服务于农民，联合金融机构对桃园进行投资，实现资本运作，改良提升现有桃子品种，做到一年四季有桃。对整合的桃园以企业、合作社、金融机构三方合作的模式进行统一管理、培训，对鲜桃通过不同渠道（鲜果市场、深加工企业、网络等）保底销售，不流转农民的土地，保障农民各项收入每年递增，保障贫困户稳定脱贫，在此基础上做大做强桃产业，形成桃产业链的稳步发展。

资料来源　山东省发展和改革委员会．尹家峪"田园综合体模式"［EB/OL］．［2024-12-12］．https://www.ndrc.gov.cn/fggz/nyncjj/xczx/202209/t20220916_1335602.html.

这一案例表明：尹家峪田园综合体通过创新营销体验和多元化的推广手段，成功打造了乡村旅游的新标杆。尹家峪田园综合体的成功经验为乡村旅游营销体验创新提供了有益借鉴。在未来的发展中，乡村旅游应继续注重品牌塑造、多渠道推广和产业融合，以推动乡村旅游的持续繁荣和发展。

知识探究

在线课堂
7-4

乡村旅游营销体验创新与创意

互动问答
7-4

问答提示

一、认识乡村旅游营销体验

（一）体验经济的定义与特点

体验经济是指企业以服务为舞台，以商品为道具，以消费者为中心，创造能够使消费者参与、值得消费者回忆的活动。它强调顾客的参与性和个性化需求，旨在为消费者创造独特而难忘的体验。

互动问答7-4
体验经济对乡村旅游营销具有哪些影响？

体验经济具有以下特点：注重顾客的个性化需求，强调顾客的参与和互动，以及追求顾客的情感共鸣和回忆价值。在体验经济中，消费者不再仅仅关注产品或服务的本身，而是更加注重在购买和消费过程中所获得的感受和体验。

（二）体验经济在乡村旅游营销中的创新应用

首先，深入探索并凸显乡村的文化底蕴与自然资源优势，设计出富有地域特色的体验项目。例如，让游客亲身尝试农耕的乐趣，或者参与丰富多彩的民俗活动。这样不仅能充分展现乡村的别具一格之处，更能有效吸引游客的目光，激发他们前来体验的欲望。

其次，需要强调的是游客的亲身参与和深度互动。借助互动体验、角色扮演等多元化方式，引领游客深入感受乡村生活的韵味。例如，组织游客亲手制作地道的乡村美食，或者让游客参与到传统手工艺品的创作中，这样不仅能极大地提升游客的参与感和获得感，更能使他们在实践中深刻领略乡村文化的独特魅力。

最后，不可忽视的是现代科技在提升游客体验中的关键作用。运用诸如虚拟现实、智能导览等前沿技术，为游客打造出更为丰富、立体的乡村体验。通过这些科技手段，旨在为游客提供一种融合了传统与现代、自然与科技的全新乡村旅游方式，让游客在享受乡村宁静与美好的同时，也能感受到现代科技带来的便捷与舒适。

二、熟悉乡村旅游营销体验设计的原则与方法

（一）乡村旅游营销体验设计的重要性

体验设计在乡村旅游营销中占据举足轻重的地位。

首先，借助精心策划的体验活动，能够成功吸引众多游客纷至沓来，亲身体验乡村旅游的独特魅力，进而大幅提升乡村旅游的知名度和市场影响力。这些别具一格的体验活动，往往能成为游客们热议的话题，通过口碑相传，进一步吸引更多潜在游客的目光。

其次，出色的体验设计对于提升游客满意度和忠诚度至关重要。当游客在乡村旅游中收获愉悦而难忘的体验时，他们更有可能成为乡村旅游的忠实拥趸和自发传播者。这种正面的情感联结，将促使游客们愿意再次踏足这片乡村土地，并热情地向亲朋好友推荐这里的旅游体验。

最后，体验设计是实现乡村旅游差异化竞争的关键所在。在如今激烈的市场竞争环境下，通过独树一帜的体验设计，能够打造出别具一格的乡村旅游产品，从而在众多旅游目的地中脱颖而出。这种差异化的竞争优势，将吸引更多游客慕名而来，选择并青睐于我们的乡村旅游产品。

（二）乡村旅游营销体验设计的基本原则

乡村旅游营销体验设计应遵循基本的原则，如图7-4所示。

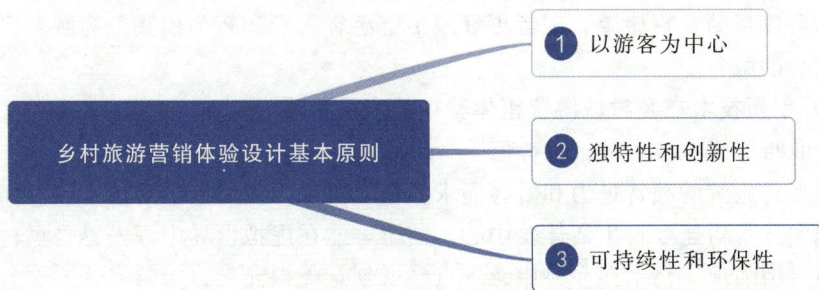

乡村旅游营销体验设计基本原则

1　以游客为中心

2　独特性和创新性

3　可持续性和环保性

图7-4　乡村旅游营销体验设计基本原则

首先，以游客为中心，深入洞察他们的需求和期望，进而设计出能够触动游客内心的活动。这需要关注每位游客的个性化需求，从而为游客提供丰富多样的体验选项。

其次，强调设计的独特性和创新性，避免陈词滥调，努力创造出别具一格、具有市场竞争力的乡村旅游产品。这需要深入挖掘乡村的独特韵味，并将其巧妙地融入体验设计中，为游客带来非凡而深刻的乡村体验。

最后，可持续性和环保性是不可忽视的原则。要在设计中贯穿环保思维，确保乡村旅游的持久繁荣。保护乡村的原始自然环境和珍贵的文化遗产，是实现乡村旅游可持续发展的关键所在。

（三）乡村旅游营销体验设计的方法

首先，开展深入的市场调研至关重要，通过这一步骤，能够洞察游客的深层需求和偏好，从而为体验设计奠定坚实基础。借助问卷调查、面对面访谈等多种手段，可以广泛收集游客对于乡村旅游的期望与宝贵建议，为打造卓越的体验设计提供有力的数据支撑。

其次，需要深入探索和巧妙利用乡村丰富的文化与自然资源，将这些独具特色的元素有机地融入各类体验活动中，能够极大地增强游客的参与感和满足感。例如，可以策划以乡村文化为核心主题的系列活动，诸如乡村音乐会、地道的民俗表演等，使游客在沉浸式的体验中深刻感受到乡村的别样魅力。

最后，创新是提升乡村旅游体验的关键。可以充分运用创意和设计思维，对体验活动的形式与内容进行革新，以此吸引更多游客。例如，引入虚拟现实体验、互动游戏等前沿技术，为游客带来前所未有的全新感受，使乡村旅游焕发新的活力。

三、创新技术在乡村旅游营销体验中的应用

（一）创新技术的种类与特点

创新技术种类繁多，包括虚拟现实、增强现实、智能导览、大数据等。这些技术具有沉浸式、交互性、个性化等特点，能够为游客提供更加丰富、多样的体验。在乡村旅游中，这些技术可以应用于景区导览、活动体验、信息传播等方面。例如，虚拟现实技术可以打造乡村生活的虚拟场景，让游客在虚拟环境中体验乡村生活的魅力；增强现实技术可以在现实场景中添加虚拟元素，为游客创造更加生动有趣的体验；智能导览系统可以为游客提供个性化的游览路线和解说服务，提升游客的游览体验；大数据技术可以帮助乡村旅游管理者更好地了解游客需求和行为模式，为游客提供更加精准、贴心的服务。

（二）创新技术在乡村旅游营销体验中的应用策略

1.精准匹配技术与乡村旅游特色

根据乡村旅游的独特魅力和游客需求，精心挑选并应用恰当的技术。例如，可运用虚拟现实技术构建乡村生活体验中心，使游客能在虚拟世界中深入感受乡村的日常生活；通过增强现实技术在乡村旅游景点融入创意虚拟元素，为游客营造更为生动和富有吸引力的游览环境。

2.优化技术的易用性与便捷性

应着重考虑技术的用户友好性，设计简洁直观的操作界面，确保游客能无障碍地使用这些技术，并充分享受由此带来的便捷与乐趣。同时，技术的稳定性至关重要，必须降低故障率，从而避免对游客体验造成不良影响。

3.持续的技术更新与维护

为确保技术的稳定性和安全性，应建立常规的技术检查与维护机制。此外，要密切关注行业内的技术动态，及时更新技术设备，以便为游客提供持续领先、高品质的体验服务。通过这些措施，乡村旅游不仅能保持与时俱进，而且能持续吸引并满足游客的期望。

任务实施

步骤一：选择一个乡村旅游地，设计以游客为中心的体验活动，并说明通过活动如何满足游客的个性化需求与情感共鸣。

步骤二：针对所设计的体验活动，融入一项创新技术，如虚拟现实等，并详细描述技术应用的具体方式及其对提升游客体验的预期效果。

步骤三：评估所设计体验活动的市场吸引力及可持续性，并提出改进建议。

项目测试

一、单选题

1.应以（　　）为中心，注重情感式和思维式营销的运用，精心地组织和设计体验式活动。

A.游客　　　　　　B.企业　　　　　　C.乡村旅游地　　　　D.文化

2.（　　）以其精准的个性化推荐算法和强大的社交属性著称，吸引了大量年轻、活跃的用户群体。

A.小红书　　　　　B.B站　　　　　　C.抖音　　　　　　D.快手

3.乡村旅游的营销需要了解（　　）的兴趣点，基于此来定制传播内容。

A.旅游地　　　　　B.大众　　　　　　C.平台　　　　　　D.播主

二、判断题

1.互动体验设计是提升游客参与度的重要策略。　　　　　　　　　　　　（　　）

2.独特性和原创性是IP营销的核心竞争力所在。　　　　　　　　　　　　（　　）

笔记

项目测试
7-1

在线答题

启智润心

江西篁岭村：旅游领域创新的灯塔

在中国江西有一个最美的古村落——篁岭村，500多年的历史、典型的徽派建筑、悠久的晒秋文化、层层金黄的梯田花海，勾勒出了这个村落独特的魅力。保护性开发让篁岭村重焕生机，吸引大量游客前来，成为中国"最佳旅游乡村"之一。2023年10月19日，该村入选联合国世界旅游组织全体大会公布的2023年联合国世界旅游组织"最佳旅游乡村"名单之一。篁岭村是遗产保护、共同繁荣和跨文化交流的出色典范,篁岭村致力于保护其文化宝藏,成为旅游领域创新的灯塔。

1. 独特的晒秋文化

篁岭村以其独特的晒秋文化而闻名。各家各户将五颜六色的农作物用竹簸箕装好,放在房屋二楼的木架子上,颜色鲜艳的粮食与黑白相间的房屋交错相映,五彩缤纷。这种文化活动不仅展示了当地的农耕文化,也给游客带来了独特的视觉体验。

2. 徽派建筑和古村落

篁岭村保存了大量的徽派建筑和古村落,这些古建筑体现了中国古代的建筑风格和文化传统。游客可以在这里领略到原汁原味的古村落风貌和民情民风,感受中国传统文化的魅力。这些古建筑也是该村的文化遗产之一,为游客提供了丰富的历史和文化体验。

3. 壮丽的梯田景观

篁岭村拥有壮丽的梯田景观,被誉为中国最美的梯田之一。游客可以在这里欣赏到金黄的梯田油菜花海,感受大自然的壮美和生机。这种景观不仅吸引了游客的目光,也成为了摄影爱好者和画家的天堂。

4. 完善的旅游设施和服务

篁岭村旅游设施完备,包括民宿、餐馆、酒吧等,为游客提供了舒适的住宿和美食体验。此外,还有各种旅游活动和节目,如文化节、舞蹈庆祝活动等,让游客充分感受到当地的文化氛围。这些旅游设施和服务不仅满足了游客的需求,也为当地经济发展作出了贡献。

5. 传统文化的保护和传承

篁岭村拥有丰富的历史建筑和非物质文化遗产,这些遗产的保存和保护得到了高度重视。该村不仅致力于保护文化遗产,还通过各种方式推动文化传承和发展,如开展非物质文化遗产月活动、培训村民等。

6. 创新和创意

篁岭村不仅注重传统文化的保护和传承,还注重创新和创意。篁岭村打造了独具特色的花溪水街等景点,通过错位布局和差异化的发展,营造了文艺性特色和鲜花之旅;将鲜花小镇与文化创意相结合,利用文化创意的优势进行包装和深化,开发传统手工木榨作坊等,提升了花海旅游在文创方面的附加值。篁岭村的创新与创意举措让游客感受到独特而美妙的旅游体验。

7. 可持续发展理念

篁岭村注重旅游业的可持续发展,注重保护环境和当地的文化传统。在旅游开发中,当地居民积极参与,促进了当地经济的发展,也保护了篁岭村的生态环境和文化遗产。这种可持续发展理念不仅为当地经济发展提供了保障,也为游客提供了更加生态、健康的旅游环境。

资料来源 本刊编辑部. 江西篁岭村:旅游领域创新的灯塔 [J]. 新型城镇化,2023(12):41-43.

思政元素:文化自信 创新精神

学有所悟：党的二十大报告指出了文化自信与乡村振兴在国家发展战略中的核心地位。文化自信作为国家软实力的重要组成部分，不仅是民族精神的体现，更是国家文化竞争力的源泉；乡村振兴则是实现城乡协调发展、全面建设社会主义现代化国家的关键一环。这两大战略方向的确立，彰显了国家对于全面提升国民文化素养与农村经济社会发展的高度重视。在这一指导思想的引领下，篁岭村通过保护性开发，成功地将乡村旅游与文化遗产保护相结合，使古老的徽派建筑和晒秋文化焕发新生，并以此为基础打造了独具魅力的乡村旅游品牌，推动了经济繁荣。同时，篁岭村的成功也离不开旅游从业者和村民的创新精神，他们以实际行动践行了对中华优秀传统文化的尊重和传承。

乡旅实践

金佛山南麓看致富"茶道"

重庆市南川区德隆镇位于世界自然遗产地金佛山南麓，自然生长着 1.7 万多株上百年至上千年的古茶树。近日，西南大学食品科学学院暑期"三下乡"中华文化传承团来到此地，调研古树茶如何成为当地群众的"致富茶"，同时为当地茶文化及茶产业发展面临的困境建言献策。

茶叶是德隆镇的特色优势产业，也是惠民有感的富民产业。这里平均海拔 1000 米，散落在大山深处的村庄、古茶树时常被云雾萦绕。独特的自然生态环境，孕育出的古树茶叶片肥厚、芽体壮硕，汤色透亮，滋味鲜醇，深受市场青睐。

"德隆镇现存一株有 2700 多年树龄的古茶树，被誉为'茶树鼻祖'。"德隆镇人民政府相关工作人员介绍，近年来，德隆镇着力推动古树茶规模化发展，在保护好原有的 1.7 万多株野生古茶树的同时，利用现代科技人工培育了约 8200 亩古树茶，当地生产的优质茶叶产品销往全国各地并打入海外市场。

为深入了解德隆镇的茶产业发展情况，实践团来到了金山红茶厂。该茶厂借助数字化完善产业链条，同时保留传统加工工艺以保障茶叶品质，提升古树茶品牌。据介绍，除大力发展茶产业外，德隆镇还依托当地浓厚的茶文化氛围，打造了"红茶书院""金山红茗宿"等茶主题民宿，致力于全方位多角度开发茶文化，助力乡村振兴。

南川区"千年金山红"传统制作技艺被列为重庆市非物质文化遗产。实践团成员参观茶园，走进茶文化博物馆，并与"千年金山红"传统制作技艺非遗传人谭树立面对面交流，体会德隆镇特殊的茶文化及其背后的精神内涵。此外，实践团还对当地居民、游客进行了走访调研，深入探寻德隆镇茶文化历史起源与底蕴。

活动期间，实践团还举办了茶文化宣传系列活动，通过分发宣传单、科普宣讲、茶艺表演、现场授课等形式，弘扬传统茶艺茶文化。

西南大学食品科学学院相关负责人表示，未来，学院将持续助力德隆镇茶文化和茶产业发展，组织青年教师前往德隆镇，用专业知识为当地解决实际问题，为乡村振兴贡献高校智慧和高校方案。

资料来源　晏红霞. 金佛山南麓看致富"茶道"［EB/OL］.［2024-12-15］. http://cq.people.cn/n2/2024/0725/c401602-40923677.html.

要求：以小组为单位，根据以上案例，为本专业暑期"三下乡"实践活动撰写一份行动计划，突出专业特色和社会实践的意义。

学习评价

本项目学习评价表见表7-1。

表7-1 学习评价表

学习内容	乡村旅游营销实践创新与创意		
	评价要点	学生自评（50%）	教师评价（50%）
知识掌握（30分）	掌握乡村旅游主题策划的基本原则及季节性主题活动的策划（8分）		
	掌握乡村旅游IP的重要性及打造策略（7分）		
	掌握短视频的价值及内容传播策略（7分）		
	掌握体验经济的特点及乡村旅游营销体验设计的基本原则（8分）		
技能提升（40分）	能够策划乡村旅游的文化与节庆主题（10分）		
	能够运用IP营销提升乡村旅游吸引力（10分）		
	能够运用短视频营销提升乡村旅游吸引力（10分）		
	能够在乡村旅游营销体验中应用创新技术（10分）		
素质养成（30分）	具有创新思维与实践能力（10分）		
	具有乡土情怀，坚定文化自信（10分）		
	推动乡村旅游文化的传承与发展（10分）		
综合评价成绩（100分）			

学生自评：

学生签字：

教师评语：

教师签字：

模块四
乡村旅游产品创新与创意

8 项目八 乡村旅游产品设计创新

项目概述

　　乡村旅游产品设计创新对于推动乡村旅游的可持续发展、提升游客体验、丰富乡村旅游内容、增强乡村旅游的吸引力和竞争力具有重要意义。通过创新，乡村地区可以更好地结合当地文化和自然资源，开发出独特且多样化的旅游产品，满足游客个性化和多样化的需求。创新设计还有助于提高乡村旅游的经济效益，促进当地社区的发展，同时保护和传承乡村的文化遗产。此外，创新的乡村旅游产品能够增强游客的参与感和体验感，使他们更加深入地了解和体验乡村生活，从而提升乡村旅游的整体价值和影响力。总之，乡村旅游产品设计的创新是实现旅游业高质量发展的关键，对于促进乡村旅游的全面升级和转型具有深远的影响。

任务一 乡村旅游线路产品创新

◎ 任务目标

学习目标：了解乡村旅游线路产品的构成元素；熟悉乡村旅游线路产品创新的原则。

技能目标：能够对乡村旅游线路产品进行创新设计。

素养目标：培养学生的创新思维及精益求精的工匠精神。

任务描述

选择一个乡村旅游地，对其进行特色化旅游产品设计，要求体现文化性、体验性和当地特色。

案例导入

广东·连平：可借鉴的"连平样板"

连平县位于广东省河源市，地处广东省北部生态发展区，属于国家南岭生态区，也是革命老区、原中央苏区县。这里自然生态、农业、旅游、人文等资源得天独厚，被誉为"广东香格里拉"。2022年，连平县入选首批广东省文化产业赋能乡村振兴典型案例。

连平乡村振兴5.0模式，以持续运营为导向，把区域内的农业资源、交通资源、文化资源、旅游资源、风景资源、美丽乡村等整合起来，建设乡村振兴示范带，通过绿道、碧道串联，通过网红爆点引流，盘活乡村闲置资产，唤醒连平沉睡资源，全力打造"有颜值、有文化、有气质、有效益、有共荣"的乡村振兴新示范，助推产业转型升级，让老百姓持续受益。产品打造突出文活化、夜点亮、研撬动。文活化——围绕灯舞连平IP，构建文创产品、文创空间等支撑体系；夜点亮——以连平家灯主题贯穿十里花灯长廊，打造乡村夜游；研撬动——面向周边50万研学客群，提供非遗文化、自然教育、红色研学三大类主题研学内容体验，打造乡村研学体系。

资料来源　巅峰智业. 乡村振兴+文旅创新：16个典型案例解析［EB/OL］.［2024-12-25］. https://www.urbanlight.cn/newsdetail/0f2d3a51-7edd-2d2f-70d9-bfb2d4e48ba3.

这一案例表明：连平乡村振兴5.0模式通过整合农业资源、交通资源和文化资源，创新了乡村旅游产品线路。该模式依托绿道和碧道网络，串联起乡村的自然景观、文化遗迹和农业体验活动，打造了一系列主题鲜明的旅游线路。同时，通过引入网红经济和节庆活动，吸引游客参与，提升了乡村旅游的吸引力和竞争力。此外，该模式还注重社区参与和利益共享，确保旅游发展成果惠及当地居民，实现了乡村旅游的可持续发展。

知识探究

一、认识乡村旅游线路产品

乡村旅游线路产品是指为了满足游客对乡村地区自然风光、文化体验、休闲度假等方面的需求，而设计的一系列旅游活动和服务的组合。乡村旅游线路产品创新是乡村旅游产品创新的核心。

乡村旅游线路产品的构成元素见表8-1。

表8-1   乡村旅游线路产品的构成元素

构成元素	具体内涵
自然景观体验	乡村旅游线路产品通常以自然风光为核心，包括田园风光、山水景观、森林湖泊等。这些自然景观为游客提供了亲近自然、放松身心的机会。自然景观体验的内容涉及徒步、骑行、观鸟、摄影等活动，让游客在享受自然美景的同时，体验户外活动的乐趣
文化和民俗体验	乡村地区往往拥有丰富的文化遗产和独特的民俗风情。文化和民俗体验的内容包括参观历史古迹、传统村落、民俗博物馆等，让游客深入了解当地的历史文化；还包括参与当地的节庆活动、体验传统手工艺制作等，以增强游客的文化体验
农事体验	农事体验是乡村旅游的重要组成部分，游客可以通过参与种植、收割、采摘等农事活动，体验农业生产的过程。农事体验不仅可以让游客了解农耕文化、享受收获的乐趣，而且可以提供亲子互动的机会，增进家庭成员之间的感情
乡村美食体验	乡村美食体验可以提供品尝当地特色美食，如农家菜、有机食品、地方小吃等的机会。游客可以在农家乐、乡村餐厅或当地的市集中品尝到新鲜、健康、地道的乡村美食，体验乡村的饮食文化
乡村户外活动	对于寻求刺激和挑战的游客，可以体验乡村户外活动，如攀岩、漂流、滑翔伞、山地自行车等。这些活动通常在乡村的自然环境中进行，让游客在享受速度与激情的同时，也能欣赏到乡村的壮丽景色，体验与城市截然不同的冒险之旅

二、熟悉乡村旅游线路产品创新的原则

乡村旅游线路产品的创新，有助于丰富游客体验，促进地方经济发展，保护和传承乡村文化，增强旅游吸引力和竞争力，实现旅游与环境的和谐共生。

（一）以市场需求为导向

乡村旅游线路产品创新应以市场需求为导向，深入研究目标游客群体的偏好和需求。通过市场调研，了解游客对乡村旅游的期望和兴趣点，设计符合市场需求的旅游产品，以提高产品的吸引力和市场竞争力。

（二）注重文化特色挖掘

创新乡村旅游线路产品应深入挖掘和利用当地的文化特色和资源，如历史遗迹、民俗风情、传统节庆等。通过将这些文化元素融入旅游产品中，增强产品的文化内涵

和独特性，为游客提供丰富的文化体验。

（三）坚持生态保护

在乡村旅游线路产品的设计和开发过程中，应坚持生态保护原则，避免对自然环境造成破坏。通过可持续的旅游实践，保护乡村的生态环境，同时提升游客的环保意识，实现旅游发展与环境保护的双赢。

（四）注重提升游客体验

乡村旅游线路产品创新应注重提升游客的体验性和参与性，设计互动性强的活动和项目。通过让游客参与农事体验、手工艺制作、户外探险等活动，增强游客的参与感和满意度，使旅游体验更加生动和难忘。

（五）追求多元化和个性化

为了满足不同游客的需求，乡村旅游线路产品创新应追求多元化和个性化。提供多样化的旅游产品和服务，满足不同年龄、兴趣和消费水平的游客需求，同时根据游客的个性需求提供定制化服务，提升旅游产品的附加值。

（六）确保产品的安全性与可持续性

乡村旅游线路产品创新不仅要注重旅游体验的丰富性和趣味性，而且要确保活动的安全性和可持续性。通过制定严格的安全标准和应急预案，确保游客的安全。同时，应考虑旅游活动的长期影响，确保旅游发展对当地社区和环境的正面效应。

互动问答8-1
要实现乡村旅游线路产品创新，应遵循哪些原则呢？

互动问答
8-1

问答提示

三、创新乡村旅游线路产品

进行乡村旅游线路产品创新设计是为了满足游客多样化和个性化的需求，提升旅游体验，同时促进乡村经济的发展和文化传承。创新设计能够吸引更多游客，增加旅游收益，加强乡村与外界的联系，推动乡村振兴。在线路产品设计过程中，掌握正确的方法，可以使我们找到方向，从而有效实现创新设计的目标。

（一）线路产品的主题化设计

根据乡村的自然风光、文化背景、历史传说等特色，设计具有鲜明主题的旅游线路产品。例如，以当地特色农产品为主题的采摘游，或以民俗文化为主题的体验游，让游客在参与中深入了解乡村的独特魅力。

（二）内容元素的多元化组合

结合不同类型的旅游资源，如自然景观、文化遗产、农家乐、户外探险等，打造多元化的旅游线路产品。通过线路的多样化组合，满足不同游客的需求，提供一站式的旅游体验。

（三）线路产品的季节性规划

根据季节变化设计相应的旅游线路产品，如春季赏花、夏季避暑、秋季采摘、冬季滑雪等。季节性规划能够充分利用乡村的自然资源，同时为游客提供独特的季节体验。在做季节性规划的过程中应当特别注意对于当地特色旅游资源的应用。

（四）体验活动的充分挖掘

线路产品要实现创新，应当扬弃传统旅游产品的游览功能，继而强调游客的参与和体验，设计互动性强的旅游活动，如农事体验、手工艺制作、民俗表演等。体验式营销能够提升游客的满意度和忠诚度，增强旅游产品的吸引力。

（五）现代科技的有效融合

线路产品创新设计中，要注重跟当下时兴的科技元素相结合，利用现代科技手段，如虚拟现实、增强现实、智能导航等，创新乡村旅游线路产品。科技融合能够提升游客的体验质量，同时为乡村旅游增添现代感。

（六）社区参与的鼓励和引导

鼓励和引导当地社区居民参与旅游线路产品的开发和服务，通过社区参与提升旅游线路产品的本土性和真实性。社区参与不仅能够增强旅游产品的吸引力，还能够带动当地经济发展，实现旅游扶贫。在操作过程中要特别注重对"线路"过程中原住民参与的理解，如传统旅游线路中的标识标牌设计、驿站的设置等，都是实现社区参与的有效方法。

📝 笔记

任务实施

步骤一：开展市场调研，了解游客对乡村旅游的期望和兴趣点，遴选对应的资源。

步骤二：结合不同类型的旅游资源，打造多元化且符合市场需求的旅游线路产品。

步骤三：引导当地社区居民参与旅游线路的开发和服务，突出乡村旅游产品的原真性。

任务二   乡村旅游文创产品创新

◎ 任务目标

知识目标：了解乡村旅游文创产品的类型。

技能目标：能够对乡村旅游文创产品进行创新设计。

素养目标：培养学生的创新思维及精益求精的工匠精神，坚定文化自信。

任务描述

选择一个乡村旅游地，为其设计一个具有地域文化特色的文创产品。

案例导入

广东韶关始兴打造乡村文创基地 用艺术激活古村

始兴县城南镇周前村是韶关市保存最完整的古村落之一，于2019年入选第五批中国传统村落名录。2023年6月，始兴县携手广州美术学院城乡艺术建设研究院对原周前村小学进行整体改造。周前艺术公社在这旧小学遗存的基础上进行了有机更新，建设总面积1 953平方米，建有乡村美术馆、艺术家驻地机构、艺术家工作室、民艺工作坊等，可满足学术研讨、交流展示、外来游客观光体验等，旨在全面复兴周前古村的山水家园形态，营造一种新的乡村生活样式，实现经济和商业价值，以及民生价值和文旅价值。

村民表示，自艺术公社建成以来，村容村貌变美了，就业率增加了，旅游人气不断提升，有些村民自发做起小生意，卖卖农产品，实现了增收致富；而且，平时可来这边看书学习，丰富了精神生活。

资料来源　许青青．广东韶关始兴打造乡村文创基地 用艺术激活古村［EB/OL］．［2024-12-20］．https://www.chinanews.com.cn/cul/2024/09-02/10278654.shtml．

这一案例表明：乡村旅游文创产品的设计不单纯指某种工艺品或纪念品的设计，它已充分融入乡村旅游活动的整个周期。游客在乡村的种种体验均可以是乡村旅游文创产品创新设计的源泉。案例中，艺术不仅具有一定的美学价值和教育价值，同时可以为文创产品设计提供思路。更为可贵的是，将文化体验、艺术体验的过程融入文创产品设计的过程中来，这本身就是对创新的一种新的理解。

知识探究

乡村旅游文创产品设计创新能够使乡村旅游产品更具吸引力和市场竞争力，满足游客对个性化、特色化旅游体验的需求。通过结合乡村的自然风光、历史文化、民俗风情等元素，设计出独特的旅游商品和纪念品，不仅能够提升游客的满意度和忠诚度，还能够促进当地经济的发展，增加农民收入，带动相关产业链的增值，对于推动乡村振兴战略的实施具有重要的价值和意义。此外，文创产品的设计和推广也是保护和传承乡村非物质文化遗产的有效途径，有助于提升乡村文化的影响力和知名度。

在线课堂
8-2

乡村旅游文创产品创新

一、认识乡村旅游文创产品

乡村旅游文创产品包含在乡村旅游过程中的方方面面，它深入地与当地的自然景观与历史文化相结合，并融入于不同的产品体系，在进行设计前，我们需要了解乡村旅游文创产品的主要类型，以便我们进行有针对性的设计。

（一）纪念品类文创产品

纪念品类文创产品通常包括具有地方特色的小物件，如钥匙扣、冰箱贴、纪念币等。这些产品往往设计精美，便于携带，能够让游客在旅行结束后留下美好的回忆。它们通常以当地文化、历史或自然景观为主题，通过创意设计，将乡村的特色元素融入产品中。

（二）工艺品类文创产品

工艺品类文创产品是指那些手工制作、具有艺术价值和地方特色的产品，如木雕、陶瓷、刺绣、编织品等。这些工艺品往往由当地工匠手工制作，展现了乡村的传统技艺和文化特色，可提供乡村旅游中不可或缺的文化体验。

（三）日用品类文创产品

日用品类文创产品是指那些与日常生活密切相关的产品，如印有乡村特色图案的T恤、帽子、手提袋等。这些产品不仅实用，而且通过设计将乡村文化融入日常生活中，让游客在使用过程中感受到乡村的魅力。

（四）食品类文创产品

食品类文创产品通常包括当地特色农产品、加工食品或特色小吃。这些产品通过包装设计和品牌故事，将乡村的风味和传统美食文化传递给游客，同时也是推广当地农业和食品产业的重要途径。

（五）体验类文创产品

体验类文创产品是指能够提供互动体验的活动或服务，如农事体验、手工艺制作课程、民俗节庆活动等。这类产品通过提供亲身参与的机会，让游客在体验中学习和了解乡村文化，增强旅游的互动性和教育性。

（六）数字媒体类文创产品

数字媒体类文创产品包括以数字形式存在的文化内容，如电子书、音乐、视频、在线课程等。这些产品通过现代技术手段，将乡村的故事、知识和文化以数字化的方式呈现给更广泛的受众，拓宽了乡村旅游文创产品的传播渠道。

二、创新乡村旅游文创产品

乡村旅游文创产品设计是指将乡村的文化元素、自然景观、民俗风情等独特资源融入旅游商品和纪念品中，以提升产品的文化价值和市场吸引力。乡村旅游文创产品创新设计的方法包括以下几个方面：

（一）深度挖掘当地特色文化

实现乡村旅游文创产品创新设计的首要步骤是深入挖掘乡村的文化内涵。这包括对乡村的历史故事、传统习俗、民间艺术、自然景观等进行系统的梳理和研究。通过与当地居民、文化专家和历史学者的合作，收集和整理相关的文化资料，为设计提供丰富的素材和灵感。在此基础上，设计师可以创造出反映乡村特色和精神的文创产品，使产品不仅是商品，更是文化的载体。

（二）有针对性地贴合目标市场需求

了解目标市场的需求是实现创新设计的关键。通过市场调研，包括问卷调查、消费者访谈、竞品分析等方式，了解消费者的兴趣、偏好和购买行为。分析数据，识别消费者的需求和期望，以及他们对乡村旅游文创产品的特定要求。根据市场需求，调整和优化产品设计，确保产品能够满足消费者的实际需求，同时创造新的市场机会。

（三）尝试跨界融合设计

跨界融合是创新设计的重要方法。结合不同领域的设计理念和技术，如将现代艺术与传统文化相结合，或将科技元素融入传统工艺，创造出独特的乡村旅游文创产品。例如，利用数字技术制作具有乡村特色的数字艺术品，或将传统手工艺与现代设计趋势相结合，开发出新颖的产品。跨界融合不仅能够提升产品的创新性和艺术性，还能够拓宽产品的市场吸引力。

（四）加强用户的设计参与

用户参与设计（User-Centered Design，UCD）是一种以用户为中心的设计方法，它强调用户在设计过程中的参与和反馈。通过工作坊、原型测试、用户反馈等方式，让用户参与到乡村旅游文创产品的设计与开发中。这种方法能够确保产品设计符合用户的实际体验和需求，同时激发用户的创造力和参与感，为产品创新提供新的思路和方向。这种方式在乡村旅游文创产品中可以进行有益尝试，融入文创产品设计生成的不同步骤中。

（五）创造故事性与情感链接

在乡村旅游文创产品设计中融入故事性和情感链接，可以提升产品的情感价值，增强消费者对产品的认同感和忠诚度。通过讲述乡村的故事、传说或历史事件，将这些故事融入产品设计中，使产品具有更强的叙事性和情感表达。例如，设计一款以乡村传说为主题的系列纪念品，或创建一个以乡村历史人物为原型的卡通形象。

互动问答8-2
如何在乡村旅游文创产品中融入故事性？

互动问答
8-2

问答提示

（六）体现可持续发展理念

将可持续发展理念融入乡村旅游文创产品设计，是实现创新设计的重要策略。在设计过程中考虑产品的环保材料、生产过程、使用周期和回收处理等环节，确保产品设计和生产过程对环境的影响最小化。例如，使用可回收或可降解材料制作产品，或开发具有教育意义的环保主题文创产品。可持续发展理念不仅有助于保护乡村的自然环境和文化遗产，而且能够提升产品的社会责任形象，吸引更多关注环保的消费者。

任务实施

📝 笔记

步骤一：选择一个乡村旅游地，深度挖掘乡村非遗技艺、自然景观等核心元素，结合市场调研明确目标消费群体与产品定位，形成差异化竞争策略。

步骤二：将文化符号转化为模块化设计语言，运用环保材料或废弃农具再造兼具实用性与美学的文创产品。

步骤三：建立"设计—打样—量产"标准化流程，通过短视频营销、乡村市集快闪等多元渠道推广，并持续追踪用户反馈进行产品迭代优化。

任务三　农家乐产品创新

◎ 任务目标

知识目标：了解农家乐产品的内涵及要素；熟悉农家乐产品发展中出现的问题。

技能目标：能够对农家乐产品进行创新设计。

素养目标：培养学生的创新思维及精益求精的工匠精神。

任务描述

　　选择一个乡村旅游地，为其设计一个农家乐产品，包括内外部环境装饰、文化内涵、主要活动，并在课堂上进行展示。

案例导入

"客人乐"才能"农家乐"——乡村游提档升级透视

　　传统的低档次农家乐已难以满足现代消费者的需求。那种"看看山水，钓钓鱼，打打球"的简单乡村游模式，显然已无法满足今天消费者对于旅游体验的多元和深层次需求。广西社会科学院社会学研究所所长姚华表示："如今农家乐的数量在减少，其中最主要的原因是缺乏创新和与时俱进的能力。"一成不变的娱乐方式，对追求新鲜刺激的现代消费者来说，已经失去了吸引力。消费者普遍反映，现在大部分农家乐提供的服务项目过于单一，主要停留在基础的餐饮和农事体验上，缺乏创意和特色。而在食材的选择上，尽管打着绿色、原生态的旗号，但实际上很多食材都是从城乡接合部的大型市场采购，这使得农家乐的价格优势也不再明显。

　　业内专家指出，随着消费升级和城乡差距的逐渐缩小，消费者对农家乐的期待越来越高，且消费观念也趋于理性，更注重性价比，要吃得好，更要吃得健康、吃得有趣，这无疑给农家乐行业带来了巨大的挑战，该行业亟待通过转型升级来满足消费者的新需求。

　　资料来源　关俏俏，马晓洁，赵欢，等."客人乐"才能"农家乐"——乡村游提档升级透视［EB/OL］.［2024-12-20］. http://www.news.cn/fortune/20240718/6a55d8bf86c64a1aabcf7daddaba2f3c/c.html.

　　这一案例表明：随着乡村振兴战略的深入实施，乡村休闲产业正迎来前所未有的发展机遇。我国农家乐新增注册企业数量持续增长，意味着农家乐依然有着巨大的市场潜力和广阔的发展前景，其独特的乡村风情和综合性的休闲体验，依然是众多城市人所向往的。面对市场的新变化和消费者的新需求，农家乐的转型升级势在必行。

知识探究

在线课堂
8-3

农家乐产品
创新

　　实现乡村旅游中农家乐产品设计的创新对于提升游客体验、增强乡村旅游吸引力和促进当地经济发展至关重要。创新农家乐产品能够为游客带来独特的休闲和学习机会，同时为当地社区带来经济收益，增加就业机会，促进农村地区的可持续发展。乡村旅游中农家乐产品创新的意义和价值在于，它不仅能够丰富游客的旅游体验，提升乡村旅游的整体形象和竞争力，还能够促进当地经济的发展，增加农民收入，改善农村居民的生活质量，同时保护和传承乡村文化，实现文化和经济的双赢。

一、认识农家乐产品

农家乐产品是指在乡村地区，利用当地的自然资源、农业生产、乡村文化和农家生活等资源，为游客提供的一种休闲、娱乐、体验和学习的旅游服务。农家乐产品包含的要素见表8-2。

互动问答8-3
是否凭借以上要素就可以判断某个乡村旅游产品为农家乐产品？

互动问答
8-3

问答提示

表8-2　　　　　　　　　　　　**农家乐产品包含的要素**

要素	内涵
住宿服务	提供具有乡村特色的住宿设施，如农家院、民宿、乡村别墅等
餐饮服务	提供以当地农产品为主要食材的餐饮服务，包括农家菜、特色小吃等
农事体验	让游客参与农事活动，如种植、收割、养殖等，体验农业生产的过程
文化体验	通过参与当地的文化活动和节庆，了解和体验乡村的传统文化与习俗
休闲娱乐	提供各种休闲活动，如钓鱼、徒步、骑行、棋牌游戏等

二、熟悉农家乐产品存在的问题

（一）同质化严重

农家乐的同质化问题主要表现在以下几个方面：许多农家乐提供的服务项目如餐饮、住宿、采摘等缺乏创新，导致游客体验单一，难以形成差异化的吸引力。为了迎合游客对乡村风格的期待，很多农家乐在装修风格上追求传统和乡土气息，导致外观和内部装饰趋于一致。在餐饮服务上，很多农家乐提供的菜品缺乏地方特色，往往是一些常见的家常菜，缺乏对当地食材和传统烹饪方法的挖掘。农家乐的活动内容多为钓鱼、采摘等，缺乏结合当地文化和自然资源的特色活动，使得游客难以获得独特的体验。在宣传推广上，农家乐往往采用传统的广告和口碑传播，缺乏利用新媒体和网络平台进行有效营销的策略。在服务上，农家乐往往缺乏对游客个性化需求的关注，服务流程和内容标准化，缺乏定制化和个性化的服务。在文化体验上，很多农家乐忽视了对当地文化的深入挖掘和展示，未能将乡村文化融入旅游产品和服务中。同质化现象使得农家乐难以在竞争激烈的市场中突出自身特色，影响了乡村旅游的可持续发展和游客的旅游体验。因此，农家乐需要通过创新和差异化策略来提升自身的吸引力和竞争力。

（二）服务质量普遍需要提升

部分农家乐产品存在清洁不到位的问题，如客房、餐厅、卫生间等区域卫生条件不达标，影响游客的整体体验。一些农家乐在食品采购、储存、加工等环节缺乏规范管理，可能导致食物不新鲜或存在安全隐患。服务人员可能缺乏专业培训，服务态度生硬或冷漠，缺乏热情和主动性，无法提供温馨和贴心的服务。农家乐的基础设施如住宿设施、娱乐设施等可能因缺乏定期维护而出现损坏或老化，影响使用体验。服务内容单一，缺乏创新和个性化服务，无法满足游客多样化的需求。在游客提出需求或遇到问题时，农家乐的响应和处理速度慢，解决问题的效率低。服务人员可能没有接受过系统的服务技能和知识培训，导致服务水平参差不齐。在安全防护措施上存在漏洞，如消防设施不完善、急救设备缺乏等，无法有效保障游客安全。部分农家乐在价格上不透明，存在随意定价或隐性收费现象，损害消费者权益。游客的意见和建议无法得到及时有效的反馈与处理，影响服务质量的持续改进。这些服务质量问题不仅影响了游客的满意度，也制约了农家乐的长期发展和市场竞争力。因此，农家乐需要重视服务质量的提升，通过加强培训、完善设施、规范管理等措施来改善服务水平。

（三）基础设施建设不足

部分农家乐所在地的道路狭窄或路况不佳，导致游客难以驾车到达或在雨季时道路泥泞不堪。随着自驾游客的增多，农家乐缺乏足够的停车位或停车设施不完善，给游客带来不便。一些农家乐的卫生间条件简陋，缺乏清洁和维护，影响游客的使用体验。在一些偏远地区，农家乐可能存在供水供电不足的问题，影响游客的基本生活需求。在信息化时代，网络信号弱或不稳定成为农家乐的一大短板，影响游客的通信和娱乐需求。部分农家乐的住宿设施简陋，缺乏基本的舒适度和安全性，无法满足游客的住宿需求；缺乏必要的安全防护措施，如消防设施、安全警示标志、急救设备等，存在安全隐患。农家乐提供的娱乐活动单一，缺乏多样性和创新性，无法满足不同游客的娱乐需求。公共休息区、儿童游乐区、户外休闲区等设施不足，影响游客的休闲体验。垃圾分类、污水处理等环保设施不完善，影响农家乐的可持续发展。这些基础设施的不足不仅影响了游客的体验，也制约了农家乐的进一步发展。因此，农家乐需要加大投入，改善基础设施，提升服务质量，以吸引更多游客。

（四）季节性影响显著

农家乐的客流往往集中在特定的季节，如春季赏花、夏季避暑、秋季采摘，而冬季则可能因为寒冷或缺乏特色活动而客流稀少。由于客流的季节性变化，农家乐的经营收入也会随之波动，旺季时收入较高，淡季时收入可能大幅下降。在旺季，农家乐的资源可能无法满足大量游客的需求，而在淡季则可能存在资源闲置和浪费的情况。为了应对季节性客流的变化，农家乐可能需要调整产品和服务的供应，这可能导致服务质量的不稳定。在旺季需要大量临时工，而在淡季则可能面临员工流失的问题，给员工招聘和培训带来挑战。农家乐的农产品销售很大程度上依赖于季节性活动，如水果和蔬菜的采摘，这使得销售受季节变化的影响较大。为了吸引淡季游客，农家乐需要调整市场营销策略，如推出优惠活动、特色主题活动等。季节性变化可能导致农家乐的设施维护和更新压力增大，尤其是在客流较少的淡季。季节性客流变化也可能对农家乐所在地的自然环境和生态系统产生影响，如过度旅游可能导致生态压力。由于季节性因素的影响，游客在不同季节的体验可能存在较大差异，影响农家乐的整体口碑和品牌形象。因此，农家乐需要采取有效措施来应对季节性影响，如开发四季皆宜的旅游产品、提高服务质量、加强市场营销等，以实现可持续发展。

三、创新农家乐产品

实现乡村旅游中农家乐产品的创新设计，关键在于深入挖掘和利用当地的自然风光、文化传统和农业资源，通过主题化开发、多元化服务、个性化体验、科技融合和绿色生态等策略，打造具有独特魅力的旅游产品。同时，注重提升服务质量、加强品牌建设和安全保障，以及运用有效的市场营销策略，不断推陈出新，满足游客多样化的需求，从而增强农家乐的市场竞争力和吸引力。

（一）主题化开发

通过主题化开发实现乡村旅游中农家乐产品的创新设计，可以从以下方面进行尝试：例如，深入挖掘当地的历史、传说、民俗和艺术，将这些文化元素融入农家乐的设计中，如打造以当地传统节庆为主题的农家乐，提供文化体验。利用乡村的自然资源，设计生态旅游主题的农家乐，如生态农业体验、自然观察、野生动植物保护等，强调绿色、环保的理念。围绕农业生产活动，设计一系列农事体验活动，如种植、收割、养殖等，让游客亲身参与农业生产，体验农村生活。可以以当地特色美食为主题，开发农家乐餐饮服务，提供烹饪课程、食材采摘和传统美食制作体验。设计适合家庭游客的亲子教育活动，如儿童户外游戏、亲子农事体验、教育农场等，增加家庭成员间的互动和学习。结合当地艺术资源，如手工艺、绘画、音乐等，提供艺术创作和欣赏的空间，吸引艺术爱好者。针对追求健康生活的游客，提供养生餐饮、瑜伽冥想、自然疗法等健康养生服务。利用乡村的地形地貌，设计徒步、登山、骑行等探险体验活动，满足游客探险和挑战的需求。根据传统节日或地方特色节日，策划节庆活动主题的农家乐，如春节庙会、中秋赏月等。通过这些主题化开发策略，农家乐产品不仅能够提供独特的旅游体验，还能够增强游客的参与感和满意度，从而提升乡村旅游的吸引力和竞争力。

（二）提升服务质量

通过服务质量提升实现乡村旅游中农家乐产品的创新设计，可以从以下几个方面入手。例如对农家乐的服务人员进行专业培训，包括服务礼仪、沟通技巧、应急处理等，以提高服务的专业性和效率。提供定制化的服务，根据游客的特定需求和偏好提供个性化的体验，如为特殊节日或纪念日提供特别安排。改善和升级农家乐的基础设施，包括住宿条件、餐饮设施、娱乐设施等，确保游客的舒适度和满意度。严格执行卫生标准，确保餐饮和住宿环境的清洁卫生，提供安全健康的饮食和住宿体验。丰富餐饮选择，提供多样化的当地特色美食和健康餐饮选项，满足不同游客的口味和需求。设计互动性强的活动，如烹饪课程、农事体验、手工艺品制作等，让游客参与到农家乐的运营中，增加体验感。优化农家乐的环境布局，通过绿化、美化和主题化设计，提升游客的视觉和感官体验。加强安全措施，确保消防、急救等安全设施完备，提供安全指导和培训，确保游客的安全。建立有效的反馈机制，及时收集游客的意见和建议，不断改进服务质量。通过高质量的服务建立农家乐的品牌，利用口碑营销和在线评价提升知名度与信誉。通过这些措施，农家乐可以在保持乡村特色的同时，提供与城市酒店相媲美的服务质量，从而吸引更多游客，提升乡村旅游的整体吸引力。

（三）应用现代科技

通过科技含量提升可以实现乡村旅游中农家乐产品的创新设计。例如可以引入智能管理系统，如在线预订、客户关系管理（CRM）系统，提高运营效率和客户满意度。利用社交媒体、移动应用和网站进行数字化营销，吸引更多年轻游客。利用物联网技术监控农家乐的设施状态，提高安全性和维护效率。应用智能农业技术，如精准灌溉、智能温室等，提高农业生产效率，同时作为游客的参观和学习项目。利用大数据分析游客行为，优化服务和产品，提供个性化推荐。在客房中引入智能家居技术，如智能灯光、温度控制等，提升住宿体验等。通过这些科技手段，农家乐可以提供更加现代化、便捷和个性化的服务，同时增强游客的互动体验，提升乡村旅游的吸引力和竞争力。

📝 笔记

任务实施

步骤一：选择一个乡村旅游地，提炼文化 IP，打造具有地域文化特色的主题农家乐，通过内外部的装潢和装饰景观，形成差异化主题特色。

步骤二：对农家乐的工作人员进行培训，使其了解农家乐的主题文化、本地历史和文化，并且能够为游客进行讲解。

步骤三：引入智能环境控制系统、光伏储能设备，开发小程序实现野菜采摘到餐桌的全链条可视化，强化绿色消费信任感。

任务四　乡村旅游民宿产品创新

◎ 任务目标

知识目标：了解乡村旅游民宿产品的内涵；熟悉乡村旅游民宿产品存在的问题。

技能目标：能够对乡村旅游民宿产品进行创新设计。

素养目标：培养学生的创新思维及精益求精的工匠精神。

任务描述

选择一处乡村旅游民宿产品，为其设计名字和logo，开发相关的体验活动，并在课堂上进行展示。

案例导入

民宿升级　乡村焕新

沿着浙江省安吉县报福镇山间公路行走，只见一幢幢现代建筑风格的民宿依溪而建，四周竹林环抱，上空云雾缭绕，宛若仙境。90后返乡青年丁彦文投资改建的民宿——水弯弯·观夏尤为引人注目，该民宿设计古朴典雅，与周围的山水融为一体，夜晚在灯光的映衬下，如一颗山中明珠。

　　报福镇是长三角地区最早开始经营农家乐、民宿的乡镇之一，随着乡村旅游发展，众多乡镇相继加入，农家乐曾经趋于同质化。报福镇人大主席团召集民宿业主商议，提出引进和培育青年人才，发展新民宿，以高端民宿产业推动乡村全面振兴，探索乡村多业态发展新模式。除本地青年外，外地青年也加入创业行列，40余名外来大学生到报福镇担任民宿管家，8家知名旅游运营团队进驻。目前，全镇掀起农家乐改造提升热潮，已有的390家民宿中，80%面貌焕然一新。

　　在青年人才带动下，报福镇还探索"民宿+"生活综合体发展模式，包括"景区+民宿""文化+民宿""美食+民宿"等。游客入住民宿可以享受周边漂流、浙北大峡谷等景区门票优惠，体验挖笋、挖野菜以及竹编技艺等，还可优惠购买"石岭百味""畲家山供""景溪五福"等品牌土特产。同时，当地建成10处营地、3个漂流项目，如南希南农创基地、山民文化街等，为游客提供更丰富的旅游体验。据统计，报福镇去年接待游客200万人次，旅游收入达6亿元。

　　资料来源　竺彦利. 民宿升级，乡村焕新 [N]. 人民日报海外版，2024-08-19 (12).

　　这一案例表明：我国民宿产业近年来呈现快速发展的态势，随着旅游市场的多样化需求和乡村旅游的兴起，民宿业已成为推动地方经济发展和旅游业创新的重要力量。在政策支持和市场需求的双重驱动下，民宿数量迅速增长，服务质量和运营模式也在不断提升和创新。但与此同时，民宿产业也出现了诸如产品同质化、服务质量差，破坏生态环境等现象。福报镇的乡村民宿将户外运动等旅游新业态与民宿产品相结合，走出了新的发展道路，也为乡村民宿如何转型升级提供了新的思路。

知识探究

　　实现乡村旅游民宿产品设计的创新对于提升游客体验、增强乡村文化特色、促进当地经济发展具有重要意义。创新设计意味着能够提供更加个性化和多样化的住宿体验，满足游客对新鲜、舒适和文化探索的需求。通过结合当地自然环境、历史文化和生活方式，创新的民宿产品能够讲述乡村故事，展现乡村魅力，从而吸引游客并延长他们的停留时间。此外，创新的民宿设计还能够带动当地就业，促进相关产业链的发展，增加农民收入，推动乡村振兴。同时，它有助于保护和传承乡村的传统建筑和文化，为乡村旅游注入新的活力，实现可持续发展。总之，乡村旅游民宿产品的创新设计不仅能够提升旅游品质，还能够促进乡村的社会、经济和文化发展，具有重要的价值和意义。

一、认识乡村旅游民宿产品

　　民宿（Bed and Breakfast，B&B）是一种提供住宿和早餐的小型家庭旅馆形式，通常由当地居民在自己的住宅内开设，为游客提供住宿服务。乡村旅游民宿产品的特点见表8-3。

在线课堂
8-4

乡村旅游民
宿产品创新

互动问答
8-4

互动问答8-4
为什么要开发乡村旅游民宿产品？

问答提示

表 8-3 乡村旅游民宿产品的特点

特点	说明
家庭经营	民宿多由业主或当地居民家庭经营，提供个性化和温馨的服务
规模较小	与传统酒店相比，民宿的规模较小，房间数量有限，通常不超过一定数量
个性化服务	民宿注重提供个性化和贴心的服务，让游客感受到家一般的温暖和舒适
地方特色	民宿往往强调当地的文化和特色，包括建筑风格、装饰风格和活动特色等
早餐供应	民宿通常包含早餐服务，有时还会提供当地特色美食
社区参与	民宿的经营者积极参与当地社区活动，与游客分享当地的风土人情

二、了解乡村旅游民宿产品存在的问题

（一）同质化竞争严重

乡村民宿在快速发展的过程中，出现了大量风格和服务质量相似的民宿，缺乏独特的地方特色和创新。这种同质化现象导致游客难以区分不同民宿之间的差异，降低了游客的体验价值，同时也影响了民宿的长期竞争力。

（二）服务质量参差不齐

由于缺乏统一的行业标准和监管，乡村民宿的服务质量存在较大差异。一些民宿可能缺乏专业的服务培训和管理经验，导致服务水平不高，无法满足游客的期望和需求，影响了游客的整体满意度。

（三）基础设施不完善

部分乡村民宿的基础设施建设相对落后，如道路、供水、供电、网络通信等方面的问题，给游客的住宿体验带来不便。此外，一些民宿的卫生条件和安全设施也未能达到标准，存在安全隐患。

（四）市场营销不足

许多乡村民宿缺乏有效的市场营销策略，依赖传统的口碑传播或单一的在线平台推广，未能充分利用多渠道营销和社交媒体的力量。这限制了民宿的客源拓展和品牌建设，影响了民宿的市场知名度和吸引力。

（五）环境和文化保护不足

在追求经济效益的同时，一些乡村民宿忽视了对当地环境和文化的保护。过度商业化和缺乏文化特色的开发，可能会破坏当地的自然景观和文化遗产，导致乡村民宿失去其独特的魅力和可持续发展的能力。

为了解决这些问题，乡村民宿需要加强行业规范和监管，提升服务质量，完善基础设施，创新营销策略，并注重环境保护和文化传承，以实现可持续发展。

三、创新乡村旅游中民宿产品

实现乡村旅游中民宿产品的创新设计，关键在于深入挖掘和利用当地的自然风

光，并将其融入民宿旅游产品的方方面面。同时加强个性化的服务体验，利用现代科技及可持续旅游发展理念打造具有独特魅力的旅游产品。

（一）挖掘民宿文化内涵

乡村民宿进行文化内涵挖掘是提升其独特性和吸引力的关键，可以通过以下方法进行提升：研究当地的历史背景，挖掘村庄、建筑或自然景观的历史故事，将这些故事融入民宿的装饰和介绍中。利用当地的传统节日、习俗和民间艺术，设计体验活动，如传统节日庆典、手工艺制作、民俗表演等。探索并提供地道的地方美食，让游客在品尝中体验乡村的饮食文化。保护和利用传统建筑作为民宿，保留其原有的结构和风格，同时提供现代化的舒适设施。与当地的非物质文化遗产代表性传承人合作，如邀请他们进行现场表演或教学，让游客亲身体验。展示和销售当地的特产和手工艺品，如陶瓷、编织品、木雕等，增加民宿的文化氛围。鼓励当地社区居民参与民宿的运营，提供向导服务，分享他们的生活经验和故事。根据当地的文化特色，设计主题性的民宿，如艺术家工作室、作家小屋、音乐主题民宿等。举办文化教育活动，如讲座、研讨会、工作坊等，提升游客对当地文化的认识和兴趣。结合现代创意，将传统文化与现代设计、艺术、科技等元素融合，创造出独特的文化体验。打造民宿的品牌故事，通过故事营销，让游客对民宿的文化背景产生情感共鸣。

（二）打造个性化服务体系

首先需要了解客户需求，可以通过调查问卷、访谈等方式了解游客的个性化需求和偏好。提供定制化的旅游体验，如定制旅行路线、特色活动安排等。根据客人的兴趣和喜好调整房间装饰和布置。开发特色服务，如私人厨师、瑜伽教练、艺术课程等。鼓励游客参与当地的文化和农事活动，如采摘、烹饪课程、手工艺制作等。提供个性化的餐饮服务，包括特殊饮食需求、当地特色菜肴等。提供灵活的入住时间，以适应不同游客的时间安排。根据客人的到达时间提供个性化的接待服务。提供定制的纪念品，如带有民宿标志的礼品、当地特色手工艺品等。通过社交媒体、电子邮件等方式与游客保持个性化沟通。提供个性化的娱乐活动，如私人影院、游戏室等。提供个性化的旅游信息和建议，帮助游客规划行程。根据客人需求提供个性化的客房设施，如特殊床品、定制洗浴用品等。培训服务团队，使其能够提供更加个性化和贴心的服务。根据客人反馈持续改进服务，确保服务质量不断提升。通过这些方法，乡村民宿能够为游客提供更加个性化和难忘的住宿体验，从而增强游客的满意度和忠诚度。

（三）打造现代生态民宿

乡村民宿进行绿色生态设计是实现可持续发展的重要途径，在建造和装修过程中，优先使用当地可获得的自然材料，如竹子、石材、木材等，减少运输过程中的碳排放。设计时考虑自然采光和通风，减少对人工照明和空调的依赖，降低能源消耗。采用绿色屋顶和墙面，种植本地植物，增加绿化面积，提高空气质量，同时提供隔热和降温效果。安装雨水收集系统，用于灌溉植物或补充生活用水，减少对自来水的依赖。安装太阳能光伏板或太阳能热水器，利用太阳能发电或提供热水，减少对传统能源的消耗。实施垃圾分类和回收计划，减少废物对环境的影响，提高资源的循环利用率。采用生态污水处理系统，如湿地或生物滤池，处理生活污水，保护当地水体不受污染。优先使用当地生产的食材，减少食物运输过程中的碳足迹，并支持当地农业。在设计中充分考虑与周围自然环境的和谐融合，保护和利用自然景观资源。提供生态教育机会，让游客了解和参与绿色生态实践，增强环保意识等。通过这些绿色生态设计策略，乡村民宿不仅能够提供舒适和环保的住宿体验，还能够促进当地生态环境的保护和可持续发展。

📑 笔记

任务实施

步骤一：选择一处乡村旅游民宿产品，创新设计一个主题，可以是源自本地文化的乡土主题。

步骤二：依据该主题，对民宿产品的外观、装饰、工作人员服装等进行设计。

步骤三：开发与主题相关的休闲产品、体验项目等。

任务五　乡村旅游休闲产品创新

◎ 任务目标

知识目标：了解乡村旅游休闲产品的类型；熟悉乡村旅游休闲产品存在的问题。

技能目标：能够对乡村旅游休闲产品进行创新设计。

素养目标：培养学生的创新思维及精益求精的工匠精神。

任务描述

选择一处乡村旅游地，有针对性地为其设计乡村旅游休闲活动，并进行路演展示。

案例导入

黟县宏潭乡：打造"露营+"品牌IP

如今，露营已经逐渐成为人们逃离城市喧嚣，享受人间烟火的重要生活方式。黟县宏潭乡顺应时代步伐，将"露营经济"发展成为乡村文旅的新兴增长点，将农文旅相融合，采用"露营+溯溪""露营+乡风文化""露营+农产业"的模式，解锁五溪山景区新玩法，以户外露营为主题，以露营文化为核心，同时拓宽溯溪瀑降、人体漂流、御风竹筏、悬崖咖啡等奇特的户外运动体验。

在露营期间，宏潭乡文旅工作人员纷纷向游客展示五溪山毛峰、塘田猴魁、佘溪黄花菜、杨林水蜜桃等本地特色农产品，进一步提升消费者对当地产品的认知，从而拓宽销售渠道,助力乡村振兴,扩大宏潭品牌效应。

资料来源 程婷婷. 黟县宏潭乡:打造"露营+"品牌 IP [EB/OL].[2024-12-15]. https://www.yixian.gov.cn/xxbs/9255772.html.

这一案例表明:乡村旅游之所以吸引广大游客,从需求角度而言是因为它为城市居民提供了一处有别于日常环境的区域,人们在这里可以放松身心,享受短暂的愉悦时光。在这个过程中,休闲功能得到了显著发挥。但在乡村旅游发展过程中,休闲旅游产品也存在着产品同质化、体验性一般等问题。黟县宏潭乡为游客带来了不一样的体验,满足了游客的休闲旅游需求,提升了乡村休闲旅游产品的质量。

知识探究

在线课堂
8-5

乡村旅游休闲产品创新

休闲作为传统观光游览方式的升级,是游客来乡村的主要旅游动机之一。

一、认识乡村旅游休闲产品

乡村旅游休闲产品是指在乡村地区开展的,以休闲、体验、观光、娱乐、教育等为主要目的的旅游活动。乡村旅游休闲产品类型丰富多样(见表8-4),能够满足不同游客的需求。

表8-4 乡村旅游休闲产品的种类

种类	内涵	举例	注意事项
观光类	以欣赏和体验乡村自然风光、田园景观、传统村落和文化遗迹等为主要目的的旅游活动	·利用乡村地区的山脉、河流、湖泊、森林等自然景观,开发徒步、登山、观鸟、野营等活动,让游客亲近自然,享受户外活动 ·依托乡村的农田、果园、花园等田园景观,提供季节性的观赏活动,如春季赏花、秋季采摘等,让游客体验农耕文化和田园生活 ·保护和开发具有历史价值的传统村落,让游客参观古建筑、体验当地民俗和传统生活方式,了解乡村的历史和文化 ·结合乡村地区的历史文化遗迹,如古庙、古塔、古战场等,提供导游讲解服务,让游客深入了解乡村的文化遗产 ·展示乡村地区的生态农业实践,如有机农场、生态果园等,让游客了解现代农业技术和生态保护的重要性	观光类乡村旅游休闲产品的设计和开发应注重保护乡村的自然环境和文化遗产,同时应注重提供安全、舒适和有教育意义的旅游体验

续表

种类	内涵	举例	注意事项
体验类	专注于提供深入的、互动的和参与性强的活动，让游客能够亲身体验乡村的生产生活方式、文化和自然环境	·提供种植、收割、养殖等农事活动，让游客亲手参与农业生产过程，体验农民的日常劳作，了解农作物的生长周期和农业知识 ·组织传统手工艺工作坊，如编织、陶艺、木工、刺绣等，让游客在专业人士的指导下学习制作手工艺品，体验乡村的传统技艺 ·举办各种乡村节庆活动，如传统节日庆典、农产品节、文化节等，吸引游客参与，体验乡村的节庆文化 ·举办烹饪课程，教授游客如何使用当地食材制作乡村特色菜肴，体验乡村的饮食文化和烹饪乐趣 ·组织环保教育活动，如植树、清理河流、垃圾分类等，让游客参与到乡村的生态保护工作中，增强环保意识 ·在农场或动物园中与动物亲密接触，如喂养、抚摸、观察动物，了解动物的生活习性和相关知识	注重提供一种沉浸式的旅游体验，让游客在参与和体验中获得知识、技能和乐趣，同时促进乡村旅游的可持续发展
度假类	使游客放松身心、享受乡村宁静与自然美景的住宿和休闲服务	·提供具有地方特色的住宿体验，如传统农舍、乡村别墅或特色小屋，让游客体验乡村的生活方式和文化 ·将传统的乡村庄园改造成度假型产品，结合乡村的历史文化和自然景观，提供全面的休闲设施，包括游泳池、健身房、SPA中心、餐饮服务等 ·结合乡村的自然环境和疗养资源，提供康复和养生服务，如中医理疗等	注重提供舒适、宁静的住宿环境和丰富的休闲活动，让游客在享受乡村自然美景的同时，也能够体验到乡村的文化和生活方式

二、了解乡村休闲旅游产品存在的问题

（一）休闲性功能体现不足

乡村旅游在发展过程中，很多从业者根据以往发展旅游业的相关经验，将乡村旅游产品定位为以自然景观观光体验、传统文化体验为产品的内容核心，这样的做法本身没有问题，但在实际操作过程中忽略了游客在活动过程中的参与性和实际需求。例如，在乡村兴建景区式的观光点，并不能够使游客在乡村环境中完全放松下来；而文化体验也趋向于静态式、被动式的参观体验，并没有实现文化的体验功能。

（二）产品同质化现象明显

乡村休闲旅游中的产品同质化现象主要表现在多个方面：首先，许多乡村地区提供的旅游活动和服务内容雷同，如普遍的农家乐、采摘体验等，缺乏独特性和创新性。其次，乡村景观和建筑风格趋于一致，缺乏地域特色和文化差异的体现。此外，旅游产品营销策略和推广手段也常常相似，导致游客难以区分不同乡村旅游目的地的特色。这种同质化现象限制了乡村休闲旅游的吸引力和竞争力，影响了游客的体验质量和旅游目的地的可持续发展。

（三）环境保护问题

乡村旅游休闲产品在推动当地经济发展的同时，也可能对乡村环境造成一定破坏。这主要表现在过度开发导致的自然景观破坏、生态系统失衡、生物多样性下降。一些旅游活动可能破坏原有生态平衡，如不合理的农业体验活动可能损害农田和植被。此

互动问答 8-5
在乡村旅游休闲产品开发中，会出现哪些环境保护问题？

互动问答
8-5

问答提示

外，乡村建筑和文化遗迹的商业化改造也可能破坏传统风貌和文化遗产。因此，乡村休闲旅游产品的发展需要注重环境保护和可持续发展，不能以破坏乡村环境为代价。

三、创新乡村旅游休闲产品

（一）强化游客的休闲体验

提升乡村休闲旅游产品的体验性是吸引和留住游客的关键。首先需要为游客提供定制化的旅游服务，如私人导游、定制行程等，以满足游客的个性化需求。其次要设计一些互动性强、突出休闲功能的活动，如农事体验、烹饪课程、手工艺制作等，让游客参与其中，增强体验感。再次要加强文化体验，深入挖掘当地的文化和历史，提供文化讲解、民俗体验等活动，让游客深入了解乡村文化。休闲需求的满足不能忽略自然环境及环境友好的重要性，设计者要充分利用乡村的自然环境，提供徒步、观鸟、野营等活动，让游客亲近自然，享受户外乐趣；提供地道的乡村美食，包括当地特色菜肴和农产品，让游客品尝并学习制作；强调环保和可持续发展，保护乡村环境，提供生态旅游产品。这些方法可以提升乡村休闲旅游产品的体验性，吸引更多游客。

（二）突出地方特色

通过地方特色来提升乡村休闲旅游产品的吸引力，可以深入研究当地的历史文化、民间艺术、传统节庆和习俗，将这些元素融入旅游产品设计中，如举办文化节、民俗表演、手工艺展示等。利用乡村的自然风光，如山水、田园、森林等，开发徒步、骑行、观鸟、野营等活动，让游客亲近自然，体验乡村的宁静与美丽。发展以当地食材为基础的美食体验，如农家乐、特色小吃、有机食品品尝等，让游客品尝地道的乡村美食。开发和销售地方特产，如手工艺品、特色农产品、地方酒类等，增加游客的购物体验。就整体而言，可以根据当地特色设计主题旅游产品，如葡萄酒旅游、茶文化旅游、花卉旅游等，提供专业化的旅游体验。通过这些方法，乡村休闲旅游产品可以更好地展现地方特色，促进乡村旅游的发展。

（三）多元化产品组合

通过多元化产品组合来提升乡村休闲旅游产品的吸引力，可以在设计旅游产品

时，结合乡村的自然风光和文化特色，如将徒步旅行与当地历史讲解相结合，提供自然与文化双重体验。提供多种活动选择，包括户外运动、文化体验、艺术工作坊、烹饪课程等，以满足不同游客的兴趣和需求。尝试根据季节变化推出特色旅游产品，如春季赏花、夏季水上活动、秋季采摘、冬季滑雪等，在此基础上推出主题旅游产品，如美食之旅、摄影之旅、健康养生之旅、亲子游等，吸引特定兴趣群体。通过提供个性化服务，如定制旅行路线、私人导游、特殊饮食安排等，满足游客的个性化需求，并鼓励社区居民参与旅游产品的开发和服务，提供真实的乡村生活体验，增强游客的参与感。通过科技融合、创新营销策略等方式与其他旅游企业、当地景点、文化机构等建立合作关系，共同开发旅游产品，提供更丰富的旅游体验。通过这些多元化的产品组合策略，乡村休闲旅游产品可以更好地满足游客的多样化需求，从而增强乡村休闲旅游的吸引力和竞争力。

📝 笔记

任务实施

步骤一：选择一处乡村旅游地，开展市场调研，明确乡村旅游休闲产品的特色和目标市场。

步骤二：利用旅游地资源设计体验活动，确保安全和参与感。

步骤三：搭建"活动+设施+传播"协同体系，完善生态停车场、智慧导览标识等基础设施，培训村民提供标准化服务，同时依托短视频平台直播实现流量转化。

任务六　乡村旅游研学产品创新

◎ 任务目标

知识目标：了解乡村旅游研学产品的类型；熟悉乡村旅游研学产品的设计要点。

技能目标：能够对乡村旅游研学产品进行创新设计。

素养目标：培养学生的创新思维及精益求精的工匠精神。

任务描述

选择一处乡村旅游地，各小组通过抽签的方式选择服务对象（小学生、初中生、高中生），开发符合服务对象认知规律和学习特征的研学产品。

案例导入

暑期"研学热"促农文旅融合不断出新

携程集团发布的《2024暑期旅游市场预测报告》显示，2024年暑期亲子研学类产品订单同比增长七成，价格与2023年基本持平。飞猪平台的数据也显示，2024年7月以来，研学游相关搜索热度环比增长超60%。需求旺盛的暑期研学游市场，是我国超大规模市场潜力的缩影。

本质上，研学游是情境化教学的一种呈现方式。学生通过沉浸在特定场景中，获得知识，增强本领，培养品格。乡村作为学生进行农耕实践、寻根红色文化、体验民俗非遗等的重要场域，愈发成为家长、学校等主体开展研学活动的理想之地。各地相关部门也敏锐发觉、充分利用这一先机，推动乡村研学成为带动当地农文旅发展的重要引擎。

资料来源　杨钰莹. 暑期"研学热"促农文旅融合不断出新 ［EB/OL］. ［2024-12-20］. http://www.xinhuanet.com/20240808/305fd3e99ab04d1da5718c8a9aa90ec1/c.html.

这一案例表明：研学活动以其教育性与旅游性相结合的特点，使得不同年龄段的人群都可以在旅游过程中学习知识，充实自我。在乡村，研学旅游活动也因为其体验性特征成为乡村旅游的重要产品内容之一。乡村研学游热度持续攀升的背后，是供需两端不断扩大的研学市场，如何细分产品赛道、提升研学质量、打造独一无二的研学体验，是当下乡村旅游研学产品创新设计的核心。

知识探究

研学旅游是一种结合教育与旅游的体验活动，它旨在通过旅行的方式，让参与者在实践中学习和探索，获得知识和技能。这种旅游形式通常涉及对特定主题或领域的深入研究，如历史文化、自然科学、艺术创作等，强调体验式学习和现场教学。研学旅游不仅为学生提供了走出课堂、接触自然和社会的机会，也为成人提供了终身学习的平台。研学旅游是教育与旅游融合发展的产物，对提升旅游品质、推动地方经济发展和文化传承具有重要意义。

在线课堂
8-6

乡村旅游研学产品创新

一、认识乡村旅游研学产品

乡村旅游研学产品是指在乡村地区开展的，结合教育与旅游的活动，旨在通过实践活动提升学生的综合素质和知识技能。根据研学的内容不同，乡村旅游研学产品可以分为不同的类别，见表8-5。

表8-5　　　　　　　　　　　　乡村旅游研学产品的类别

类别	内涵	意义
农耕文化体验类	农耕文化体验类研学产品主要围绕农业生产和农村生活展开，内容包括农事体验、传统农具操作、农作物种植与收割、农业知识讲座、乡村生态观察、农产品加工体验等	游客可以亲手参与种植、除草、施肥、采摘等活动，了解农作物的生长周期和农业生产的各个环节；还可以学习到乡村的传统手工艺，如编织、陶艺、酿酒等，体验乡村的传统节庆和习俗，深入了解乡村的历史文化和自然生态，增进对乡村生活方式和文化传统的认识

续表

类别	内涵	意义
自然生态教育类	自然生态教育类研学产品专注于自然环境的探索与学习,内容涵盖生态观察、野生动植物识别、生态保护讲座、环境科学实验、自然资源保护实践等	游客可以通过徒步、观鸟、植物标本制作、水质检测等活动,亲近自然,了解生态系统的运作和生物多样性的重要性;还可以参加环境教育工作坊,如制作生态友好型手工艺品、参与乡村绿化项目,以及参与可持续农业和生态旅游的最佳实践,提升环保意识
民俗文化探索类	民俗文化探索类研学产品重在深入体验和学习乡村的传统民俗和非物质文化遗产,内容包括参观传统村落、参与民俗节庆活动、学习民间艺术和手工艺、探索地方传统美食制作、了解乡村的历史和传说	游客可以通过与当地居民的互动,参与传统婚礼、节日庆典、祭祀仪式等活动,亲身体验乡村的生活方式和文化传承;还可以学习地方方言、民间故事、音乐和舞蹈,以及参与制作传统服饰、编织、木雕等手工艺品。这些活动不仅丰富了游客的文化体验,也有助于保护和传承乡村的文化遗产
户外探险活动类	户外探险活动类研学产品专注于提供刺激且安全的探险体验,内容包括徒步穿越、山地自行车、攀岩、定向越野、野外生存技能学习、露营技巧培训等	这些活动通常在乡村的自然环境中进行,如森林、山脉、河流和湖泊等,让参与者在挑战自我的同时,学习自然环境中的导航、生态保护和团队合作;参与者还可以进行动植物观察、地理知识学习、户外安全教育,旨在提升参与者的身体素质、环境适应能力和解决问题的能力,增进对自然环境的理解和尊重
乡村社区服务类	乡村社区服务类研学旅游产品旨在通过参与和体验乡村社区的日常活动,促进学生的社会责任感和实践能力,内容包括参与当地的志愿服务项目,如支教、帮助老年人、环境保护、文化传承活动等	与乡村居民一起工作,了解他们的生活方式、挑战和需求,同时学习如何为社区发展作出贡献;还可以与当地社区成员交流互动,了解乡村的社会结构、经济发展和文化特色,这些活动不仅能够提升参与者自身的社会服务技能,还能够增进对乡村社区的理解和尊重,体验到服务他人带来的满足感和成就感

需要说明的是,乡村旅游研学产品的类型是丰富多彩的。除以上分类以外,乡村旅游研学产品还包括乡村艺术创作、乡村社会发展、乡村美食体验等类型。

二、明确乡村旅游研学产品的设计要点

乡村旅游研学产品设计与一般研学产品设计存在一定的共通性,但也具备自身的一些设计要点。根据研学旅游产品设计的过程,可以总结出乡村旅游研学产品的设计要点。

(一)市场调研与分析

在设计研学产品之前,进行深入的市场调研至关重要。这包括对目标客户群体的偏好、需求和行为模式进行分析。市场调研可以通过问卷调查、访谈、焦点小组讨论

等方式进行。分析竞争对手的产品，了解他们的优势和不足，从而确定自己的产品定位和特色。此外，还需考虑季节性因素、地理位置、文化差异等因素，以确保产品设计能够满足市场需求并具有竞争力。

（二）确定教育目标

研学产品的核心是教育，因此确定教育目标是研学产品设计过程中的关键步骤。教育目标应与学校的课程标准和学习成果相一致，确保活动既有教育意义，又能够激发学生的兴趣。这些目标可能包括提高学生的环保意识、历史知识、科学探究能力等。与教育专家和教师合作，确保产品设计符合教育要求，并能够促进学生的全面发展。

（三）挖掘整合乡村研学资源

整合各种资源是设计研学旅游产品的基础。这包括教育资源、旅游服务提供商、文化遗址、自然保护区等。规划产品内容时，要考虑如何将这些资源整合到旅游活动中，创造出独特的学习体验。同时，还需要考虑如何与当地社区合作，利用他们的知识和资源，增加旅游产品的吸引力和教育价值。

（四）体验式学习活动设计

设计体验活动时，要确保它们能够吸引学生并促进学习。这可能包括互动讲座、实践操作、角色扮演、团队合作任务等。开发具体的活动流程和教学方法，确保学生能够在参与中学习到知识和技能。同时，要考虑到不同年龄段和学习水平的学生，设计适合他们的活动内容。

（五）关注安全与风险管理

安全是研学旅游产品设计的首要考虑因素，尤其在乡村复杂的环境中。制订详细的安全计划，包括安全培训、紧急预案和事故响应流程。确保所有活动都符合安全标准，并且有专业的安全人员和医疗支持。此外，还要对可能的风险进行评估，并制定相应的风险管理策略。

互动问答8-6
乡村旅游研学产品的设计有哪些要点？

互动问答
8-6

问答提示

三、创新乡村旅游研学产品

研学产品已成为乡村旅游的新业态之一，目前市场中乡村旅游研学产品丰富多彩，但也存在一定的同质化现象及教育性普遍不足的问题。因此，在乡村旅游研学产品的设计中，要突出创新性，让游客在"教育+旅游"体验的过程中获得优质的乡村旅游经历。

（一）充分挖掘乡村文化资源

乡村旅游研学产品的设计在挖掘文化资源方面，首先应深入研究乡村的历史背景、传统习俗、民间艺术和地方特色。通过与当地居民的交流和合作，收集和整理相关的文化资料，为研学产品提供丰富的内容素材。设计时，可以将这些文化元素融入旅游活动中，如组织民俗体验、传统手工艺制作、历史文化讲座等，让游客在参与中学习和体验乡村文化。同时，注重保护和传承乡村的非物质文化遗产，如传统节庆、民间故事、地方戏曲等，通过研学旅游活动，让这些文化资源得以活化和传承。此外，还可以开发与乡村文化相关的教育课程和工作坊，提供专业的文化导览服务，让游客更深入地了解和感受乡村的文化魅力。通过这些方法，乡村旅游研学产品不仅能够提供独特的旅游体验，而且能够促进乡村文化的保护和发展。

（二）充分利用乡村自然生态

乡村旅游研学产品的设计应充分利用自然生态资源，为游客提供亲近自然和学习生态知识的平台。首先，通过精心规划的徒步路线、观鸟活动和野生动植物观察，让游客在自然环境中亲身体验和探索。其次，设计生态教育课程，如森林生态讲座、湿地保护工作坊和自然摄影比赛，增强游客的环保意识和生态保护技能。再次，结合当地的农业生产，开展农事体验活动，如种植、收割和传统农具使用，让游客了解农业生产过程和生态农业的重要性。最后，还可以开发户外探险项目，如攀岩、皮划艇和露营，让游客在挑战自我的同时，学习自然环境的保护和可持续利用。通过这些活动，乡村旅游研学产品不仅可以丰富游客的旅游体验，而且还可以促进对自然生态的保护和可持续旅游的发展。

（三）加强研学活动的教育属性

要加强教育属性，关键在于在乡村旅游研学产品的设计中将教育目标与旅游体验紧密结合。首先，明确教育目标，确保活动内容与学校课程标准相符合，涵盖跨学科知识，如自然科学、历史、地理、文化等。其次，设计互动性强、参与度高的活动，如实地考察、实验操作、角色扮演等，激发学生的学习兴趣和探索精神。此外，提供专业的教育指导和解说服务，由经验丰富的教育人员引导学生深入理解和思考。再次，利用乡村的自然资源和文化资源，开发与当地特色相结合的教育项目，如生态保护、农耕文化、民俗艺术等。最后，建立评估和反馈机制，通过学生的参与度、学习成果和满意度来评估教育效果，不断优化和调整产品设计。通过这些措施，乡村旅游研学产品能够提供富有教育意义的旅游体验，促进学生的全面发展。

📝 笔记

任务实施

步骤一：选择一处乡村旅游地，基于其文化基因与自然资源提炼核心主题，整合农户、手艺人等社区资源，构建研学旅游活动的体验场景。

步骤二：采用"动静结合"模式，既设置农事劳作、手作工坊（竹编/蓝染）等实践环节，又融入AR实景导览、星空观测等科技化自然教育项目，形成多维度适合学生群体的研学产品。

步骤三：通过"研学导师+农户"双导览机制保障服务质量，配套智慧管理系统实现行程追踪与安全预警，并设计"云认养农田""研学成果展"等衍生传播载体促进品牌延续。

任务七　乡村红色旅游产品创新

◎ **任务目标**

知识目标：了解乡村红色旅游产品的类型和特点。

技能目标：能够对乡村红色旅游产品进行创新设计。

素养目标：培养学生的家国情怀、创新思维及精益求精的工匠精神。

任务描述

学习一首红歌，了解红歌的创作背景，以此作为乡村红色旅游产品开发地，打造系列红色旅游产品。

案例导入

神农架古水村：红色旅游带动乡村经济发展

古水村位于神农架林区松柏镇东北部，曾是"古水区苏维埃政府"旧址所在地，红色革命历史悠久，已建成红色革命景点、革命历史文化墙绘展厅等红色旅游景点。

"我们把红色教育融入度假区，让游客在回归自然，享受田园风光时，慢慢感悟红色文化。"松柏镇镇长王顺基说。

古水村还全力抓好乡村旅游基础设施建设，多措并举推动农业产业发展，持续开展农村人居环境整治提升，"乡村旅游+农业产业+民宿清凉避暑"发展势头喜人。

古水村依托红色资源，积极引导村民发展旅游产业促进乡村振兴，鼓励群众开办农家乐、特色餐饮等旅游产业，逐步形成较为成熟的生态采摘、农事体验、休闲垂钓、农家乐等乡村休闲旅游产业。

资料来源　郭香玉. 神农架古水村：红色旅游带动乡村经济发展［EB/OL］.［2024-12-20］. https://www.xinhuanet.com/travel/20231215/07b5bfba6a4840a991c3f2aa195eff21/c.html.

这一案例表明：神农架古水村通过红色旅游带动乡村经济发展，充分挖掘和利用当地的红色文化资源，建立红色历史纪念馆，如苏维埃纪念馆和解放战争纪念馆，以此吸引游客；通过村企合作模式，引进文旅运营公司，发展红色教育和文化旅游，增强红色旅游的吸引力；组织革命情景剧演出，提供沉浸式红色教育体验；鼓励村民参与旅游产业，如开办农家乐和特色餐饮，增加收入；改善基础设施，如修整公路、建设数字大屏和文化广场，提升旅游体验。这一系列措施共同作用，使得古水村的红色旅游成为推动当地经济发展和村民增收的重要途径。

知识探究

红色旅游是指以革命历史遗迹和纪念地为主要内容的旅游活动，它对于乡村发展具有重要意义。首先，红色旅游有助于传承和弘扬革命精神，增强国民的历史责任感和爱国情怀。其次，它能够促进乡村经济的发展，通过旅游带动当地餐饮、住宿、交通等相关产业的繁荣。此外，红色旅游还能提升乡村的知名度和吸引力，吸引更多的游客和投资，从而促进乡村的可持续发展。

一、认识乡村红色旅游产品

乡村红色旅游产品可以按照其内容和形式进行分类（见表8-6），以便于产品设计者有针对性地进行设计。

表8-6   乡村红色旅游产品的分类

类别	内容与形式
乡村红色教育体验	·内容：参观革命历史遗址、纪念馆、博物馆等，通过实地参观学习，让游客深入了解革命历史和革命精神 ·形式：导游讲解、历史重现、互动展览等，使游客在参观过程中获得知识和情感上的体验
乡村红色主题文化研学	·内容：针对学生和团体的红色主题研学旅行，结合教育课程和旅游活动，提供深入的红色文化学习体验 ·形式：专题讲座、研讨交流、实地考察等，让参与者在实践中学习红色文化，增强历史责任感和使命感
乡村红色主题演艺	·内容：以红色历史事件或人物为题材的演艺产品，如话剧、歌剧、舞蹈、音乐剧等 ·形式：通过专业的演出团队，结合舞台设计、音效灯光等，为观众呈现红色故事，增强红色文化的感染力
乡村红色文创产品	·内容：设计和制作与红色文化相关的创意产品，如纪念品、工艺品、日用品等 ·形式：结合红色文化元素和现代设计理念，创造出具有教育意义和收藏价值的商品，同时推动当地经济发展
乡村红色景观游览	·内容：结合乡村的自然风光和红色文化资源，开发乡村旅游线路和活动 ·形式：游览如红色文化村、红色教育基地等，提供结合自然和文化的旅游体验

这些红色旅游产品不仅能够满足游客的教育和娱乐需求，而且能够促进乡村的经济和文化发展，提升当地居民的生活质量。

二、明确乡村红色旅游产品的特点

乡村红色旅游产品与一般红色旅游产品相比，具备一些共性，如红色文化主题及红色教育目的等，但与此同时，乡村红色旅游产品也具备一定的独特性，它更加强调红色文化与乡村本身环境和文化的结合，以及对乡村振兴的带动作用。

（一）红色文化与乡土环境的融合性

乡村红色旅游产品中的红色文化与乡土环境的融合性，是指将革命历史遗迹、红色精神与乡村的自然风光、传统文化、生活方式紧密结合，形成独特的旅游体验。这种融合不仅让游客在欣赏乡村美景的同时感受到深厚的红色文化底蕴，还能使其通过参与当地活动，体验乡村生活，更深刻地理解和传承红色精神。此外，这种融合性也有助于推动乡村经济的发展，提升当地居民的生活质量，实现红色文化教育与乡村振兴的双重目标。通过红色旅游，不仅乡村的自然资源、文化遗产和革命历史得以保护和利用，而且为游客提供了富有教育意义和文化价值的旅游产品。

（二）注重社区参与性

乡村红色旅游的社区参与性体现了当地居民在旅游发展中的积极作用。居民不仅是受益者，更是文化传承者、服务提供者和决策参与者。当地居民的参与有助于保护和传承红色文化，同时通过经营民宿、餐饮等直接获益，增强经济收入。社区参与还促进了乡村的和谐与凝聚力，提升了服务质量和可持续性。此外，居民的主动参与确保了红色旅游项目符合当地实际，有助于实现旅游业与乡村发展的共赢，推动乡村振兴。

（三）体现生态文明思想

乡村红色旅游产品在体现生态文明思想方面，主要通过保护和合理利用绿色生态资源，结合红色文化传承，开展生态教育，提升游客环保意识。它强调在不破坏自然环境的前提下，优化乡村产业结构，发展绿色产业，实现经济与生态的双重效益。同时，注重绿色建设和社区参与，确保旅游基础设施的环保性，让社区居民在旅游发展中受益，增强社区的可持续发展能力。此外，红色旅游与乡村振兴战略相结合，通过发展红色旅游带动乡村经济，同时注重生态环境保护，推动乡村实现全面可持续发展。这些措施共同作用，使乡村红色旅游成为传承文化、保护生态、促进经济发展和社区和谐的重要途径。

互动问答8-7
乡村红色旅游产品有哪些特点呢？

互动问答
8-7

问答提示

三、创新乡村红色旅游产品

乡村红色旅游产品同研学产品一样，已成为乡村旅游的主要新业态之一，但红色旅游的发展更取决于当地是否具备优秀的红色旅游资源。因此，在乡村红色旅游产品的设计中，要充分挖掘红色旅游资源，实现游客旅游体验的升华。

（一）整合红色旅游资源，打造红色旅游品牌

乡村红色旅游的创新和品牌打造是一个系统工程，需要从多个角度进行整合和创新。首先，要对乡村的红色资源进行全面的调查和评估，建立红色资源数据库，明确资源的特色和价值。通过系统整合，可以打造具有地域特色的红色旅游精品线路。其次，深入挖掘红色文化的精神内涵和价值体系，通过创新的形式和载体，如情景再现、互动体验等，让游客在体验中感悟和传承红色文化。再次，可以通过利用红色资源开展红色教育和研学旅游，开发教育课程和体验项目，吸引学生和团体进行学习交流，提升红色旅游的教育功能。在此基础上创建红色教学体系，打造红色教育品牌，

提升红色旅游的知名度和吸引力。最后，注重农文旅结合，将红色旅游与乡村旅游、生态旅游等其他旅游形式相结合，发展"旅游+"新业态、新模式，提升红色旅游的区域带动能力，鼓励乡村社区居民参与红色旅游的规划和管理，共享旅游发展带来的经济和生态利益，提升社区的凝聚力和自我发展能力。通过上述措施，乡村红色旅游可以实现创新发展，打造出具有强大吸引力和影响力的红色旅游品牌。

（二）充分发挥红色旅游产品的教育属性

乡村红色旅游可以充分发挥其教育性，与当下十分热门的研学旅游产品进行融合发展。首先，开发以红色资源为基础的研学课程，如结合历史事件、人物故事设计教学内容，让学生们在参与中学习历史、感悟精神。例如，福建古田会议会址景区通过完善红色旅游和红色教育，使其成为当地文旅产业发展的推动力。其次，组织专业宣讲员和青少年在红色旅游景区、爱国主义教育基地等讲述红色故事，通过互动式、面对面的宣讲活动，提升乡村红色旅游的教育功能，也可以尝试举办红色故事讲解员大赛、红色旅游创意策划大赛等活动，提高红色旅游的吸引力和参与度。通过这些策略，乡村红色旅游与研学旅游可以相互促进、共同发展，实现教育与旅游的深度融合，为乡村振兴注入新的活力。

（三）加强红色旅游产品的数字化建设

乡村红色旅游产品的数字化和智慧化建设是未来乡村红色旅游产品创新的重点。在基础设施建设方面，首先应当加强乡村地区的网络覆盖，提升通信基站建设，确保互联网接入率，包括宽带和移动数据覆盖；其次要建立智慧旅游服务平台和应急指挥管理平台，利用大数据和人工智能技术，优化旅游管理和服务。在产品方面，首先，可以运用 AR、VR、3D 影像等技术，重现革命历史场景，提供沉浸式学习体验。例如，通过"5G+AR 云"等新体验项目，让游客更深刻地理解革命历史。其次，可以将历史事件、革命精神、先进事迹等通过数字化手段全景式、立体式展示，突破时间和空间限制，实现网络人气与实地客源的融合转换。最后，可以利用新媒体平台和社交软件进行宣传推广，提高乡村旅游的品牌知名度。通过短视频、直播等形式，让乡村红色文旅资源得到更广泛的传播。通过这些措施，乡村红色旅游产品可以更好地融入数字经济时代，提升旅游体验，增强教育功能，带动乡村经济发展。

📝 笔记

任务实施

步骤一：系统梳理革命历史事件、英雄事迹及红色遗址（如会议旧址、战壕遗迹），结合在地农耕文化提炼"红绿交织"主题（如"烽火岁月+梯田耕作"），通过解码红色基因，凝练主题，构建差异化的叙事主线与空间布局。

步骤二：采用"原址展陈+科技活化"双轨策略，在保护革命遗址原真性的同时，运用 AR 实景导览还原历史场景，同步开发沉浸式情景剧等互动项目，营造多维体验场景，强化游客的情感共鸣与教育价值。

步骤三：打通"红色旅游+农产销售+研学教育"链条，设计"红军粮"特色农产品品牌，开设"红色家书写作""战时电台体验"等研学课程，并通过短视频平台打造"云打卡红色地标"等传播活动，形成消费闭环，构建产业协同生态。

任务八　农业嘉年华旅游产品创新

◎ **任务目标**

学习目标：了解农业嘉年华旅游产品的主要内容和特点。

技能目标：能够对农业嘉年华旅游产品进行创新设计。

素养目标：培养学生的创新思维及精益求精的工匠精神。

任务描述

分组进行资料检索，整理出农业嘉年华旅游产品的设施设备、服务清单，并在课堂上进行小组竞赛。

案例导入

莘县中原现代农业嘉年华展现现代农业科技魅力

2024年4月24日，"机遇中国 行走山东"外国媒体采访活动走进莘县中原现代农业嘉年华，通过实地参观与交流，深入了解中国现代农业发展的最新成果和特色，感受农业科技的巨大魅力。

莘县中原现代农业嘉年华项目占地广袤，这里会聚了蔬韵高科、菌倾天下、农耕年华、南果蜂情、花彩盛宴等十大主题馆，是以科技农业为发展方向，农业嘉年华为载体，集高新栽培技术展示、游乐农事体验、农耕文化展示、地域特色展示、文化创意创作平台等功能于一体的现代农文旅综合体，每个场馆都独具特色，充分展示了现代农业的多元化发展。

媒体团一进入蔬韵高科馆，便被馆内琳琅满目的蔬菜品种所吸引。从常见的西红柿、黄瓜，到罕见的珍稀品种，应有尽有。这些蔬菜不仅色彩鲜艳、形态各异，而且采用了立柱栽培、螺旋仿生栽培、隧道式水培等多种高科技栽培模式，让人叹为观止。除了蔬菜栽培技术的展示，蔬韵高科馆还融入了丰富的互动体验元素。这些互动体验可以让人们更加深入地感受蔬菜产业的魅力和价值。

资料来源　刘锁，王浩然，张敏敏，等．领略现代农业科技魅力 韩国媒体团走进莘县中原现代农业嘉年华［EB/OL］．［2024-12-10］．https://news.sdchina.com/show/1783129400021934081.html.

这一案例表明：农业嘉年华对乡村振兴具有重要意义和价值。它通过展示农业科技成果、传统农耕文化和现代农村生活，提升农业的品牌影响力和市场竞争力。农业嘉年华能够吸引游客体验乡村生活，促进乡村旅游和相关产业发展，增加农民收入。同时，它也是传承和弘扬农耕文化的重要平台，有助于保护和利用农村文化遗产。此外，农业嘉年华还推动了农业与科技、教育、健康等领域的融合，为乡村振兴注入了创新活力，促进了农业现代化和农村全面发展。

知识探究

农业嘉年华是一种以农业为主题的大型综合性活动。它通常包括农产品展示、农业科技交流、农耕文化体验、乡村休闲娱乐等多个方面。这种活动旨在展示现代农业发展成果，促进农产品销售，同时也是传承和弘扬农耕文化的重要方式。农业嘉年华充分体现了现代农业发展的特点。

一、认识农业嘉年华旅游产品

农业嘉年华旅游产品是一种集农业展示、娱乐、教育、体验于一体的综合性旅游活动，对乡村振兴具有重要的意义和价值。农业嘉年华旅游产品的主要内容见表8-7。

表8-7 农业嘉年华旅游产品的主要内容

内容	具体模式
农业产品展示	农业嘉年华通常会展示最新的农业科技成果，包括高产种子、有机种植技术、生态农业模式等。展示区包括智能温室、垂直农业、精准农业技术等现代农技的实例。此外，会有优质农产品展示，如特色水果、蔬菜、谷物等，有时还会包括农业竞赛、评选最优产品等
农业文化体验	通过展览和表演，向游客展示乡村的传统农耕文化和民俗风情，包括传统农具的使用演示、民族舞蹈、地方戏曲等文化活动。一些嘉年华会设有手工艺品制作区，让游客亲手体验制作传统手工艺品
农事互动体验	设计各种互动活动，如模拟耕作、亲手种植、收割、养殖等，让游客体验农业生产的过程。采摘体验，让游客直接参与到水果和蔬菜的采摘中，享受收获的乐趣；烹饪体验，使用新鲜采摘的农产品现场制作食物，增加游客的参与感和体验感
乡土美食享受	提供各种以当地农产品为原料的美食，包括农家特色菜肴、有机食品、地方小吃等。举办美食节，展示和销售乡村特色美食，让游客品尝地道的乡村风味。有时还会有美食制作演示，教授游客如何利用农产品制作美味佳肴
农业科普教育	开展农业知识讲座和研讨会，提高公众对农业科技和农业发展的认识。设立儿童农业教育体验区，通过游戏和活动教育儿童了解农业和自然。提供生态环保教育，如水资源保护、土壤健康、生物多样性等主题的教育活动
创意产品展示	展示和销售以农业为主题的创意产品，如农产品加工品、手工艺品、农业主题纪念品等。鼓励当地艺术家和手工艺人参与，展示其以农产品为原料或灵感创作的作品。通过创意产品的展示和销售，推动当地文化产业的发展
农村节庆活动	举办各种与农业相关的节庆活动，如葡萄节、桃花节、丰收节等，吸引游客参与。节庆活动通常包括特定的仪式、表演、比赛和展览，展示当地农业特色。通过节庆活动，增加旅游产品的文化价值和吸引力，同时促进当地经济的发展

二、明确农业嘉年华旅游产品的特点

农业嘉年华不同于传统旅游产品，它更倾向于一种以农业产业展示为主、附带旅游功能的综合性产业集群。因此，农业嘉年华旅游产品自然也具备一定的独特性，为乡村旅游发展带来了新的思路。

（一）季节性

农业嘉年华的季节性是指这类活动通常与农业生产的自然周期紧密相连，反映了季节变化对农业活动的影响。例如，春季的农业嘉年华可能会聚焦于播种和生长的主题，展示春季植物的栽培、花卉展览和农耕文化的活动，让游客体验春天的生机与活力。夏季则可能举办以水果采摘、夏季作物收获为特色的活动，让游客感受夏日的丰收喜悦。秋季的嘉年华则常常以庆祝丰收为主题，展示金黄的稻田、硕果累累的果园和丰富的农产品，同时举办感恩自然的庆典和节日。冬季活动可能较少，但有些地区会举办以冬季作物、节日装饰或农业休闲为主题的嘉年华，为游客提供冬日里的温馨体验。

这种季节性不仅让农业嘉年华成为体验农业与自然节奏同步的理想场所，而且促进了乡村旅游的均衡发展，确保了一年四季都有吸引游客的农业旅游产品。通过季节性活动的举办，农业嘉年华能够展示农业的多样性，同时为游客提供与季节相符的、丰富的、有教育意义的体验活动，增强了农业旅游的吸引力和教育价值。

（二）创意农业展示

农业嘉年华中的创意农业展示是指将农业与创新思维相结合，通过艺术、科技、文化等元素的融入，展现农业的多元化和创新性。这种展示不仅包括传统的农作物种植和收获，而且涵盖了农业景观设计、农业主题艺术创作、农产品的创意加工等方面。创意农业的展示可以通过多种方式呈现，如艺术家可能会利用农产品创作雕塑或装置艺术，展示农业与艺术的结合；科技人员可能会展示新型农业技术，如垂直农业、水培、智能温室等，让游客感受现代农业科技的魅力；农民和手工艺人可能会展示他们利用农产品制作的手工艺品，如编织、陶艺、食品加工等，展现农业产品的多样性和创造力。

此外，创意农业展示还包括农业主题的互动体验活动，如农业主题的迷宫、儿童农业乐园、农业科普教育等，让游客在参与中学习农业知识，体验农业乐趣。通过这些创意展示，农业嘉年华不仅为游客提供了新颖的农业体验，也推动了农业产业的创新发展，增强了农业的吸引力和竞争力。

（三）特色农产品展销平台

特色农产品展销平台为各种地方性、季节性、有机或传统的农产品提供了一个直接面向消费者的展示和销售机会。这样的平台不仅促进了农产品的销售，还增强了消费者对农产品的认识和兴趣，有助于提升农产品的品牌形象。

在农业嘉年华中，农民和生产商可以展示他们的产品，包括新鲜的水果和蔬菜、蜂蜜、奶制品、手工艺品、加工食品等。游客可以直接品尝和购买，这种直接的互动有助于建立消费者对产品的信任和忠诚度。同时，这也是一个教育平台，消费者可以了解农产品的生产过程、营养价值和烹饪方法。

此外，农业嘉年华的展销活动还有助于推广可持续农业和有机农业，支持当地农民和小规模生产者，促进农村经济发展。通过这样的活动，可以加强城乡联系，让消费者更加重视食物来源和农业生产对环境的影响，从而推动对农业和食品系统的可持续消费。农业嘉年华的展销平台是连接农业生产者和消费者、促进地方经济发展的重要桥梁。

三、创新农业嘉年华旅游产品

农业嘉年华旅游产品在创新设计过程中应十分注重对产品特征的精准把控，以使其能够与旅游产品的特征进行融合。

（一）融入当地文化特色

文化艺术元素可以增强农业嘉年华的地域特色和文化体验，在具体操作过程中，可以邀请当地艺术团体进行传统音乐、舞蹈、戏剧等表演，展示地方文化的独特魅力；可以展示和教授当地传统手工艺，如编织、陶瓷、木雕等，让游客亲手体验制作过程；可以举办民俗文化活动，如传统节日庆典、民间游戏、地方风俗展示等，让游客深入了解当地的民俗风情；可以设立地方特色美食区，提供当地特色小吃和农产品，让游客品尝地道的乡村美食；可以邀请艺术家以农业为主题进行现场创作，如绘画、雕塑等，展示艺术与农业的结合；可以举办与农业相关的文化展览，如农耕文化展、乡村历史展等，展示农业与文化的深厚联系；可以通过故事讲述和角色扮演的方式，让游客了解当地农业历史和文化传承。甚至可以利用地方语言和方言进行导览解说，增加游客的文化体验感。最后，也可以将地方传统节日与农业嘉年华结合，如春节、端午节等，通过节庆活动展示农业与文化的融合。通过这些文化艺术元素的融入，农业嘉年华不仅能够提供丰富的文化体验，还能够强化游客对当地地域特色的认知和感受，从而提升农业嘉年华的吸引力和影响力。

（二）融入现代智能科技

现代智能技术可以丰富农业嘉年华的旅游活动内容，设计时可以考虑以下方式：利用移动应用程序或智能导览设备，提供互动地图、语音解说和实时信息，增强游客的导航和信息获取体验；通过增强现实（AR）和虚拟现实（VR）技术，让游客体验模拟的农业活动，如虚拟种植、养殖或农产品加工，提供沉浸式教育娱乐；无人机技术也可以在农业嘉年华中进行展示，如展示无人机在农业中的应用，如农药喷洒、作物监测等，甚至可以进行无人机飞行表演，增加科技感；展示智能温室、精准灌溉、自动化收割等现代智能农业技术，让游客了解农业科技的最新发展；设置互动科技装置，如触摸屏幕、感应器等，让游客通过游戏和互动学习农业知识，甚至可以引入服务机器人进行导览、解说或提供餐饮服务，提升游客的科技体验；开设工作坊，让游客亲手体验使用智能设备进行农业活动，如编程控制小型农业机器人。通过这些现代智能科技的融入，农业嘉年华不仅能够提供高科技的互动体验，还能够让公众了解科技在现代农业中的应用，增加活动的吸引力和教育价值。

（三）创设主题故事线

创设农业嘉年华旅游产品的主题故事线是一种有效的策略，可以提升游客的参与度和体验感。第一，深入了解当地的农业历史、民间传说、文化特色和自然资源，挖掘能够引起共鸣和兴趣的故事元素，如地方英雄、历史事件、传统习俗等。第二，根据研究结果，确定一个具有吸引力和教育意义的主题，如"丰收的庆典"、"自然的奥秘"或"乡村的传说"。主题应与当地特色紧密相关，能够反映农业嘉年华的核心价值。第三，围绕主题创造一个连贯的故事线，可以是一个历史故事、一个神话传说或者一个现代故事。故事线应该包含开始、发展、高潮和结尾，确保游客在体验过程中有完整的故事体验。第四，将故事线融入嘉年华的各种活动中，如通过角色扮演、互动游戏、现场表演等形式让游客参与到故事中，同时设计与故事线相关的体验活动，如寻宝游戏、故事线索解谜、主题工作坊等；还需要通过场景布置、音乐、灯光和服装等元素，营造与主题故事线相匹配的情境和氛围，让游客在进入嘉年华时就能沉浸在故事情境中，增强体验的沉浸感。第五，可以设计与主题故事线相关的商品和纪念品，如主题T恤、特色手工艺品、故事书等。这些商品不仅能够作为纪念，也能够作为故事的延伸，让游客将故事带回家。第六，在营销和宣传活动中突出主题故事线，吸引目标受众的兴趣；利用故事线来创造话题和互动，提高嘉年华的知名度和吸引力。通过以上步骤，农业嘉年华可以成功地创设一个引人入胜的主题故事线，不仅能够提升游客的参与度和满意度，还能够增强嘉年华的品牌形象和市场竞争力。

互动问答8-8
如何进行农业嘉年华的主题故事设计？

互动问答 8-8

问答提示

任务实施

📝 笔记

步骤一：聚焦在地农业特色，结合市场需求提炼"农旅文融合"主题，构建差异化活动框架。

步骤二：以"传统农事+数字技术"为核心，设置采摘体验、AR农田导览、光影互动装置等，增强趣味性与参与感。

步骤三：通过农产品展销、云认养农田、短视频直播等模式，串联"体验—消费—传播"链条，实现流量转化与品牌增值。

项目测试 📝

一、单选题

1.实现乡村旅游文创产品创新设计的首要步骤是（　　）。

A.有针对性地贴合目标市场需求

B.尝试跨界融合设计

C.加强用户的设计参与

D.深入挖掘乡村的文化内涵

2.研学游是（　　）集体参加的有组织、有计划、有目的的校外参观体验实践活动。

项目测试 8-1

在线答题

A.学生　　　　　　B.家长　　　　　　C.老师　　　　　　D.研究人员

3.（　　　）是红色旅游的灵魂，具有精神引领等重要价值。

A.红色旅游路线　　B.红色故事　　　　C.红色研学　　　　D.红色文化

二、判断题

1.乡村旅游线路产品创新是乡村旅游产品创新的核心。　　　　　　　　　（　　　）

2.乡村休闲旅游是一种生活体验式的旅游。　　　　　　　　　　　　　　（　　　）

启智润心　✓

浙江·乌村：一价全包精品民宿度假模式

乌村位于浙江省嘉兴市桐乡市乌镇国家5A级景区，距乌镇西栅500米，紧靠京杭大运河，总面积450亩。乌村借鉴Club Med的"一价全包"国际度假理念，按照"体验式的精品农庄"定位进行开发，强调在对乡村原有肌理进行系统保护的基础上，营造具有典型江南水乡农耕文化传统生活氛围、适应现代人休闲度假的"乌托邦"。

围绕江南农耕村特点，导入酒店、餐饮、娱乐、休闲、亲子、农耕活动等配套服务设施，乌村将自身定位为高端乡村旅游度假区，与西栅历史街区联袂互补。产业规划围绕江南农耕村落特点，布局精品农副种植加工区、农事活动体验区、知青文化区、船文化区四大板块，完善"食住行游购娱"等旅游接待服务设施，成为新型旅游度假目的地景区。

在线路产品设计的创新过程中，乌村有效融入了一些内容元素。例如，美食一小时蔬菜：乡土味中晚餐，采用健康的"一小时蔬菜"，严格按照"当餐到达，当餐食用"的原则，形成"从采摘到上菜一小时"的特色。纯正西餐：红酒和各色鸡尾酒配以牛排、意大利面。江南甜品：红豆糊、桃胶鸡头米、桂花年糕、鹅头颈、青团、猫耳朵等。同时，乌村将住宿细分为不同组团单元，分别是渔家、磨坊、酒巷、竹屋、米仓、桃园及知青年代，组团的名称与主题定位来源于村庄以前的生产小队。最后，游玩每日提供蔬菜采摘、农耕深度体验、各类农事活动、童玩天地、手工DIY等丰富的休闲体验活动；在新建的活动中心、青墩、乌墩、码头等重点区域，定期提供演艺、酒吧休闲、帐篷露营等活动。

资料来源　乡村振兴+文旅创新：16个典型案例解析［EB/OL］.［2024-12-15］. https://www.urbanlight.cn/newsdetail/0f2d3a51-7edd-2d2f-70d9-bfb2d4e48ba3.

思政元素：文化传承　创新意识

学有所悟：乡村旅游线路产品的创新对于乡村振兴具有重要意义。它不仅能够丰富游客的旅游体验，提升乡村旅游的吸引力和竞争力，还能够有效地促进当地经济的发展，增加农民收入，改善农村生活环境。通过创新设计，可以更好地保护和利用乡村的自然资源和文化遗产，实现文化传承与生态保护的双重目标。同时，乡村旅游线路产品的创新还能够加强乡村与外界的交流合作，吸引更多的投资和人才，为乡村注入新的活力。此外，它还有助于提升当地居民的自豪感和归属感，增强社区凝聚力，推动乡村社会的整体进步和可持续发展。

乡旅实践

大学生设计乡村红旅线路　助力乡村全面振兴

南京理工大学紫金学院"助宁村游"实践队师生一行奔赴南京 50 个美丽乡村与红色景点开展暑期社会实践，聚焦乡村红色资源与旅游发展，以"红旅乡村，笃行振兴"为理念，以"重走红色印迹 感受乡村振兴"为主题，设计南京乡村红色旅游路线，助力乡村振兴。

南京市具有悠久的红色文化与众多红色资源，许多红色资源散落各区乡村中，在城市红色旅游发展较为成熟的情况下，如何将乡村红色资源进行盘活开发，将乡村红色旅游景点串联起来，由点到线、由线到面，推动乡村红色旅游的宣传发展，加强革命文物保护利用，弘扬革命文化，传承红色基因，是"助宁村游"实践团本次暑期实践的主要课题。

实践团的队员们来自 5 个分院的不同专业，各有所长，队员们走访了红色李巷、里佳山村、桦墅村、西舍红色堡垒、姚徐老街、新四军第一支队指挥部旧址等 50 个乡村和红色景点，调研了各地的红色资源分布与开发、旅游宣传与旅游体验等现状情况，设计规划了 6 条"重走红色印迹 感受乡村振兴"乡村红色旅游线路，覆盖了江宁、溧水、六合等 6 个行政区、36 个乡村文旅点位。为了更好地推广南京市乡村红色旅游线路，实践队成员还制作了南京市及各区的乡村红色旅游的宣传片、推文、海报、小程序等，通过抖音、小红书、微信公众号、B 站等平台进行传播宣传。

谈到项目实践初衷时，实践团队的指导老师表示："希望我们这次实践项目，能有抛砖引玉的作用，让各地乡村红色资源能够更好地被保护、盘活和知晓，帮助大众打卡美丽乡村，在绿水青山的美景中体验乡村红色文化底蕴和新时代乡村振兴发展的可喜成就，推动乡村文旅产业的全面提档升级。"

资料来源　陈东. 大学生设计乡村红旅线路 助力乡村全面振兴［EB/OL］.［2024-12-20］. https://www.jntimes.cn/jsdt/nj/202208/t20220818_7663306.shtml.

要求：请以小组为单位，根据以上案例，为"乡村旅游线路产品创新设计"实践活动撰写一份行动计划。

学习评价

本项目学习评价表见表 8-8。

表 8-8　　　　　　　　　　　　　　学习评价表

学习内容	乡村旅游产品设计创新		
	评价要点	学生自评 （50%）	教师评价 （50%）
知识掌握 （30分）	掌握乡村旅游线路产品的构成元素及创新原则（5分）		
	掌握乡村旅游文创产品的类型（3分）		

学习内容	乡村旅游产品设计创新		
评价要点		学生自评（50%）	教师评价（50%）
知识掌握（30分）	掌握农家乐产品、民宿产品的内涵（8分）		
	掌握乡村旅游休闲产品、研学产品、乡村红色旅游产品的类型（10分）		
	掌握农业嘉年华旅游产品的主要内容和特点（4分）		
技能提升（40分）	能够对乡村旅游线路产品、文创产品进行创新设计（10分）		
	能够对农家乐产品、民宿产品进行创新设计（10分）		
	能够对乡村旅游休闲产品、研学产品进行创新设计（10分）		
	能够对乡村红色旅游产品、农业嘉年华旅游产品进行创新设计（10分）		
素质养成（30分）	具有创新思维及精益求精的工匠精神（10分）		
	具有家国情怀（10分）		
	坚定文化自信（10分）		
综合评价成绩（100分）			
学生自评： 学生签字：			
教师评语： 教师签字：			

9

项目九　乡村旅游产品创意应用

项目概述

　　乡村旅游产品创意应用在提升产品特色与竞争力、促进乡村旅游形式多样化、推动乡村文化传承与保护以及促进乡村经济振兴等方面发挥着重要作用。本项目从乡村旅游商品 Logo 创意、创意与农业创新融合两个方面探索乡村旅游产品创意应用。

任务一　乡村旅游商品Logo创意

◎ **任务目标**

知识目标：了解乡村旅游商品Logo设计的主要元素；熟悉乡村旅游商品Logo设计的意义。

技能目标：能够创新设计乡村旅游商品Logo。

素养目标：培养学生的创新思维及精益求精的工匠精神。

任务描述

分组找寻目前市面上较为成功的乡村旅游商品Logo并对其进行分析，形成演示文稿，并在课堂上进行展示。

案例导入

"水润农嘉"品牌正式发布　乐山市市中区农产品有了"新名片"

"水润农嘉"品牌Logo，以"乐山"的"S"为主创，幻化成三江汇流，融合了绿叶、稻穗、飞凤等元素，在突出市中区地域特色的同时又体现了市中区农业绿色、生态的发展理念。

在活动现场，大米、脆红李、蜂蜜、茶叶等优质农产品的集中展示，"水润农嘉"系列农特产品宣传册，品牌文创产品的创新推出，让参会人员对"水润农嘉"品牌产品及品牌形象有了更加直观的印象。此次"水润农嘉"农产品区域公用品牌的发布，标志着市中区品牌农业驱动特色农业产业跨越发展新模式的全面开启。下一步，市中区将以"水润农嘉"品牌发布为起点，聚力打造"水润农嘉"金字招牌，不断完善品牌商业运营模式与管理体系，让"水润农嘉"成为被大众熟知的、被完全信任的、被高度认可的农产品"新名片"，让市中区农业走出一条代表区域特色的，高质量、高品质、有口碑的金光大道！

资料来源　钟经文."水润农嘉"品牌正式发布　乐山市市中区农产品有了"新名片"［EB/OL］.［2025-03-15］. http://caijing.chinadaily.com.cn/a/202408/28/WS66cebde8a310b35299d38e39.html.

这一案例表明："水润农嘉"品牌的正式发布对乐山市乡村旅游发展具有重要意义。首先，它有助于提升乐山市乡村旅游的品牌形象，通过统一的品牌标识和营销策略，增强游客对乐山乡村旅游的认知度和吸引力。其次，该品牌可以整合乐山市丰富的农业资源和乡村旅游产品，推动地方特色农产品和文化体验活动的市场化、产业化，从而带动农民增收和乡村经济发展。因此，好的Logo设计对于商品的附加值有极强的价值贡献，可以为乡村旅游的高质量发展提供助力。

知识探究

Logo（标志）是一种视觉设计符号，用于识别和代表一个公司、组织、产品或服务。它通常由图形、文字、字母或这些元素的组合构成，旨在传达品牌的核心价值和特色。Logo是品牌视觉传达的重要组成部分，对于建立品牌认知、增强品牌忠诚度和推动市场营销活动都具有重要作用。

在线课堂
9-1

乡村旅游商品Logo创意

一、认识乡村旅游商品Logo设计

要对乡村旅游商品Logo进行创新设计，首先需要对Logo设计有初步的了解。乡村旅游商品Logo设计中的主要元素见表9-1。

表9-1　　　　　　　　乡村旅游商品Logo设计中的主要元素

主要元素	内涵
图形标志	图形是Logo中的视觉焦点，可以是具象的（如中国国际旅行社的地球造型）或抽象的（如上海春秋国际旅行社有限公司的Logo）。图形标志是最基础的Logo设计元素，需要简洁且具有象征意义，以便于在不同场合下识别和记忆
品牌名称	Logo中的品牌名称设计需要与品牌形象相匹配，有时品牌名称本身就是一种独特的设计
字体选择	字体不仅影响Logo的美观，还能传达品牌的"性格"。例如，圆润的字体可能传达友好和亲切，而锋利的字体可能传达现代和进取
色彩运用	色彩是Logo设计中的关键元素，它能激发情感反应并加强品牌识别。色彩的选择应基于品牌个性、行业标准和目标受众的偏好
象征意义	Logo设计的象征意义可以传达品牌的核心价值和理念。例如，绿色植物常与环保和自然联系在一起

Logo设计的要素之间都是相互关联的，需要综合考虑品牌定位、目标市场和行业特性，以创造出既美观又实用的品牌形象。在乡村旅游商品Logo设计中，这些内容要素是需要重点体现出来的。

二、了解乡村旅游商品Logo设计的意义

乡村旅游商品Logo设计除了可以提升商品吸引力、增加销量，更深层次的意义在于对乡村旅游发展的推动作用。具体来说，乡村旅游商品Logo设计的意义主要体现在以下方面：

（一）乡村文化传播的重要方式

乡村旅游商品Logo设计是文化传播的重要方式，因为它将地方文化的象征、故事和价值观融入视觉符号中，从而直观地传达给消费者。Logo中的传统元素和创新设计不仅增强了商品的辨识度，而且能够激发消费者的情感共鸣和文化认同。通过Logo讲述的故事和精神，可以跨越语言和地域界限，促进跨文化交流，同时具有教育意义，

帮助传播和保护乡村文化遗产。此外，Logo设计的独特性有助于塑造品牌个性，增强市场竞争力，推动乡村旅游经济的发展。一个精心设计的Logo能够成为文化传承与创新的桥梁，对提升乡村旅游商品的吸引力和促进当地经济发展具有显著作用。

（二）游客情感连接的重要渠道

乡村旅游商品Logo设计之所以能够凸显情感共鸣的价值，是因为它融合了文化认同、情感记忆和故事叙述等元素，这些元素能够唤起消费者对乡村生活的温馨回忆和深层情感。Logo中的传统图案和色彩不仅激发怀旧情绪，还能通过视觉艺术的美感体验，提升消费者对商品的好感。此外，Logo所传达的社区归属感和共享的价值观，进一步加深了消费者与品牌之间的情感联系。故事性的Logo能够讲述乡村的历史和传说，增加商品的文化深度，而Logo设计中体现的社会责任，也强化了消费者对品牌的信任和忠诚。通过情感营销，Logo设计成为连接消费者与乡村文化的桥梁，有效促进了品牌与消费者之间的情感纽带，增强了乡村旅游商品的市场吸引力和品牌影响力。

（三）乡村旅游品牌塑造的关键

互动问答
9-1

互动问答9-1

乡村旅游商品Logo设计有哪些意义？

问答提示

乡村旅游商品Logo设计对于塑造旅游目的地形象至关重要。它通过独特的视觉符号，能够快速建立游客对乡村旅游地的认知，增强品牌形象。统一的Logo有助于整合推广目的地的多个旅游资源，形成一致的品牌形象，增强市场竞争力。此外，Logo中体现的可持续理念，有助于构建乡村旅游地的绿色形象，吸引更多寻求可持续旅游方式的游客，对乡村旅游目的地的长期发展和品牌建设具有深远影响。

三、创新乡村旅游商品Logo

进行乡村旅游商品Logo创新设计，主要是为了满足当下游客群体的多样化和个性化需求，在提升游客旅游体验的同时加强与游客的情感共鸣，以此促进乡村经济的发展和文化传承，塑造乡村旅游目的地的形象。

（一）融入地方特色文化

乡村旅游商品Logo设计应融入地方文化，可以通过研究当地的历史、艺术、习俗和自然景观来汲取灵感。设计中可采用具有地方特色的符号、图案和色彩，以及反映地方特色的字体和故事叙述，使Logo成为文化传承的载体。与当地艺术家合作，利用他们的原创作品或风格，可以增加Logo的艺术价值和原创性。同时，确保设计过程中社区的参与，可以真实反映地方文化和价值观。Logo设计还应体现对当地生态环境的尊重，采用环保材料，并避免文化不敏感的设计元素。

（二）确保Logo设计的整体性

乡村旅游商品应采用整套Logo设计而非单一商品单一Logo的策略，即对乡村整体旅游目的地形象进行把控，在此基础上针对不同商品的类型有针对性地进行个性化、特色化的Logo设计。Logo设计的整体性应能够确保品牌在所有商品上的一致性和识别度，这样有助于节省设计成本，同时可以为品牌的未来发展提供灵活性，确保新商品能够无缝融入现有品牌体系。此外，整套设计的Logo更容易获得法律保护，避免品牌被侵权。

（三）利用现代设计方法及思路

乡村旅游商品 Logo 设计可以采用现代设计方法和思路，以提升品牌形象和市场竞争力。极简主义和扁平化设计通过简化图形和色彩，可以使 Logo 在数字媒体上更加清晰和易于识别。色彩心理学的应用设计可以确保 Logo 准确传达品牌的情感和信息。故事叙述和文化融合策略则让 Logo 成为乡村故事和传统的传播者，同时满足现代审美。设计中的可扩展性能够确保 Logo 在不同媒介和尺寸下保持一致。环境适应性和数字技术的应用提高了 Logo 的多功能性和互动性。综上所述，现代设计方法和思路的运用，使乡村旅游商品 Logo 不仅能够吸引现代消费者，还能够有效地传播乡村文化，提升品牌形象和市场竞争力。

任务实施

📝 笔记

步骤一：深度挖掘乡村在地文化基因，结合 Logo 的产品载体特性提炼具有辨识度的核心视觉符号，建立"传统记忆+当代审美"融合的认知锚点。

步骤二：运用图形解构、动态色彩反差等手法，塑造具有"文化即视感"与"社交传播力"的视觉符号体系。

步骤三：通过实体包装打样测试消费者触觉感知，同步开展数字端 A/B 测试（动态 Logo 与静态 Logo 传播效果对比），实现设计迭代与市场需求的精准匹配。

任务二　创意与农业创新融合

◎ 任务目标

知识目标：了解创意农业的定义；熟悉创意在农业中的重要性。

技能目标：能够进行创意与农业的创新融合。

素养目标：培养学生的开拓精神和创新意识。

任务描述

以小组为单位，以本地的农业旅游资源为依托，设计一个创意农业项目，形成完整的项目策划书，并在班级内进行展示和交流。

案例导入

塑造农旅融合新品牌，带动"小草莓大产业"

河北省承德市隆化县七家镇西道村位于京承出游黄金游线上，靠近茅荆坝国家森林公园，处在热河皇家温泉度假区内。几年前这个只有 1 260 口人的小山村还是一个年人均纯收入不足3 000元的贫困村,如今其以草莓产业为依托,建设草莓公社,被评为国家级美丽休闲乡村。

1."八合一"融合发展独特理念,壮大乡村产业集群队伍

通过整合四季草莓、森林温泉、田园风光、特色餐饮、民俗展演等优势资源,实行"公司+基地+农户"经营方式,集中发展休闲农业、创意农业、草莓香草等特色产业,西道村实现了"美丽乡村+脱贫攻坚+乡村旅游+产业发展+农村特色文化开发+农村电商+沟域经济+城乡统筹"八合一融合发展,成为河北美丽乡村建设典范。

2."文化IP"草莓公社品牌打造,创意设计引领村庄未来

西道村打造了以"草莓采摘、温泉沐浴、民宿体验"为主题的全新农旅融合品牌——草莓公社。西道村还对农户住房进行了改造,包括农户住房外立面改造、庭院营造、室内装修设计,提供草莓主题住宿体验;在建筑及景观小品的营造过程中突出草莓文化主题元素。从廊桥、路灯、舞台到卡通雕塑、产品标识、餐饮用品,西道村都努力融入鲜明的草莓文化元素,打造独特的食住行游购娱全体验草莓之旅。

3."借势"打造乡村振兴观摩样板,规划设计整合分散资源

西道村充分利用当前乡村振兴大环境下各类政策支持以及旅发大会的助力,依托项目区优良的山水田园环境与农业资源,以草莓产业为主导产业,结合皇家文化、民俗文化两大文化特色,整合"南部草莓小镇、中部草莓园、北部稻田",打造了集草莓主题观光采摘、皇家娱乐休闲方式体验、田间特色游乐活动体验于一体的"草莓产业+田园旅游+小镇"完美融合的示范样板项目。

4.美丽休闲乡村建设政策引导,撬动社会资本引来资金活水

在园区建设上,隆化县政府一方面精打细算用好山水林田湖项目资金和财政旅游发展基金,另一方面用市场化思维解决政府的难题,通过实施城市景观生态治理和乡村振兴建设PPP项目,为旅游发展引来资金活水。

从村庄、到小镇,再到整个谷区,当地靠着草莓种植摆脱了贫困,带动了产业的发展,吸引了成千上万的游客来到这里,让乡村振兴的建设真正做到了因地制宜,符合了乡村振兴的精神要求,真正赋予了村民产业自主"造血"的功能。西道村在不断实践中探索出了一条农村环境改善、产业多元发展、农民持续增收的新路径,成为环北京贫困山区以产业融合发展助推转型升级、绿色崛起的一次有益尝试。

资料来源 河北省发展改革委.塑造农旅融合新品牌,带动"小草莓大产业"[EB/OL].[2025-04-20]. https://www.ndrc.gov.cn/fggz/nyncjj/xczx/202209/t20220916_1335587.html.

这一案例表明:西道村以草莓产业为依托、草莓元素为主题文化IP的全域、全产业链体系规划,助力当地产业产能与人居生活焕然一新,并不断进行迭代升级。可见文化创意在旅游产品创新中不仅丰富了旅游产品的内涵,还提升了游客的旅游体验,促进了旅游业的可持续发展。

在线课堂
9-2

创意与农业
创新融合

知识探究

创意在农业中的运用日益广泛,为传统农业注入了新的活力,不仅提高了农业生产效率，还推动了农业产业的转型升级，丰富了农业产品的附加值，促进了农村经济的多元化发展，为农民带来了更多的收益。

一、认识创意农业

创意农业是一种将文化创意产业与传统农业有效对接的新型农业生产、经营和生活方式。它起源20上世纪90年代后期，以美学经济理论、总部经济理论等为基础，以附加值文化为理论核心，旨在通过科技、文化、社会、人文的创造力，对农业生产、加工、运输、销售、服务等产业进行创新，形成完整的产业链条和良性互动的产业价值体系。

二、熟悉创意在农业中的重要性

（一）产品差异化与附加值提升

创意农业通过引入新颖的设计理念、技术手段和市场策略，使农产品和服务具有独特的差异化特征，从而提高了产品的附加值。例如，将文化创意融入农产品包装、品牌塑造中，或者开发具有地方特色的农产品，都能吸引消费者的眼球，增加产品的市场竞争力。

（二）促进产业升级与转型

传统农业面临着转型升级的压力。创意农业通过引入新技术、新业态、新模式，推动了农业产业的优化升级，提高了农业生产效率和资源利用率，实现了农业的可持续发展，如图9-1所示。

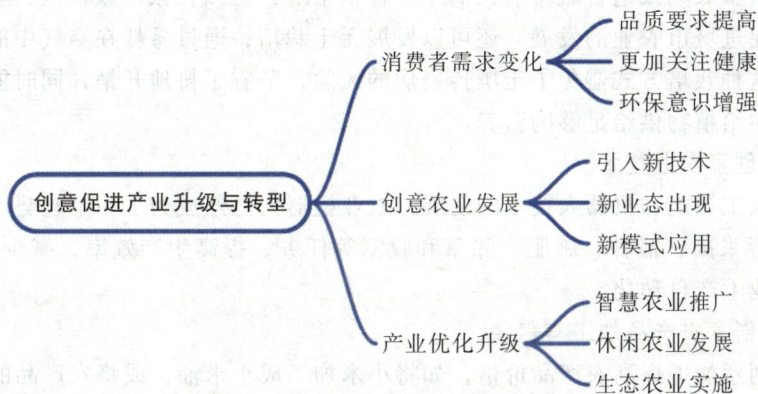

图9-1　创意促进产业升级与转型

（三）拓宽农民增收渠道

创意农业不仅关注农产品的生产和销售，还注重农业与旅游、文化、教育等产业的深度融合，为农民提供了更多的增收渠道。例如，发展乡村旅游、农业体验、农产品电商等创意项目，可以吸引游客前来消费，带动当地农产品销售和农民增收。

（四）增强农村文化自信与传承

创意农业在挖掘和传承农村文化资源方面发挥着重要作用。创意农业通过将传统文化、民俗风情、民间艺术等融入农业生产和旅游项目中，不仅丰富了农业的文化内涵，还增强了农民的文化自信和自豪感，促进了农村文化的传承与发展。

（五）推动农村生态文明建设

创意农业强调生态农业、循环农业等理念，注重保护农村生态环境和生物多样性。通过推广绿色生产方式、减少化肥农药使用、开展农业废弃物资源化利用等措施，创意农业有助于构建资源节约型、环境友好型的农业生产体系，推动农村生态文明建设。

三、创意在农业中的运用

（一）文化与农业的结合

互动问答
9-2

问答提示

互动问答9-2
文化与农业结合的具体做法还有哪些？

将音乐文化与农业体验相结合，如草莓音乐节，通过举办音乐活动吸引游客，同时提供草莓采摘等农业体验，实现文化与农业的结合，为游客带来独特的体验，也可以为农民带来更多的收益。

（二）科技与农业的结合

利用高科技手段，在城市中开辟出农业绿洲。将农作物种植在建筑物的墙壁或屋顶上，通过精准灌溉、智能照明等技术进行种植，不仅可提高农作物的产量，还可为城市提供更加新鲜、健康的农产品。此外，还可以使用传感器、数据分析和机器学习技术，自动调节灌溉和施肥，优化农作物生长条件，提高作物产量和品质；同时，还能集中管理和监控农场，提高农业生产效率。

（三）创新种植方式

打造微型农场或适合城市居民的小型种植系统，可以在家中或社区、学校、企业中推广，促进城市农业的发展。还可以发展无土栽培，通过悬挂在空气中的植物根系来生长，这种栽培方式避免了土壤传染病的风险，节省了耕地开销，同时能够在富含营养的水中给植物供给足够的营养。

（四）创意农业技术

随着人工智能和机器人技术的发展，农业机器人已经成为了一个趋势。这些机器人可以执行采摘、播种、施肥、除草和收割等任务，提高生产效率，减少人力成本，并支持农业生产自动化。

（五）创意农产品加工与包装

通过创意加工提高农产品价格，如将小米加工成小米油，或将农产品的秧叶做成美食等。通过创意包装设计、植入当地特色文化等方式提升农产品包装形式，形成农产品自身的品牌。这不仅能提升农产品的价值，还能吸引游客作为独特的购物体验进行购买。

笔记

任务实施

步骤一：查阅资料，明确文化创意的概念，分析其在不同领域中的表现形式。
步骤二：通过分组讨论，制作一份涵盖文化创意核心构成部分的思维导图。
步骤三：查找文化创意与旅游产品创新融合的成功案例，分析其融合途径。

项目测试

项目测试
9-1

在线答题

一、单选题

1.乡村旅游商品标志设计须特征（　　）。

A.鲜明　　　　　　　B.模糊　　　　　　C.单一化　　　　　　D.同质化

2.（　　）是一种将文化创意产业与传统农业有效对接的新型农业生产、经营和生活方式。

A.休闲农业　　　　　B.创意农业　　　　C.农业生产　　　　　D.农村生活

3.旅游业的发展需整合具有鲜明特色的（　　），围绕文化主线打造创意性旅游项目，实现人气聚集，引爆区域，形成对旅游市场的持续吸引力。

A.文化资源　　　　　B.旅游资源　　　　C.地方文化　　　　　D.自然风光

二、判断题

1.作为地位、特征和文化内涵的符号形象，优秀的乡村旅游商品标志设计应该拥有独一无二的造型、色彩、图案和字体。　　　　　　　　　　　　　　（　　）

2.文化创意与旅游业之间的互动是旅游业发展的必然趋势和要求，是创造社会经济价值的首要目标。　　　　　　　　　　　　　　　　　　　　　（　　）

启智润心

"多维融合"促发展——光山县发展乡村旅游的实践经验

以"互联网+""新闻+"等为代表的"融合思维"符合马克思主义唯物辩证法，能够有效指导实践，增强发展进程中多要素间的协同互动。在"融合思维"视角下，光山县乡村旅游走出了"交旅融合""'油'旅融合""茶旅融合""文旅深度融合"等新路子，以"多维融合"助推乡村旅游业提质升级。

"交通+旅游"融合　打造"快进慢游"体系

如今的游客若驱车前往光山县的各个大小景点，大概会发出这样的感慨："乡村道路居然可以修得这么好！"按照市委市政府的部署，光山县成立了交旅文创指挥部，统筹规划并建成"交通+旅游"融合公路网络系统，打通了区域流通的微循环。同时，县文广旅局还对旅游景点进行精心组合规划，串联出精品线路，让游客能够深度体验到光山的好山、好水、好茶、好菜、好风物。

目前已经建成的大别山1号旅游公路、潢河沿河公路、初心路、各条茶园绿道、河湖道路等，连接起了光山县域内所有12个3A级以上景区和3个国家级水利风景区，以及200多个重要的旅游纪念地、传统村落、休闲农业和乡村旅游景点等。

"风物+旅游"融合　以地域化逻辑再造乡村意象

不论从市场供给还是文化传承出发，地方政府都应注重特色资源、农耕文化和乡村意象的保护、传承与再造。包括红薯粉条、"文之勖"月饼和手工糍粑等在内的"光山十宝"是光山县推出的十款代表性地方特色农副产品，在乡村旅游中逐渐成为游客们所喜爱的地方风物，它们以舌尖上的味道承载、传承了地方文化与记忆。在司马光油茶园，不仅油茶籽、饼、粕产生了巨大的经济效益，而且在万亩油茶基地的基础上发展出了休闲旅游业。园内涌现出茶溪谷、白兰茶舍、油茶工坊等一大批融合自然景观和乡村生活体验的品质民宿，涵盖油茶种植、农耕文化体验、旅游休闲等多个项目。在"卖好油"的同时还"卖好游"。

如果说油茶与光山"结亲"还是件新鲜事，那么茶叶与光山可谓有着千年情缘。光山县地处大别山浅山丘陵，山气氤氲，为茶叶提供了绝佳的生长环境。茶圣陆羽曾言"淮南茶，以光州上"。"茶叶+旅游"是光山县近年来融合式发展乡村旅游的又一体现。例如，凉亭乡培育了以"赛山玉莲""寒茗"为代表的一系列名茶品牌，打造了赛山悟道茶叶研学基地等一批集旅游观光、茶叶采摘体验于一体的特色休闲观光茶园。在打造儿童友好城市的契机下，来自全国各地的儿童研学团队走进光山县的茶园，亲身体验采茶制茶，感受中华优秀传统文化。

"文化创意+旅游"融合　发挥创意整体赋能作用

党的二十大报告指出，要"坚持以文塑旅、以旅彰文，推进文化和旅游深度融合发展"。那么如何才是深度融合？光山县以文产特派员制度为重要抓手推动乡村文旅深度融合，不同于以往"文化+旅游"的传统路子，走出了"文化创意+旅游"的融合新路。

创意在乡村文旅中首先表现为具体的创意设计和产品、服务与IP打造，提升附加值。比如"有盐在先"让油条挂面瞬间变得高大上，用竹篮盛放的咸鸭蛋具有了"国风"气质。在花山寨红色故事馆，洛阳卡卡打造红色"剧本杀"，以年轻人喜闻乐见的方式赓续红色血脉。未来，创意将更加深刻地渗透进光山的乡村文旅，激活、转化传统文化、红色文化和绿色资源。对文化创意和艺术的重视，使得光山县能够从"物质文明和精神文明相协调"的高度来构思乡村旅游业，以创意思维整体赋能乡村旅游。比如净居茶隐从景德镇引入陶艺文化，打造"清幽茶艺·制瓷体验"基地，用手工陶瓷产品盘活综合业态，已形成良性循环。数字游民基地联手中国儿童电影制片厂打造"中国光山儿童电影周"，用电影艺术激活乡村文旅。所有这些创意旅游点位在县域内充分联动，由点到面、由面到体，推动形成了一种文化创意型的乡村旅游业模式。

融合之道是中华民族几千年来的生存和发展智慧。从道路交通、地方风物到文化创意，与乡村旅游的密切融合皆能促进多元共生与共荣。未来，在文化与科技融合的大背景下，光山县的乡村旅游业还将在文化新基建、产业数字化等方面作出更多探索。

资料来源　杨文根."多维融合"促发展——光山县发展乡村旅游的实践经验［EB/OL］.［2025-03-15］. http://ent.people.cn/n1/2024/0418/c1012-40218701.html.

思政元素：知行合一　文旅融合

学有所悟：党的二十大报告提出要"扎实推动乡村产业、人才、文化、生态、组织振兴"。这一理念为乡村创意的发展提供了广阔的空间和机遇。在乡村地区挖掘和传承中华优秀传统文化的同时，还要创造新的文化形式和内容，以满足乡村群众的精神文化需求，推动乡村文化的繁荣发展。在这个过程中，乡村创意可以发挥重要的作用，通过创意的设计和开发，将传统文化与现代元素相结合，知行合一，打造出具有地方特色的乡村文化产品，从而增强乡村的文化凝聚力和精神推动力。

乡旅实践

奇思妙想"农创客"，乡村振兴新力量

2024年8月29日，以"与宁乡约创未来"为主题的第八届南京市农村创业创新项目创意大赛总决赛在南京国家农创中心举办。在初赛、复赛中脱颖而出的获胜项目分组进行了激烈角逐。这批"农创客"不仅通过智慧和创新书写了精彩的创业故事，也用坚持和努力展现了农村创业创新的无限可能。

南京市级非遗项目苎麻编织代表性传承人刘梅另辟蹊径，不仅将苎麻编织成手袋、地垫、收纳筐等种类丰富的日常生活用品，增强实用性，还结合油画、书法等艺术形式，编织成具备观赏性的花瓶或油画盘等，跟随她的是一支由60多名农村家庭妇女和残疾人组成的团队。如今，全国第一个非遗苎麻编织艺术馆以及全国第一个苎麻编织艺术专业委员会在刘梅推动下成立。"我想走到台前，让更多人知道这项非遗，知道有一群大姐在做非遗传承。"刘梅说。

90后徐艳带领的则是一支年轻队伍，由平均年龄24岁的7个农学生组成，队长徐艳是农场带头人、"农学院"创始人，队员大多毕业于农林类院校。徐艳曾在上海工作，而晚高峰路上偶然看到的一次日落，促使她放弃繁华的城市生活回归田园。和大众传统理解中的农场不一样，这里的"农学院"不只教你如何种地，更通过专业的农学知识，让更多人参与到每一棵植株生命周期的过程中来。目前"农学院"设置100多节农事体验课程，涵盖物种近1 000类，还结合传统文化设置点茶及草木染等复合型课程及体验。"我们的特点是农业体验+垂直深度。"徐艳希望未来可以通过深度融合，实现异业合作、捆绑式发力，给乡村发展带来勃勃生机。

"农创客"们以青年为主，他们经营模式灵活、创业热情高涨。大赛选手也早已不局限于一线农民，因此，本届大赛在主赛道之外增设分赛道——大学生乡村产业创意创新大赛。在总决赛分组中，除以往的成长组、初创组，还设大学生创意组，多所高校的13个项目参与角逐。

资料来源　颜颖. 奇思妙想"农创客"，乡村振兴新力量［EB/OL］.［2024-12-20］. https://www.zgjjssw.gov.cn/shixianchuanzhen/nanjing/202408/t20240830_8385639.shtml.

要求：请以小组为单位，根据以上案例，为"乡村旅游产品创新设计"实践活动撰写一份计划报告。

学习评价

本项目学习评价表见表9-2。

表 9-2 **学习评价表**

学习内容	乡村旅游产品创意应用		
评价要点		学生自评（50%）	教师评价（50%）
知识掌握（30分）	掌握乡村旅游商品 Logo 设计的主要元素及意义（15分）		
	掌握创意农业的定义及创意在农业中的重要性（15分）		
技能提升（40分）	能够创新设计乡村旅游商品 Logo（20分）		
	能够进行创意与农业的创新融合（20分）		
素质养成（30分）	具有创新思维及精益求精的工匠精神（15分）		
	具有开拓精神和创新意识（15分）		
综合评价成绩（100分）			

学生自评：

学生签字：

教师评语：

教师签字：

模块五

乡村旅游智技创新

10 项目十 乡村旅游人才建设创新

项目概述

聚才兴旅，育能提效。本项目聚焦乡村旅游人才队伍建设的深度革新，涵盖乡村旅游人才培养创新与培训模式创新两大核心任务。通过构建多元化人才培养模式，构建人才激励机制与实施政策，培育兼具本土情怀与专业能力的复合型人才；创新培训模式，引入线上线下融合的教学模式、定制化与个性化的培训模式等，增强培训的针对性与实效性。此项目旨在通过人才培养与培训的双向创新，为乡村旅游发展提供坚实的人力支撑，助力其迈向更高质量的发展阶段。

任务一　乡村旅游人才培养创新

◎ **任务目标**

知识目标：了解乡村旅游人才结构现状及未来需求预测。

技能目标：能够创新设计乡村旅游人才培养方案。

素养目标：培养学生的实践能力与创新意识。

任务描述

选择一个乡村旅游地，设计一份乡村旅游地人才培养方案，并在课堂上进行展示。

案例导入

"宁才兴旅"助推乡村游

按照《乡村文化和旅游带头人支持项目实施方案（2023—2025年）》，宁夏每年着力培养约50名自治区乡村文旅带头人，并向文化和旅游部推荐全国乡村文化和旅游能人，以点带面推动人才队伍持续壮大、不断优化。宁夏还深入实施文化工作者服务支持边远地区和基层一线专项活动，每年培养200名文旅工作者扎根基层，服务乡村旅游发展。此外，同步推进乡村文化和旅游人才支持项目，定期组织系统进修、专业培训，为管理人员与从业人员"充电赋能"，加速各类人才成长步伐。2024年，宁夏积极承办文化和旅游部"全国乡村文化和旅游带头人培训班"，来自全国各省（区、市）的80名乡村文旅领军人物，为宁夏乡村旅游发展出谋划策。

通过建立自治区、市、县三级乡村旅游联动机制，宁夏将文旅人才培养纳入乡村振兴干部培训总体规划，量身定制培训方案，切实提升其经营管理能力与服务品质。此外，高等职业院校开设契合乡村旅游需求的专业课程，广纳乡村旅游人才入校深造，提升乡村旅游综合竞争力。

"一系列含金量高的人才培养与引进举措，进一步激活宁夏乡村旅游的内生动力，不仅让乡村旅游从业人员经营有道、服务入微，更吸引了大批优秀人才心向乡村、投身建设，为宁夏乡村旅游高质量发展注入源源不断的动力。"自治区文化和旅游厅资源开发处负责人说。

资料来源　王刚．"宁才兴旅"助推乡村游［N］．宁夏日报，2025-02-09（1）.

这一案例表明：乡村旅游产业作为旅游业和乡村特色产业的重要组成部分，是全面推进乡村振兴、拓宽农民增收致富渠道、助力扩内需稳增长的重要力量。人才是第一资源，人才兴则产业兴。推动乡村旅游产业发展，必须扎实推进人才队伍建设，围绕"增量""提质"，在"选育管用"上下功夫，努力造就一批有影响力的乡村旅游领军人物，建设一支高素质人才队伍，更好促进乡村旅游整合升级、文旅融合、助民增收，为全面推进乡村振兴添智增力。

知识探究

在线课堂
10-1

乡村旅游人
才培养创新

一、认识乡村旅游人才需求

（一）乡村旅游人才结构现状

随着乡村旅游业的蓬勃发展，其人才结构问题日益凸显。传统农业技能型人才虽在初期扮演了关键角色，但随着行业向精细化、品质化转型，其局限性逐渐显现。管理、营销、文化创意及信息技术等领域的人才短缺，成为制约乡村旅游高质量发展的关键因素。这种不均衡的人才结构不仅影响了乡村旅游的服务品质，也限制了其创新能力和市场竞争力的提升。

（二）乡村旅游人才需求预测

展望未来，乡村旅游将更加注重文化内涵的深度挖掘与独特展现，游客的参与度和体验感将成为衡量其发展质量的重要标准。因此，具备深厚文化底蕴、创新思维和卓越服务意识的复合型人才将成为市场的新宠。同时，随着智慧旅游、大数据、人工智能等前沿技术的广泛应用，掌握这些技术的专业人才将成为推动乡村旅游智能化、精准化发展的重要力量。此外，环保意识、生态理念和社会责任感也将成为未来乡村旅游人才不可或缺的素质。

二、创新乡村旅游人才培养模式

（一）深入实践产教融合模式

为了提升乡村旅游人才的质量，地方政府需进一步深化产教融合模式，通过加强与高校、职业院校及行业企业的紧密合作，共同制定符合市场需求的人才培养方案，实现课程内容与职业标准的无缝对接，教学过程与生产过程的深度融合；通过实习实训、项目合作等多元化教学方式，让学生在真实的工作环境中锤炼技能、积累经验，从而培养出更多符合乡村旅游发展需要的高素质人才。

（二）建立乡村本土旅游人才库

乡村旅游本土人才是乡村旅游发展的宝贵资源，应充分挖掘这一资源，建立本土人才库，并通过系统的培训和激励机制，激发其内在潜力。同时，注重将本土文化与乡村旅游发展相结合，打造具有地方特色的乡村旅游品牌。这样既能提升乡村旅游的文化内涵和吸引力，又能为本土人才提供广阔的发展空间和展示平台。

（三）持续优化多元化培训体系

为了满足不同层次、不同类型人才的需求，应持续优化多元化培训体系。通过短期技能培训、中长期职业教育、在职进修等多种形式的培训项目，为乡村旅游人才提供全方位、多层次的学习机会。培训内容应涵盖乡村旅游管理、市场营销、文化创意、信息技术等多个领域，确保人才能够紧跟行业发展趋势，不断提升自身能力和素质。

（四）实施数字人才培育工程

第一，以"能力分级+精准培训"为核心理念，构建"三阶四维"数字农人培养体系。首先建立人才能力评估矩阵，将新农人数字素养划分为基础层（短视频拍摄、直播话术）、提升层（数据分析、社群运营）、高阶层（AIGC 内容生成、元宇宙场景搭建）三个等级。第二，依托"中央厨房+地方特色"课程体系，中央课程由文旅部数字教育中心统一开发（如《乡村旅游直播运营12讲》），地方课程结合区域产业特色定制（如浙江安吉的茶产业数字营销课程）。第三，采用"线上慕课+线下实训"混合模式。第四，实施"培训—认证—就业"闭环管理，学员通过考核可获得文化和旅游部颁发的数字技能等级证书，并优先推荐至乡村数字文旅企业或乡村振兴重点项目。

（五）广泛拓展国际交流与合作

为了提升我国乡村旅游人才培养的国际化水平，应加强与国际乡村旅游先进地区的交流与合作。通过引进国外先进的培训理念、方法和技术，提升我国乡村旅游人才的专业素养和创新能力。同时，鼓励和支持乡村旅游人才参与国际交流活动，拓宽国际视野，增强跨文化沟通能力，为乡村旅游的国际化发展贡献力量。

互动问答 10-1
乡村旅游人才培养模式创新策略有哪些？

互动问答
10-1

问答提示

三、乡村旅游人才激励机制与政策

为吸引和留住更多优秀人才，使他们全身心投入到乡村旅游事业中，必须制定和实施一系列激励机制与政策支持。乡村旅游人才激励机制与政策见表10-1。

表 10-1　　乡村旅游人才激励机制与政策

激励机制与政策	内容
创新完善人才引进政策	·提供有竞争力的薪酬待遇 ·打造宜人的工作环境 ·为人才铺设宽广的职业发展道路
创新完善留人政策	·实施股权激励计划 ·项目成果奖励
创新地方政府与高校合作模式	·共建实践教学基地 ·联合组织和举办专业培训课程 ·持续加大对乡村旅游人才培养的投入力度 ·探索产学研用深度融合的合作模式
创建及管理乡村人才发展基金	·设立乡村人才发展基金 ·建立健全基金管理机制

四、优化乡村旅游人才发展环境

（一）全面升级乡村基础设施

为了提升乡村居民的生活品质和改善乡村旅游的接待条件，应加大对乡村基础设施建设的投入力度。通过改善交通、通信、供水、供电等基础设施条件，提高乡村的宜居度和宜游度。同时注重乡村环境的整治和保护工作，营造优美整洁的乡村环境，为乡村旅游人才提供良好的工作和生活环境。

（二）营造乡村创新创业氛围

为了激发乡村青年的创新创业热情，应营造浓厚的创新创业氛围。通过举办创新创业大赛、设立创业基金等方式，为乡村青年提供展示才华和实现梦想的舞台。同时，加大对乡村青年返乡创业的支持力度，提供政策咨询、资金扶持和技术培训等全方位服务，帮助他们克服创业初期的困难和挑战。

（三）强化传承乡村文化建设

乡村文化是乡村旅游的灵魂和魅力所在。为了提升乡村文化的吸引力和影响力，应深入挖掘和传承乡村文化精髓。通过举办文化节庆活动、建设文化设施等方式，丰富乡村文化生活内容，提升乡村文化的内涵和品质。同时，注重培养人才的乡土情怀和文化自信，增强他们对乡村的认同感和归属感，为乡村旅游的可持续发展注入强大的文化动力。

📝 笔记

任务实施

步骤一：选择一个乡村旅游地，运用实地走访、问卷调查或访谈等方式，调研该地乡村旅游人才结构现状。

步骤二：设计乡村旅游地人才培养方案，说明如何通过该方案提升人才能力及积极性。

步骤三：设计乡村旅游地人才激励机制，推动乡村旅游高质量发展。

任务二　乡村旅游培训模式创新

◎ **任务目标**

知识目标：了解乡村旅游培训模式的现状；理解市场需求变化对乡村旅游培训模式的冲击。

技能目标：能够设计线上线下融合的教学模式，构建定制化与个性化培训方案。

素养目标：培养学生的责任感与使命感。

任务描述

结合乡村旅游产业升级的背景，思考如何运用数字化、智能化技术优化乡村培训模式，以提升培训效率和效果，形成一份报告，并在课堂上进行展示。

案例导入

把课堂搬到田间地头　高素质农民培训助推乡村振兴

在如东双爱家庭农场实训基地里，来自河口镇的50多名果树种植户和粮食种植户齐聚龙坝村，参加了"校企共建"创新模式高素质农民培训班，实地观摩学习专家的种植"门道"，听"大咖"传授农产品融合营销策略，短短3天的培训让种植户们收获颇丰。

在徐爱宏家庭农场的大棚里，大家围着双爱家庭农场主徐爱宏，饶有兴致地听他现场讲解栽培桃树的注意事项，实地考察果树长势，参观大棚设施。果农们纷纷表示，这样的现场教学很生动。河口镇中天村村民徐守华听说家乡开设了"田间课程"，特意从南通赶回老家，"我在村里还种了几亩桃树，这次过来就是了解果园的培管，进一步提高技术，增加产量。"河口镇锦成村村民吴明英也表示，在看了徐爱宏家的桃树后，她也想把家里的品种换成新品种。"我觉得有很多可以借鉴的地方，比如这个排水系统，还有果园地面处理得很好。我在这里能学到很多知识。"河口镇锦成村村民林锦国说。

把课堂搬到田间地头，这对于今年41岁的徐爱宏来说，是一次新的尝试。作为双爱家庭农场的负责人，他多年来扎根农业，从种植新手成长为种植大户，在致富的同时不忘乡邻。这次培训班，主要是传授桃树栽培以及葡萄栽培的各种管理应用技术、农产品线上线下融合营销策略、小麦水稻高产用肥应用技术等，让种植大户在实操演练、观摩交流中提升能力水平，促农增收，助力乡村振兴。"我们给村民进行了一个深入的技术培训，教他们如何建园，适合种什么果树，给他们一个直观感受，进而提高他们的果树产量，提高经济收入。"徐爱宏说。

乡村振兴不仅要让农民"收入丰收"，更要"技术丰收"。为推进农民教育培训工作提质增效，河口镇农业农村和社会事业局根据农民需要和学习特点，尝试新模式，开设"田间课堂"，实现"理论+实践""线上+线下"的融合教学模式，让农民培训更高效，更具启发性、互动性。河口镇农业农村和社会事业局副局长潘小利表示，他们还会根据果树种植大户和种粮大户的需求，开设更多的课程，让他们到实践基地，在田间地头，现场学到种植技术，便于他们回去的日常管理。

资料来源　袁嘉翔，吴莎莎，宫向群. 把课堂搬到田间地头　高素质农民培训助推乡村振兴[N]. 如东日报，2021-05-12（2）.

这一案例表明："田间课堂"模式是乡村培训模式的一次创新尝试。它打破了传统培训的局限性，将学习与实践紧密结合，有效提高了农民的技术水平和农业生产效益。这一模式不仅展现了乡村在农业培训方面的创新精神，也为其他乡村提供了可资借鉴的经验。通过田间地头的实地教学和经验分享，农民们能够更好地适应现代农业发展的需求，推动乡村农业的繁荣与进步。

知识探究

一、认识乡村旅游培训模式现状

（一）传统培训模式的局限性

1.教学内容与市场需求脱节

在传统乡村培训模式中，教学内容往往滞后于快速发展的市场需求。这主要体现在两个方面：一是课程内容的更新速度缓慢，无法及时反映乡村旅游产业的新趋势、新技术和新要求；二是教学内容的实用性不强，难以直接应用于实际工作场景，导致培训成果转化率低。因此，应加强对市场需求变化的敏锐洞察，及时调整和优化教学内容，确保其与产业发展方向相契合。

2.教学方法单一与互动性缺失

传统培训方法多采用讲授式、填鸭式教学，忽视了学员的主体地位和个体差异，导致课堂氛围沉闷，学员参与度低。此外，缺乏有效的互动机制，使得学员之间、学员与教师之间的思想碰撞和知识交流不足，影响了培训效果。为了提升培训质量，应积极探索多元化、互动式的教学方法，如案例教学、小组讨论、角色扮演等，以激发学员的学习兴趣和主动性。

3.培训资源分配不均

乡村地区培训资源相对匮乏，且分配不均，导致部分学员难以获得高质量的培训机会。这主要体现在师资力量不足、教学设施落后、教材资料匮乏等方面。为了改善这一状况，需要加大对乡村培训资源的投入力度，优化资源配置结构，确保每位学员都能享受到公平、优质的培训资源。

4.忽视学员个体差异与培训效果差异

每个学员的学习背景、学习能力、兴趣爱好等方面都存在差异，但传统培训模式往往忽视这些差异，采用"一刀切"的教学方式，导致培训效果参差不齐。为了提高培训的针对性和有效性，应加强对学员个体差异的关注和研究，制订个性化的培训方案和教学计划，以满足不同学员的学习需求和发展目标。

（二）市场需求变化对传统培训模式的影响

1.乡村旅游产业升级的人才素质新要求

随着乡村旅游产业的不断升级和发展，产业对人才素质的要求也越来越高。传统培训模式培养出来的人才往往难以满足产业发展的新需求。因此，需要根据产业升级的趋势和要求，调整和优化培训目标和内容，注重培养学员的创新思维、实践能力、团队协作能力等综合素质。

2.数字化、智能化技术在培训中的融入趋势

数字化、智能化技术的快速发展为乡村培训模式创新提供了新的机遇和挑战。通过引入数字化教学资源和智能化教学工具，可以实现教学内容的个性化推送、学习进度的智能跟踪以及学习成效的即时反馈等功能，从而提高培训的效率和效果。因此，

应积极探索数字化、智能化技术在乡村培训中的应用途径和方法。

3.学员对培训体验与学习成效的高期望

随着教育理念的转变和学员素质的提高，学员对培训体验和学习成效的期望也越来越高。他们希望能够在轻松愉悦的氛围中学习知识、提升技能；同时希望培训能够真正解决实际问题、提升工作绩效。为了满足学员的这些期望和需求，需要不断优化培训环境、改进教学方法、完善评估机制。

二、创新培训模式

（一）线上线下融合教学模式

1.整合与共享线上课程资源

在线上教学资源的整合过程中，应注重资源的优质性、多样性和实用性。首先，应建立与乡村培训目标紧密相关的课程资源库，涵盖理论知识、案例分析、技能操作等多个方面。其次，利用云计算、大数据等现代信息技术手段，实现课程资源的数字化、网络化和智能化管理，方便学员随时随地进行学习。最后，加强与行业协会、高校及科研机构的合作，共享优质课程资源，提高资源利用效率。

2.开发与应用互动学习平台

互动学习平台是线上线下融合教学模式的核心组成部分。该平台应具备多种互动功能，如在线答疑、小组讨论、作业提交与批改等，以促进学员之间的交流与协作。此外，还应利用人工智能技术为学员提供个性化的学习建议和资源推送服务，增强学习的针对性和有效性。在平台的应用过程中，应注重用户体验和反馈机制的建立，不断优化平台功能和服务质量。

3.无缝对接线上线下教学融合

线上线下融合教学模式的关键在于实现线上教学与线下教学的无缝对接。为此，应建立一套完善的教学管理机制和评价体系。首先，明确线上教学与线下教学的目标和任务分工，确保两者之间的协调一致。其次，制订详细的教学计划和时间表，合理安排线上学习与线下实践的时间节点和顺序。最后，建立线上线下学习成效的双向反馈机制，及时调整教学策略和方法，确保教学效果最优。

（二）定制化与个性化培训模式

定制化与个性化培训模式如图10-1所示。

1.学员需求分析与评估

定制化与个性化培训方案的前提是对学员需求的深入了解和分析。为此，应建立一套科学的学员需求分析与评估体系。该体系应包括问卷调查、访谈、能力测试等多种方法和手段，以全面收集学员的基本信息、学习背景、学习需求等方面的数据。同时，利用数据分析技术对这些数据进行深入挖掘和分析，明确学员的学习目标、兴趣点和难点所在，为制订个性化的培训方案提供依据。

2.基于需求的培训目标与内容定制

在了解学员需求的基础上，应根据不同学员的学习目标和学习特点制定个性化的培训目标和内容。对于基础知识薄弱的学员，应注重基础知识的补充和巩固；对于实

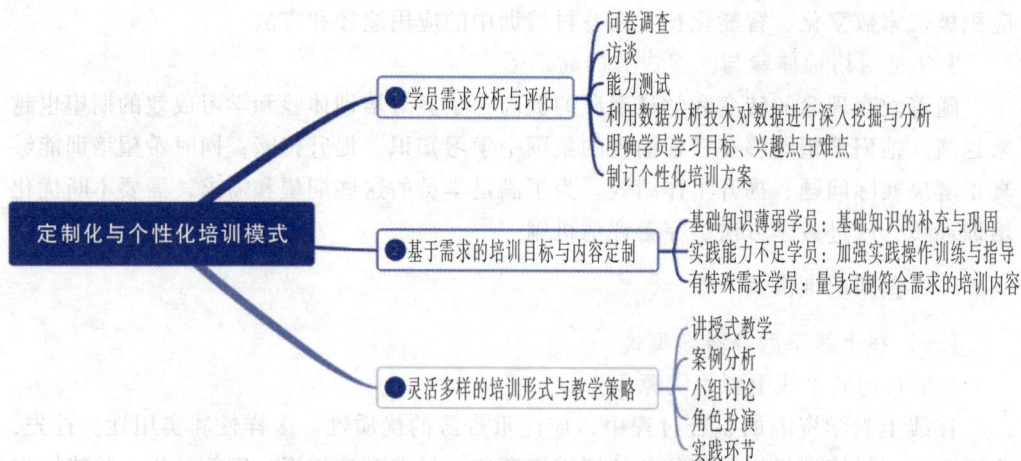

图10-1　定制化与个性化培训模式

践能力不足的学员，应加强实践操作的训练和指导；对于有特殊需求的学员，如创业意愿强烈的学员或特殊岗位需求的学员等，应量身定制符合其需求的培训内容。同时，还应注重培训内容的时效性和前沿性，确保学员能够掌握最新的行业知识和技术动态。

3.灵活多样的培训形式与教学策略

定制化与个性化培训方案的实施，需要灵活多样的培训形式和教学策略的支持。除了传统的讲授式教学外，还可以采用案例分析、小组讨论、角色扮演等多种教学方法和手段来激发学员的学习兴趣和主动性。同时，还应注重实践环节的设置和安排，为学员提供足够的实践机会和平台来锻炼、提升实践能力。在教学过程中，还应注重因材施教和个性化指导的原则，根据学员的不同情况和需求提供有针对性的指导和帮助。

（三）实战演练与模拟经营培训模式

1.实战演练基地的建设与运营模式

实战演练基地是模拟真实工作环境和场景的重要场所。为了建设高质量的实战演练基地，应注重基地的选址、规划和设施建设等方面的工作。选址应充分考虑乡村地区的特点和产业发展需求；规划应体现科学性和前瞻性；设施建设应满足教学和实训的需要并具备一定的扩展性。在运营模式上可以采取校企合作、政府支持等多种方式共同推进基地的建设和发展。

2.模拟经营竞赛与学员能力考核体系

模拟经营竞赛是检验学员学习成果和实践能力的重要手段之一。通过模拟真实经营环境和场景，让学员参与经营决策和管理活动，可以全面考查学员的综合素质和实践能力。同时建立科学的学员能力考核体系，对学员在模拟经营竞赛中的表现进行客观公正的评价并反馈给学员和指导教师，以便及时调整教学策略和方法进而提高教学效果。

3.实战经验总结与反思机制

实战经验总结与反思是增强培训效果的重要途径之一。在每次实战演练或模拟经营竞赛结束后，应及时组织学员进行总结和反思，分享成功经验和教训，提出改进意见和建议。同时建立常态化的经验总结与反思机制，鼓励学员和指导教师积极参与交流互动，不断积累经验，提高教学水平和实践能力。

> **互动问答 10-2**
> 乡村旅游培训模式有哪些创新设计？

互动问答
10-2

问答提示

三、评估培训效果与完善反馈机制

（一）构建培训效果评估体系

1.量化评估指标与方法的设计

为了科学、客观地评估培训效果，需要设计一套全面的量化评估指标体系。这些指标应涵盖学员的知识掌握程度、技能提升情况、学习态度变化等多个维度。在设计过程中，可以借鉴国内外先进的评估理论和方法，结合乡村培训的实际特点进行适当调整。同时，采用问卷调查、测试、项目作业等多种方式收集数据，运用统计分析软件进行数据处理和分析，以得出准确的评估结果。

2.制定质性评估内容与标准

除了量化评估外，质性评估也是不可或缺的一部分。质性评估主要关注学员的学习体验、情感变化、价值观塑造等方面。在制定质性评估内容和标准时，应注重评估的全面性和深入性。可以通过访谈、观察、案例分析等方法收集学员的反馈意见和感受，结合培训目标和内容进行分析和评价。同时，建立评估标准时应明确具体、可操作性强，以便评估人员能够准确判断学员的表现和进步。

3.评估结果的应用与反馈机制

评估结果的应用是评估工作的最终目的。评估结果不仅应作为评价培训效果的重要依据，还应成为改进培训工作的有力工具。因此，应建立评估结果的应用与反馈机制，将评估结果及时反馈给学员、指导教师和培训管理者等相关人员。对于表现优秀的学员给予表彰和奖励；对于表现不佳的学员提供针对性的指导和帮助；对于培训过程中存在的问题和不足进行认真分析和总结，提出改进措施和建议。同时，将评估结果纳入培训质量监控体系，作为持续改进培训工作的重要参考依据。

（二）学员反馈与培训持续改进机制

1.学员反馈渠道的建立与管理制度

学员反馈是了解培训效果、发现问题和改进工作的重要途径。为了及时、准确地收集学员的反馈意见和建议，应建立多种反馈渠道，如意见箱、在线反馈平台、座谈会等。同时，制定学员反馈管理制度，明确反馈信息的收集、整理、分析和处理流程以及责任人和时间节点等要求。确保学员的反馈意见能够得到及时、有效的处理和回应。

2.反馈意见的分析与处理流程

对于收集到的学员反馈意见，应进行分类整理和分析研究。首先，识别出共性问题和个性问题；其次，分析问题产生的原因和影响因素；最后，提出解决问题的措施和建议。在处理过程中应注重问题的针对性和可操作性，加强与学员的沟通和交流，确保问题能够得到妥善解决并满足学员的合理需求。

3.基于反馈的培训内容与形式优化策略

根据学员的反馈意见和评估结果，应及时调整、优化培训内容和形式。对于学员普遍反映的难点和热点问题，应加强相关知识的讲解和技能的训练，同时引入新的教学方法和手段，提高教学的趣味性和互动性。对于学员提出的个性化需求和建议，应制订个性化的培训方案和教学计划，满足学员的不同学习需求和发展目标。此外还应关注行业发展趋势和市场需求变化，及时调整培训目标和内容，确保培训工作的前瞻性和针对性。

（三）持续改进与培训模式创新的路径

1.适应市场需求变化的培训模式调整

随着市场需求的变化和产业升级的推进，乡村培训模式也需要不断进行调整和优化。应密切关注市场需求的变化趋势，了解行业发展的最新动态和前沿技术，及时调整培训目标和内容，确保培训工作的针对性和实效性。同时，加强与行业协会、高校及科研机构的合作与交流，共享优质培训资源和研究成果，提高培训工作的水平和质量。

2.新培训理念与方法的探索与实践

为了推动乡村培训工作的创新发展，应积极探索和实践新的培训理念和方法。如引入翻转课堂、混合式学习等现代教学理念，推动线上线下融合教学模式的深入发展，提高教学的灵活性和便捷性。同时注重培养学员的创新思维和实践能力，鼓励学员参与创新项目和实践活动，提高学员的创新能力和综合素质。此外，还应关注国际培训领域的最新动态和研究成果，借鉴国际先进经验和方法，推动乡村培训工作的国际化发展。

3.培训模式创新的理论总结与未来展望

在持续改进和创新的过程中，应注重理论总结和经验提炼，及时对培训模式创新的理论基础、实践经验和成效进行总结和分析，形成具有指导意义的理论成果和实践案例。同时展望未来发展趋势和前景，提出具有前瞻性和战略性的发展思路和规划，为乡村培训工作的持续健康发展提供有力支撑和保障。

📝 笔记

任务实施

步骤一：通过网络查阅，明确乡村旅游培训模式存在的主要问题。

步骤二：查找一个成功的乡村旅游培训案例，分析其成功经验，并针对其不足之处提出改进建议。

步骤三：设计针对乡村旅游从业者的培训方案，包括线上课程资源的选择及线下实践活动的安排。

项目测试

一、单选题

1.具备深厚文化底蕴、创新思维和卓越服务意识的（　　）人才将成为乡村旅游市场的新宠。

A.单一型　　　　　　B.温暖型　　　　　　C.专业型　　　　　　D.复合型

2.“打造宜人的工作环境”属于（　　）。

A.创新完善人才引进政策　　　　　　B.创新完善留人政策

C.创新地方政府与高校合作模式　　　D.设立乡村人才发展基金

3.（　　）是线上线下融合教学模式的核心组成部分。

A.课程资源　　　　　　　　　　　B.互动学习平台

C.分析与评估方法　　　　　　　　D.评估内容与标准

二、判断题

1.只有注重培养人才的乡土情怀和文化自信，增强他们对乡村的认同感和归属感，才能为乡村旅游的可持续发展注入强大的文化动力。　　　　　　　　（　　）

2.线上线下融合教学模式的关键在于实现线上教学与线下教学的无缝对接。（　　）

项目测试
10-1

在线答题

启智润心

火烧店镇：“三步走”培育新媒体人才　赋能乡村旅游新发展

自留坝县乡村振兴人才培育“五个一”工程启动以来，火烧店镇紧紧围绕人才是第一资源的理念，创新平台载体，全面加强新媒体人才队伍建设，持续推动新媒体人才与产业发展深度融合，不断催生新媒体助力乡村旅游高质量发展的“化学反应”。

聚焦队伍建设，强化保障机制

建好人才智库，精准发力，提供高效服务。成立新媒体人才工作专班，对全镇民宿、餐饮业主及镇村干部所属新媒体账号进行全面摸排。结合乡村旅游发展实际，将民宿业主作为新媒体人才培养重点对象，建立民宿包抓机制，由镇科级领导、干部进行“一对一”联系服务，定期走访了解民宿业主发展需求，交流IP账号打造思路及账号运营管理经验，帮助解决新媒体账号运营过程中存在的实际问题，激励民宿业主主动宣传营销，激发民宿产业发展动能。

聚焦平台搭建，助力成长成才

调动各方资源，加大新媒体人才培训力度。与西安众旅文商旅游开发有限公司合作，连续两年举办“全民宣传火烧店”主题营销暨新媒体运营人才培训活动。依托每月举办的民宿业主座谈会，对新媒体账号运营、视频拍摄剪辑技巧进行培训，着力将民宿、业主培养为新媒体人才中坚力量。结合“岗位大练兵、业务大比拼”活动，开展旅游宣传短视频制作培训，切实提升新媒体人才质量。在“四季村晚”“稻田音乐会”“稻田插秧”等活动中设置抖音、微信朋友圈等网络媒体摄影打卡、比赛活动，为新媒体人才搭建成长平台，打通成长渠道。

聚焦作用发挥，激发创新活力

用其才展其能，激发新媒体人才创新活力。邀请镇内新媒体达人陈峰加入"原创IP营销及消费体验与场景营造"火种小组，确定"秦岭最美小镇火烧店"原创IP，动员镇村干部、民宿餐饮业主利用各自新媒体账号开展宣传活动。组织开展专题讲座，鼓励和引导民宿餐饮业主打造IP账号，发布自身特色亮点、旅游攻略、文化活动等内容，提高曝光率和入住率，推动"新媒体+民宿"互促发展。开展具有乡村特色的实景演绎、坝坝宴等活动，并通过新媒体账号广泛宣传，吸引游客打卡推介，乡村旅游"热"度持续攀升。

资料来源　王昕云，刘明菲．火烧店镇："三步走"培育新媒体人才 赋能乡村旅游新发展[EB/OL]．[2025-01-20]．http://www.liuba.gov.cn/lbxzf/zcdt/202411/e7b1e81f52a642f39691c0bbfb526f12.shtml.

思政元素：使命担当　责任意识

学有所悟：火烧店镇以"五个一"工程为抓手，构建新媒体人才全链条培育体系：既通过专班机制实现人才资源动态管理，又以"一对一"包抓服务破解运营痛点；既依托企业合作开展专业化培训，又借势节庆活动搭建实践平台；更通过IP打造与达人带动形成裂变传播效应。这种"政府搭台、企业唱戏、人才发力"的创新模式，不仅培育出懂运营、善营销的新农人队伍，更推动"新媒体+民宿+文旅"深度融合，实现从"流量曝光"到"产业变现"的价值转化。其启示在于，乡村人才培育须紧扣时代脉搏，以数字化思维重构人才生态，通过机制创新、平台赋能和场景营造，激活乡村振兴的"数字引擎"，让乡土人才真正成为乡村高质量发展的"新质生产力"。

乡旅实践

蟳埔簪花映海丝　文旅融合谱新篇

2024年1月25日，闽江学院计算机与大数据学院"蟳埔簪花映海丝，文旅融合谱新篇"实践队在姚佳艺老师的带领下前往泉州市丰泽区，在参观蟳埔村过程中，通过体验蟳埔"簪花围"、了解当地习俗等形式，感受蟳埔民俗文化与海上丝绸之路间的融合发展，探索蟳埔簪花文化的"出圈"为当地带来的变化以及发展机遇。

闽南的海风悠扬，蟳埔这个坐落于古代海上丝绸之路起点泉州港北岸的小村庄，见证了曾经无数商船的繁忙往来，也见证了把浪漫与春天戴在头上的"蟳埔女"。"蟳埔女"极具海丝遗风的头饰被称为"簪花围"：将头发盘成海螺状，穿上一支象牙簪，再用鲜花的花苞串成花环。小花蕾多用淡雅的含笑、白玉兰、柚子花，一般要围上三四圈；随后插上鲜艳的粗康花、素馨花或者绢花。

踱步走在蟳埔村中，放眼望去是一堵堵像鱼鳞似的独特墙面，这就是蟳埔村的特色建筑——蚵壳厝建筑，建筑主要是用蚵壳、砖石组合砌成的。利用所处位置独特的资源优势，就地取材，用蚵壳墙体取代普通的红砖墙体。充满异域风情的"蚝壳房"是古代海上丝绸之路留下的文化印记，而如今，新的时代正不断赋予这座千年渔村新的特质。

　　实践队员在村庄里采访到多位慕名而来的游客，他们大多通过互联网了解到蟳埔簪花这一文化，对于簪花体验的性价比都表示了肯定，也有游客反映蟳埔村的交通以及对外食宿应作出进一步的改善。在走访当地村民时，村民们用切实朴素的语言告诉实践队员，自去年簪花"出圈"之后，蟳埔村突然就"火"了，小渔村热闹起来，店铺的生意也越做越好。村民们表示簪花文化这一非遗技艺应当得到正确的传承与发扬，这不仅承载着他们几代人的情感记忆，也承载着对古老民族文化的尊重。实践队员们跟随蟳埔文化，对古村、蚵壳厝、妈祖庙等进行实地探索，感受簪花文化的"出圈"为小村庄带来的变化与发展机遇；从更广阔的历史维度了解到中华文明的发展与创新，感受到在传播发扬传统文化的过程中应把握核心内涵，应平衡好市场需求与文化保护之间的关系。

　　资料来源　林彤颖. 蟳埔簪花映海丝　文旅融合谱新篇［EB/OL］.［2025-02-20］. https://sxx.youth.cn/jxqc/sjjs/202403/t20240329_15164708.htm.

　　要求：以小组为单位，根据以上案例，选择家乡的一种非物质文化遗产或者特色文化元素，借助 SWOT 法分析其市场开发潜力，并以此为主题设计一份暑期"三下乡"实践活动计划。

学习评价

　　本项目学习评价表见表 10-2。

表 10-2　　　　　　　　　　　　　　　**学习评价表**

学习内容	乡村旅游人才建设创新		
	评价要点	学生自评（50%）	教师评价（50%）
知识掌握（30分）	掌握乡村旅游人才结构现状及未来需求预测（15分）		
	掌握乡村旅游培训模式的现状（15分）		
技能提升（40分）	能够创新设计乡村旅游人才培养方案（20分）		
	能够设计线上线下融合的教学模式，制订定制化与个性化培训方案（20分）		
素质养成（30分）	具有实践能力与创新意识（15分）		
	具有责任感与使命感（15分）		
综合评价成绩（100分）			
学生自评： 学生签字：			
教师评语： 教师签字：			

11

项目十一 乡村旅游数字赋能创新

项目概述

本项目以数字乡村发展理论为基础，聚焦数字赋能乡村旅游的创新路径研究，系统探讨乡村旅游数字基建创新与智慧化创新，助力乡村全面振兴。

任务一　乡村旅游数字基建创新

◎ **任务目标**

知识目标：了解乡村旅游数字基建的建设背景和核心内容。

技能目标：能够根据乡村特色产业，开展数字化平台创新建设。

素养目标：培养学生的技术应用能力和社会责任感。

任务描述

选择一处乡村旅游景区，思考其如何通过数字化平台联动农业与旅游业的发展，形成一份报告，并在课堂上进行展示。

案例导入

杭州市级数字乡村：临安区天目山镇周云村

杭州市临安区周云村地处天目山南麓，由周冕和落云两个自然村组成。走进村庄，放眼望去群山环抱，树木葱郁，碧波荡漾，婉约宁静。从空中俯瞰，一条周云绿道沿着村庄蜿蜒展开。夜幕降临，村民和游客或散步，或骑行，大家在这里找到心灵的宁静与放松。

如今，太阳能路灯、地灯、智慧充电桩等设施遍布村庄，不仅方便了村民出行，更为周云村披上了节能环保的外衣，提高了村民的生活质量和安全感。

数字化带来的变化，还能从村里的数智生活馆中窥探一二。数智生活馆通过集成政务、金融、电商、健康等综合服务，包含直播间、健康小屋、儿童驿站等空间，让村民充分享受"数字红利"，极大丰富了他们的生活。例如，直播设施可以帮助村民将农产品可以卖到更远的地方；健康小屋配备了专业体检设备和医护人员，可以对老年人进行定期的身体检查，监测血压、血糖等多项指标；村民还经常在数字棋桌上下棋，小朋友可以用儿童绘本阅读机学习。

在产业方面，周云村一直以来以水稻种植、生产、经营为主，为了让农田跟上"智慧"的步伐，周云村围绕"智慧农业"建设气象站与虫情测报站，利用大数据分析精准预测天气变化与病虫害趋势，为农作物的生长保驾护航。作为村里的共建企业，杭州临安金惠粮油专业合作社负责人帅宝煌感慨颇深："自从用上这些数字设施以后，能够对农田虫情进行实时监测预警，对灾情作出决策，不仅提高了农业生产效率，还保障了农产品的绿色安全。"

"妈妈，你快看，我的水稻插得好不好！"在稻香研学中心，一位小朋友正激动地展示着通过VR技术种植出来的水稻。随着VR体验区、观景平台云直播等功能的落成，越来越多的游客能够在线上参与农事活动，还能进行沉浸式虚拟体验，深刻感受农耕文化的魅力。此外，周云村还打造了智慧文旅小程序，集乡村旅游、农产品销售、村民服务等多功能于一体，为游客提供全方位的旅游体验，让旅行的每一步都充满惊喜。

事实上，数字化不仅悄然改变了村民的生活，对于乡村智治还能发挥一定的作用。2023年以来，周云村通过数字乡村建设，打造了"稻香云安防体系"，配套建设2套球机、20套枪机、1套高空鹰眼、2套森林防火监控，重点解决治安管理、森林火情预警等问题。同时，村级指挥室数字化功能显著提升，数字碳币、智慧防灾、智慧党建等治理体系全面升级，实现了村务管理的智能化、精细化，让村民在乡村善治中不断增强获得感、幸福感、安全感。

如今的周云村正以数字为翼，飞向更加美好的未来。在这里，传统与现代相交织，文化与科技相融合，正徐徐绘就一幅乡村振兴智慧画卷。

资料来源　临安区农业农村局. 杭州市级数字乡村：临安区天目山镇周云村〔EB/OL〕.〔2025-02-20〕. https://www.linan.gov.cn/art/2024/8/19/art_1366282_59111835.html.

这一案例表明：数字技术通过构建协同基础设施体系，实现了乡村治理与产业发展的深度融合。案例中周云村通过部署5G物联网、无人机遥感、AI视频监控等设备，开发智慧文旅小程序、区块链溯源系统，创新VR农耕体验、数字藏品发行与元宇宙虚拟村落，验证了数字技术对乡村振兴的乘数效应。

知识探究

在线课堂
11-1

乡村旅游数
字基建创新

一、乡村旅游数字基建的建设背景

（一）政策驱动：国家战略与行业规划双重导向

围绕乡村信息化建设与乡村旅游数字化发展，国家先后出台多项政策，形成"基础设施建设—技术应用创新—产业融合发展"的完整政策链。

在基础设施建设方面，《数字乡村发展行动计划（2022—2025年）》提出要推动乡村传统基础设施数字化改造升级；《2025年数字乡村发展工作要点》提出，2025年底全国行政村5G通达率超过90%，加快农村基础设施数智化改造。

在技术应用创新方面，《全国智慧农业行动计划（2024—2028年）》提出，要推动农业全产业链数字化改造；《智慧旅游创新发展行动计划》提出，持续提升全国乡村旅游重点村镇等各类重点旅游区域5G网络覆盖；《2024年乡村旅游数字提升行动方案》指出，要通过开展立体展示、专题推广、培训扶持等系列活动，惠及乡村旅游经营主体，探索出"乡村旅游+数字经济"的发展路径。

在产业融合发展方面，《关于推动文化产业赋能乡村振兴的意见》鼓励以数字文化赋能乡村振兴；《"十四五"旅游业发展规划》提出，要推进智慧旅游发展，以数字技术助力旅游产业高质量发展。

（二）技术支撑：新一代信息技术的成熟与渗透

技术进步为乡村旅游数字化提供了坚实底座。截至2024年底，我国行政村5G通达率已达81.3%，光纤网络实现99%行政村覆盖，构建起乡村数字基建的通信基础。

（三）市场需求：消费升级与游客行为变迁的倒逼效应

我国游客消费呈现三大新趋势：一是对"无接触服务"的刚性需求，2024年中国旅游研究院调查显示，78%的游客要求景区提供电子导览、扫码点餐等服务；二是对个性化体验的追求，携程数据显示，乡村旅游定制游订单量同比增长147%；三是对旅游产品文化内涵的深度挖掘，马蜂窝平台"非遗研学"搜索量年增幅达210%。这些变化倒逼乡村旅游经营者通过数字基建实现服务升级。

二、乡村旅游数字基建的核心内容

（一）数字感知网络建设

乡村旅游数字基建的核心内容首先体现在全域覆盖的数字感知网络建设上。通过构建"空天地"一体化监测体系，5G基站与物联网传感器构成地面感知层，实时采集景区客流、水质、空气质量等数据；无人机遥感与卫星定位系统形成天空观测层，实现每15分钟一次的生态环境动态监测。以浙江安吉"云上茶乡"项目为例，3 000个微型气象站每5分钟传输土壤湿度等12项指标，结合边缘计算节点自动调控灌溉系统，使茶叶品质合格率提升18%。

同时，地理信息系统（GIS）与建筑信息模型（BIM）技术的应用，为乡村旅游资源构建了三维可视化数字底座。例如，安徽黟县古村落数字孪生工程通过ArcGIS Pro与Revit软件，完成127栋明清古建筑的高精度建模，叠加数字高程模型（DEM），使核心景区拥堵指数下降32%。

（二）智慧服务基础设施升级

智慧服务基础设施升级是数字基建的重要组成部分。村级数字服务终端集成75寸触控导览屏与共享服务站，提供多语言导览、自助购票、新能源充电等"一站式"服务。例如，贵州西江千户苗寨部署的50台服务终端支持苗语等7种语言交互，配合区块链电子凭证系统实现"刷脸入住"民宿，服务响应时间缩短至30秒以内。

在农产品质量保障方面，福建武夷山茶产业区块链溯源平台采用Hyperledger Fabric联盟链，将200家茶企的生产、加工、检测等12个关键节点数据上链，消费者扫码可查看茶园地理位置与农药使用记录，使茶叶溢价达40%。

（三）数字孪生管理平台开发

数字孪生管理平台开发为乡村旅游管理提供了智能决策支持。虚拟镜像系统通过AnyLogic多智能体算法构建1∶1 000精度的景区模型。例如，江西婺源油菜花景区据此开发花期预测模型，提前7天发布赏花指数并动态优化停车场调度，使游客等待时间从45分钟降至12分钟。

跨部门数据共享机制则能够整合文旅、农业、气象等12个部门数据。例如，浙江德清县"数字乡村大脑"日均处理50万条实时数据，开发暴雨天气预警模型，使应急响应效率提升50%。

（四）数字化消费场景创新

互动问答 11-1
乡村旅游数字基建的核心内容有哪些？

互动问答 11-1

问答提示

数字化消费场景创新通过技术融合催生新业态。例如，贵州"村超"数字藏品项目基于 Polygon 链发行限量版球星数字卡，首日销售额突破 2 000 万元，并在 Decentraland 搭建元宇宙足球场，支持万人在线观赛。这些创新不仅拓展了消费空间，更通过虚实融合的体验模式，为乡村旅游注入持续发展动能。

三、乡村旅游数字基建模式创新案例

（一）"数字基建+集体经济"共享模式

贵州西江千户苗寨通过"直播电商+非遗工坊"探索出共享经济新路径：政府投资建设数字直播基地，培养本土主播团队展示银饰锻造技艺，引导粉丝购买非遗产品；工坊按需生产，物流企业提供"一件代发"服务。2024 年该模式带动非遗产业产值增长 40%，村民人均增收 1.2 万元，实现了数字基建与集体经济的深度绑定，为民族地区乡村振兴提供了可复制的经验。

（二）"流量入口+在地服务"变现模式

福建土楼创新"数字 IP+数字藏品"运营模式：利用区块链技术发行土楼数字盲盒，结合 VR 虚拟游览场景，吸引年轻游客参与；同时联动周边民宿、餐饮推出"数字藏品抵扣消费"活动，实现线上流量向线下消费的转化。2024 年，该项目带动游客复购率提升 25%，创意化设计激活了传统资源价值。

（三）"生态监测+智慧治理"双轮驱动模式

海南自贸港"文旅数据沙盒"机制：部署环境传感器实时监测水质、空气质量、游客密度，AI 算法自动预警生态风险并优化游览路线。该模式在 2024 年使生态投诉下降 65%，同时通过数据驱动的精准营销使旅游收入增长 18%，实现了生态保护与经济效益的动态平衡，为其他地区提供了"生态监测+智慧治理"的双轮驱动范式。

📝 笔记

任务实施

步骤一：请选择一种农作物，针对其生长过程进行思维导图绘制。

步骤二：思考在各生长阶段可以使用何种数字化技术实现过程再现、游客互动和文创设计。

步骤三：进行数字化平台或者小程序设计。

任务二　乡村旅游智慧化创新

◎ **任务目标**

知识目标：了解智慧旅游的发展及智慧化对乡村旅游的推动作用。

技能目标：能够制定乡村旅游智慧化创新策略，建设乡村旅游智慧化平台。
素养目标：培养学生的创新思维和实践能力。

任务描述

选择一处乡村旅游景区，分析其当前服务的优势与不足，思考如何通过大数据与人工智能技术优化资源配置和提升游客体验，形成一份报告，并在课堂上进行展示。

案例导入

丽江古城拓展智慧化旅游场景应用　打造智慧旅游新样板

文化、旅游与科技的融合发展，推动着智慧旅游兴起，并成为行业新趋势。自2023年11月10日入选文化和旅游部、工业和信息化部公布的全国首批"5G+智慧旅游"应用试点项目名单以来，丽江古城积极引入5G、大数据、物联网等技术，结合景区管理与旅游服务的实际需求，构建了一套全面而先进的"5G+智慧旅游"体系，为这座古老的城市注入新的活力，也为游客带来别具一格的旅游体验。

丽江古城依托信息化、数字化、智慧化，从"管理端"和"游客端"两个维度深入研究分析智慧系统，以精细化管理助推精致化服务，优化游客旅游体验。作为丽江古城景区"5G+智慧旅游"建设工程的"智慧大脑"，丽江古城综合管理指挥中心集指挥调度、智慧消防、人流疏导、酒吧声音监控、视频智能分析、经营户管理等于一体的智慧管理体系，通过统一调度、科学管理，全力保障景区安全、有序。

丽江古城智慧旅游的优势显著，亮点在于智慧服务的全面覆盖与深度融合。古城巧妙运用无人观光车、巡逻车、扫地车及无人机等智能装备，实现了景区的高效运维，增强了游客的体验感。核心在于智慧服务的全面渗透与深度应用，同时紧密围绕"吃住行游购娱"六大旅游核心要素，精心打造了"一部手机游云南"智慧小镇专区及"智游丽江古城"等小程序，深度整合智能支付、智能酒店、智能急救站等前沿产品，让游客仅凭手机即可享受从预订到导览的全链条便捷服务，极大简化旅行流程，构建起一个高效便捷的旅游新生态。

资料来源　大研街道办事处. 丽江古城拓展智慧化旅游场景应用　打造智慧旅游新样板［EB/OL］.［2025-01-20］. http://www.ljgucheng.gov.cn/xljjgcq/c101119/202410/73feb996f2b540f19230baeb51869fd4.shtml.

这一案例表明：丽江古城的成功案例，展现出智慧旅游技术的应用进一步提升了游客的旅游体验，实现了便捷、个性化的服务。这种营销模式的创新不仅丰富了乡村旅游的内涵，也为乡村旅游的长期发展提供了新的动力。由此可见，丽江古城的实践，验证了智慧旅游技术在乡村旅游营销中的重要性，为其他乡村旅游目的地提供了可借鉴的经验。

知识探究

一、智慧旅游发展

（一）国内外智慧旅游发展

近年来，随着信息技术的飞速发展和"互联网+"战略的深入实施，中国智慧旅游进入快速发展阶段。政府层面，各级旅游管理部门积极推动智慧旅游公共服务体系建设，通过构建旅游大数据平台、推广电子门票、智慧停车等系统，提升旅游管理的智能化水平。企业层面，众多旅游企业借助云计算、大数据、物联网等先进技术，创新旅游产品与服务模式，如在线旅游预订平台、智慧导览App、虚拟旅游体验等，极大地丰富了游客的旅游体验。此外，乡村旅游作为旅游业的重要组成部分，也开始积极探索智慧化转型路径，利用数字技术提升乡村旅游资源的管理效率和服务质量。

在全球范围内，智慧旅游已成为旅游业发展的重要趋势。欧洲、北美等地区凭借先进的科技实力和完善的旅游基础设施，率先在智慧旅游领域取得显著成效。这些国家和地区通过建设智慧旅游城市、智慧景区，运用大数据分析游客行为偏好，提供个性化旅游推荐；同时，利用物联网技术实现旅游资源的实时监控与智能调度，确保旅游活动的安全有序进行。此外，一些国家还注重智慧旅游与国际合作的结合，通过跨国数据共享、联合营销等方式，推动全球旅游业的协同发展。

（二）智慧化对乡村旅游的推动作用

智慧化对乡村旅游的推动作用及表现见表11-1。

表11-1   智慧化对乡村旅游的推动作用及表现

智慧化对乡村旅游的推动作用	表现
提升旅游服务品质	·通过智慧化手段，乡村旅游可以实现旅游信息的实时更新与精准推送，为游客提供更加便捷、高效的旅游服务 ·智慧化平台还能收集游客反馈，帮助乡村旅游经营者及时改进服务质量，提升游客满意度
优化旅游资源配置	·智慧化技术能够实现对乡村旅游资源的全面监测和动态管理，帮助管理者精准掌握资源分布、利用状况及游客需求等信息 ·智慧化发展有助于科学规划旅游线路、合理安排旅游活动，实现旅游资源的优化配置和高效利用
促进乡村旅游产业升级	·通过引入智慧化发展的新技术、新业态、新模式，乡村旅游可以丰富旅游产品体系、拓展旅游市场边界、提升产业附加值，推动乡村旅游产业向高端化、特色化、品牌化方向发展
增强乡村旅游可持续发展能力	·智慧化技术的应用有助于减少旅游活动对乡村环境的负面影响，如通过智能监控系统监测生态环境变化、利用大数据分析预测游客流量以避免过度开发等 ·智慧化发展有助于促进乡村旅游与农业、文化等产业的深度融合，增强乡村旅游的综合效益和可持续发展能力

二、乡村旅游智慧化创新策略

（一）乡村旅游智慧景区建设规划

为了全面提升乡村旅游景区的服务质量和管理水平，需要构建一个集智慧服务、智慧管理和智慧营销于一体的综合体系。

1.智慧服务

首先，需要构建全方位的游客服务体系，这一体系的核心在于利用现代科技手段，为游客提供更为个性化、便捷化的旅游服务体验。比如，可以引入智能导览系统，通过GPS定位和增强现实（AR）技术，为游客提供实时的路线指引和景点介绍。其次，可以建立在线预订与支付系统，使游客能够随时随地预订门票、餐饮和住宿服务，并享受便捷的移动支付体验。最后，为了更深入地介绍景区的历史文化和特色，可以提供多语种的语音讲解服务，让游客在游览景区的同时，能够更加深入地了解当地的文化和历史。

2.智慧管理

在景区管理方面，将充分利用物联网、大数据等先进技术。通过安装传感器和监控设备，可以对景区内的人流、物流、信息流进行实时监测与分析。这不仅有助于更好地了解景区的运营状况，还能帮助实现景区资源的智能化管理和调度。例如，在人流高峰期，可以通过数据分析预测人流走向，合理调配工作人员和资源，确保游客的安全和舒适。同时，还可以建立应急指挥系统，通过实时监测和预警机制，提高应对突发事件的能力，确保游客的安全。

3.智慧营销

在营销方面，可以借助互联网平台开展精准营销和跨界合作。通过收集和分析游客的行为数据，更深入地了解游客的需求和偏好，从而制定个性化的营销策略和推广计划。例如，可以根据游客的浏览历史和购买行为，推送符合其兴趣的旅游产品和活动信息。同时，还可以积极利用社交媒体、短视频等新兴媒体渠道，扩大景区的知名度和影响力。可以通过与旅游达人、意见领袖等的合作，分享景区的独特魅力和旅游攻略，吸引更多潜在游客前来体验。

互动问答 11-2
大数据与人工智能技术可以为乡村旅游智慧化创新带来怎样的变化？

互动问答
11-2

问答提示

（二）物联网技术与乡村旅游服务的融合

通过传感器、射频识别等设备，物联网技术将乡村旅游中的各类信息链接起来，实现信息的实时采集与传输。在乡村旅游服务中，物联网技术可以应用于多个方面，如智能门禁系统、智能停车系统、环境监测系统等，提高景区的管理效率和游客的出行便利性；同时，可以通过物联网技术实现农产品的溯源管理，提升乡村旅游产品的品质和信誉度。

三、乡村旅游智慧化平台建设

（一）乡村旅游信息平台构建

构建乡村旅游信息平台是实现乡村旅游智慧化的重要基础。该平台应集旅游信息发布、在线预订、智能导览、游客评价等功能于一体，为游客提供一站式旅游服务。同时，该平台还应注重与社交媒体、旅游App等第三方平台的互联互通，实现旅游信息的广泛传播和共享。

（二）游客体验与服务智能化升级

1.智能导览系统

为了提供更加生动、真实的旅游体验，可开发一套基于AR/VR技术的智能导览系统。这套系统不仅能为游客提供沉浸式的旅游体验，让游客仿佛置身于景点的历史与文化之中，而且还能利用GPS定位技术实现精准导航和路径规划。游客只需轻轻一点，就能获取详细的景点信息和导航路线，无须担心迷路或错过重要景点。

2.个性化推荐系统

现代游客更加注重个性化的旅游体验，因此，可以根据游客的兴趣偏好和历史行为数据，运用先进的算法模型，为每位游客量身打造合适的旅游产品和活动推荐。无论是喜欢自然风光或历史文化，还是喜欢寻求刺激冒险或宁静休闲，个性化推荐系统都能满足游客的独特需求，使游客的旅程更加丰富多彩。

3.智能客服系统

为了提供更加便捷、高效的客户服务，可引入自然语言处理技术和机器人客服技术，实现24小时在线服务。无论游客在何时何地遇到问题或困惑，智能客服系统都能及时回应并提供解决方案。同时，通过智能分析游客的咨询内容，可以不断优化服务流程，提升服务质量，确保每位游客都能享受到贴心、专业的服务。

4.游客评价反馈系统

为了持续改进服务和产品，可建立游客评价反馈机制，鼓励游客对旅游产品和服务进行评价和打分。通过收集和分析游客的反馈数据，可以及时了解游客的满意度和需求变化，为乡村旅游经营者的改进提供有力的参考依据。同时，这也将促进企业与游客之间的互动和沟通，增强游客的参与感和归属感。

📝 笔记

任务实施

步骤一：通过网络及文献调研，分析国内外智慧旅游发展现状，总结智慧化对乡村旅游的推动作用。

步骤二：选择一处乡村旅游景区，通过实地考察或案例研究，分析其现有智慧化服务设施，总结当前服务的优势与不足。

步骤三：根据前期调研结果，为该乡村旅游景区设计智慧化服务平台。

项目测试 📝

项目测试
11-1

在线答题

一、单选题

1.（　　）为乡村旅游管理提供了智能决策支持。

A.数字感知网络建设　　　　　　B.智慧服务基础设施升级

C.数字孪生管理平台开发　　　　D.数字化消费场景创新

2.依托（　　），实现资源配置与运营管理的智能化。

A.大数据分析与AI算法　　　　　B.游客需求变化

C.政策制定和执行　　　　　　　　D.产品创新开发

3.构建全方位的游客服务体系核心在于利用（　　），为游客提供更为个性化、便捷化的旅游服务体验。

A.景区标识系统　　B.农产品创新　　C.节庆节事活动　　D.现代科技手段

二、判断题

1.数字化消费场景创新通过技术融合催生新业态。　　　　　　　　　　（　　）

2.利用社交媒体、短视频等新兴媒体渠道不能扩大景区的知名度和影响力。

（　　）

启智润心 ✔

全球四大花海，兴化领衔绽放

千垛景区位于江苏省兴化市千垛镇东旺村东侧，依托兴化垛田农业奇观，展示出生态花海的壮阔美景。在泥土缺乏的泽国，先民们从水下取土，一方一方使其堆积如垛。千百垛田漂浮于水中，云蒸霞蔚，煞是壮观。阳春时节，金黄色的油菜花盛开于垛田之上，犹如一朵朵祥云飘舞于水面，又似一片片流霞散落在人间。"河有万湾多碧水，田无一垛不黄花"是千垛景区的真实写照。兴化垛田是农业文化遗产开发利用的典范，入选了全球重要农业文化遗产。

千垛景区利用其原生态独特资源风貌，配套了游乐、休闲、观景廊桥、游客接待中心、大型停车场、木栈道、观光塔、船舫、农耕文化项目、星级旅游厕所、游船、农家乐餐饮等一系列旅游设施项目。

千垛油菜花海与尼德兰郁金香花海、法国普罗旺斯薰衣草花海和日本东京都樱花花海并称全球"四大花海"。基于国内外旅游经济的变化趋势以及兴化自身的发展需要，2019年兴化先后与法国、日本以及尼德兰的官方旅游机构进行了沟通交流，取得良好的合作共识，并与同程旅游网、携程网、途牛网、驴妈妈网四大旅游电商平台签署合作协议，开创了花海经济国际合作的先河，受到多国媒体关注报道。

兴化令人流连忘返的并不止这一处花海，游人们还可以体验水上森林的天然氧吧、万鸟齐鸣，沙沟古镇的时光倒流、渔舟唱晚，碧水东罗的水波荡漾、定格乡愁，徐马荒湿地的鱼翔浅底、荒野绝色。漫步于古色古香的金东门老街，可以触摸到兴化厚重深远、别具诗韵的历史文化。这里诞生了施耐庵、郑板桥，传世的文学、书画诉说着兴化文化的底蕴；这里留下过范仲淹、岳飞的足迹，古城墙、得胜湖积淀着兴化历史的厚重；这里走出了茅盾文学奖得主毕飞宇、国际象棋世界棋后侯逸凡，他们的成就映衬着兴化"中国小说之乡""中国国象之乡"的光芒。

近年来，兴化坚持绿色发展理念，抢抓建设里下河生态经济示范区的契机，将水乡生态优势转化为宜居宜游的全域旅游优势，致力打造江苏大公园。以特色田园乡村为依托、多种旅游精品线路组合的全域旅游空间格局正在兴化形成，"一季菜花"的单调正向"四季旅游"的华丽转变。

资料来源　王猛.全球四大花海，兴化领衔绽放［EB/OL］.［2024-12-20］. https://finance.huanqiu.com/article/3xadlUenttE.

思政元素：绿色发展　爱国爱家

学有所悟：党的二十大报告明确提出推动绿色发展、坚定文化自信，这为新时代的社会进步与发展定下了基调。这些理念并不是孤立地存在，而是在具体实践中相互融合、共同发力。兴化千垛景区的案例，便是对这些理念交融共生的完美诠释，是理念转化为实际行动的典范。

兴化凭借其得天独厚的水乡生态优势，以绿色发展为核心，精心打造了千垛油菜花海。这不仅体现了对自然环境的深切敬畏与保护，更是对绿色发展理念的深度实践。通过发展生态旅游，兴化有效推动了当地经济的可持续发展，让每一位游客深切感受到绿色发展的蓬勃生机。同时，兴化千垛油菜花海更是文化自信的生动展现。在这片绚丽的花海背后，蕴藏着兴化深厚的历史文化底蕴。通过别致的旅游推广，兴化不仅向世人展示了其无与伦比的自然美景，更带领游客领略了其独特而丰富的文化和历史。这种文化与自然的和谐统一，极大地增强了游客的文化认同感，同时也让兴化的文化自信熠熠生辉。

乡旅实践

重庆理工学子赴基层、踏泥土、砺青春

重庆理工大学多支暑期"三下乡"社会实践团队深入基层一线，探访"中国千年金丝楠第一村"，调研社区金融活水如何"浇灌"乡村振兴，与选调生共话基层见闻，直播带货助力农产品销售，授牌"横山贡米"地理标志立法调研基地……一场场实践活动让青年学子在社会大课堂中受教育、长才干、作贡献。

1. 探访"中国千年金丝楠第一村"

重庆理工大学管理学院暑期"三下乡"社会实践团来到这里，探访这个曾经交通闭塞的古朴村庄，如何以"政府+企业+村合作社"模式，擦亮楠木湾景区"中国千年金丝楠第一村"品牌，积极找寻生态产品价值转换路径，成为酉阳探索共富乡村新路的生动实践地。

实践团采取问卷调查和深度访谈的形式，对金丝楠村文旅融合进行了调研。实践团成员参观了当地的树莓基地、油菜基地和蜂蜜养殖产业，了解到金丝楠村结合地域特点和产业基础，大力扶持农民合作社、种植大户、家庭农场，培育发展特色农产品产业，并积极联系专家为农户进行专业技术指导，确保产量稳定、品质优良。

2. 社区金融服务助力乡村振兴

乡村振兴发展离不开金融活水的"浇灌"。近年来，中国邮政储蓄银行沿河街营业所依托资金、服务、渠道等优势，多举措助力乡村振兴。

重庆理工大学经济金融学院暑期"三下乡"社会实践团奔赴此地，了解工作人员如何深入社区，为老百姓提供定制化服务。在该营业所主任于修丹的介绍下，团队成员了解到，营业所一方面通过邮乐网平台助力当地农产品销售，实现助农增收；另一方面，组织直播或社区团购活动，拓宽农产品销售渠道；此外，还代办社保、养老保险相关服务。

3.国家级田园综合体里的科技赋能

"三峡橘乡"国家级田园综合体位于忠县新立镇、双桂镇，是集"现代农业、休闲旅游、田园社区"为一体的特色小镇和乡村综合发展模式，是全国首批18个国家级田园综合体试点项目之一，也是三峡库区和重庆市唯一一个国家级田园综合体。

重庆理工大学两江人工智能学院实践团深入忠县新立镇，围绕农业旅游、田园社区、现代农业等多个方面展开实地调研，并通过直播带货，亲身体验乡村振兴的蓬勃生机。

在桃李梦园，实践团成员与果园负责人探讨了温控大棚、农业无人机、机器人采摘等技术在果业中的应用前景，并了解到"三峡橘乡"国家级田园综合体中，180亩七彩稻田采用了生物制剂和古法种植，结合功能稻与渝香优质稻，完美融合农业现代化与生态可持续性。

资料来源　晏红霞，徐梦琪.重理工学子赴基层、踏泥土、砺青春［EB/OL］.［2024-12-10］. http://cq.people.com.cn/n2/2024/0725/c404779-40923617.html.

要求：请以小组为单位，根据以上案例，选择家乡的一种农产品，分析其市场开发现状，并以此为主题设计一份暑期"三下乡"实践活动计划。

学习评价

本项目学习评价表见表11-2。

表11-2　　　　　　　　　　　学习评价表

学习内容	乡村旅游数字赋能创新		
	评价要点	学生自评（50%）	教师评价（50%）
知识掌握（30分）	掌握乡村旅游数字基建的建设背景和核心内容（15分）		
	掌握智慧旅游的发展及智慧化对乡村旅游的推动作用（15分）		
技能提升（40分）	能够根据乡村特色产业，开展数字化平台创新建设（20分）		
	能够制定乡村旅游智慧化创新策略，建设乡村旅游智慧化平台（20分）		
素质养成（30分）	具有技术应用能力和社会责任感（15分）		
	具有创新思维和实践能力（15分）		
综合评价成绩（100分）			

学生自评：

学生签字：

教师评语：

教师签字：

参考文献

［1］马婷婷，蒲利利．乡村旅游运营模式的创新研究［J］．农村经济与科技，2024，35（9）：112-116．

［2］马野．基于朴门永续理念的乡村旅游规划设计［D］．长沙：中南林业科技大学，2023．

［3］孙立丰．乡土景观雕塑的时代特色与文化传承［N］．中国社会科学报，2022-03-23（A09）．

［4］杨晓峰．乡村旅游投融资模式创新研究［J］．产业创新研究，2020（2）：32-34．

［5］马丽颖．探析乡村振兴战略下的景观小品设计［J］．科技资讯，2020，18（6）：228-229．

［6］朱小林．休闲旅游景区中雕塑小品的旅游价值探究［J］．旅游与摄影，2020（4）：52-53．

［7］王茗琪．乡村振兴背景下乡村景观设计的思考［J］．居舍，2019（34）：100．

［8］郑琦琳，刘雪梅．浅谈地域文化在乡村景观设计中的融入与应用［J］．现代园艺，2019（13）：114-115．

［9］薛丽华．乡村振兴背景下乡村旅游体制机制创新研究［J］．旅游纵览（下半月），2019（16）：51-52．

［10］李彦青．乡村旅游景区管理模式创新［J］．合作经济与科技，2018（10）：108-109．

［11］李晓雅，吕艾霖，潘立臣．乡村旅游社区参与模式分析：以山东省烟台市濯村为例［J］．农家科技（中旬刊），2018（5）：57-58．

［12］张群，高翅，裘鸿菲．从景观符号看传统景观文化的传承［J］．中华建筑，2006，24（8）：135-136；167．

［13］俞孔坚，王志芳，黄国平．论乡土景观及其对现代景观设计的意义［J］．华中建筑，2005（4）：123-126．